George MacDonald

Die Lichtprinzessin
und
Das Herz des Riesen

Phantastische Märchen
Mit einem Nachwort von
Hans Günter Holl
und Illustrationen von
Mario Fuhr
in der Bibliothek des Abenteuers
verlegt bei Robinson

Nachweis der Übersetzer:
S. 64 K. Stingl und S. 96 C. Mohr
in der lektorierten Fassung von Michael Bischoff.
S. 7, S. 254, S. 296 Hans Günter Holl; S. 142 Reinhard Thieser;
S. 201 Vera Pagin; S. 227 Renate Ganser;

Gesetzt aus der Janson-Antiqua
bei Otto Gutfreund, Darmstadt,
gedruckt im Druck- & Verlagshaus Hanau,
gebunden von der Brühlschen Druckerei, Gießen.
Umschlaggrafik von Mario Fuhr

ISBN 3-88592-024-7

Inhalt

Die Lichtprinzessin

I

Was! Keine Kinder?

Es war einmal eine Zeit, so lange her, daß ich die Jahreszahl ganz vergessen habe, da lebten ein König und eine Königin, die hatten keine Kinder.

Und der König sagte sich: »Alle Königinnen in meiner Bekanntschaft haben Kinder, einige drei, einige sieben und manche sogar zwölf; aber meine Königin hat nicht mal eins. Ich komme mir mißbraucht vor.« So entschloß er sich, seiner Frau deshalb böse zu sein. Aber sie trug es wie eine gute, geduldige Königin, die sie ja war. Das machte den König erst recht zornig. Doch die Königin tat so, als hielte sie das alles nur für einen Scherz, und noch dazu für einen sehr guten.

»Warum hast du nicht wenigstens Töchter?« hielt er ihr vor. »Ich sage ja schon gar nicht *Söhne;* das wäre vielleicht zu viel verlangt.«

»Wirklich, lieber König, es tut mir sehr leid«, sagte die Königin.

»Das sollte es auch«, gab er zurück; »du wirst *daraus* gewiß nicht auch noch eine Tugend machen.«

Aber er war kein mißmutiger König und hätte der Königin in jeder weniger bedeutsamen Angelegenheit von ganzem Herzen alle Freiheit gelassen. Dies jedoch war eine Staatsaffäre.

Die Königin lächelte.

»Lieber König«, sagte sie, »du mußt doch mit einer Dame Geduld haben.«

Sie war wirklich eine sehr nette Königin und von Herzen traurig, daß sie dem König nicht auf der Stelle dienen konnte.
Der König übte sich in Geduld, aber das fiel ihm äußerst schwer. Daher hätte er es eigentlich gar nicht verdient gehabt, daß ihm die Königin schließlich eine Tochter schenkte – die süßeste kleine Prinzessin, die je geplärrt hat.

II

Jetzt gerade!

Der Tag kam näher, an dem das Kind getauft werden sollte. Der König schrieb alle Einladungen mit eigener Hand. Und natürlich vergaß er jemanden.
Nun ist es gewöhnlich nicht so schlimm, irgendwen zu vergessen, man muß nur wissen, wen. Unglücklicherweise vergaß der König, ohne zu wissen, daß er vergaß; und so fiel das Los auf Prinzessin Machsebös, was mißlich war. Denn die Prinzessin war die Schwester des Königs; und er hätte sie nicht vergessen dürfen. Aber sie hatte sich bei dem alten König, ihrem Vater, so unbeliebt gemacht, daß der sie in seinem Testament vergessen hatte; und so war es kein Wunder, daß ihr Bruder sie bei seinen Einladungen auch vergaß. Aber arme Verwandte tun nichts, um einen an sie zu erinnern. Warum eigentlich nicht? Und der König konnte doch nicht in ihre Dachkammer hineinsehen, oder?
Sie war ein mürrisches, boshaftes Geschöpf. Die Falten der Verachtung durchzogen die des Griesgrams und machten ihr Gesicht so runzelig wie ein Klümpchen Butter. Hatte jemals ein König recht, irgendwen zu ver-

gessen, dann dieser König, als er seine Schwester vergaß, selbst wenn es sich um eine Taufe handelte. Sie sah auch sehr komisch aus. Ihre Stirn war so hoch wie der ganze Rest des Gesichts und stand darüber vor wie eine Felsklippe. Wenn sie sich ärgerte, glitzerten ihre kleinen Augen blau. Haßte sie irgendwen, dann leuchteten sie gelb und grün. Wie sie aussah, wenn sie jemanden liebte, weiß ich nicht; denn ich habe nie gehört, daß sie irgendwen außer sich selbst liebte, und auch das wäre ihr wohl kaum gelungen, hätte sie sich nicht irgendwie an sich gewöhnt. Trotzdem war es höchst unvorsichtig vom König, sie zu vergessen, denn sie war schrecklich gerissen. Ja, sie war eine Hexe; wenn sie wen verhexte, dann hatte er sehr bald sein Fett weg; denn sie übertraf alle bösen Feen an Boshaftigkeit und alle gerissenen an Gerissenheit. Sie verabscheute alle überlieferten Methoden, mit denen beleidigte Feen und Hexen Rache nehmen; und daher entschloß sie sich zu guter Letzt, nachdem sie vergeblich auf eine Einladung gewartet und gewartet hatte, uneingeladen hinzugehen und die ganze Familie so unglücklich zu machen wie eine Prinzessin ihres Schlags.

So legte sie ihre feinste Garderobe an, begab sich zum Palast, wurde von dem glücklichen Monarchen freundlich empfangen, der vergaß, daß er sie vergessen hatte, und nahm ihren Platz in der Prozession zur königlichen Kapelle ein. Als alle um das Taufbecken versammelt waren, schmuggelte sie sich ganz nach vorne und warf etwas ins Wasser; danach verhielt sie sich äußerst sittsam, bis man das Gesicht des Kindes mit dem Wasser benetzte. Genau in diesem Augenblick drehte sie sich auf ihrem Fleck dreimal im Kreis und murmelte die folgenden Worte so laut, daß die Umstehenden sie hören konnten:

Lichter Geist, durch mein Begehren
Strebt dein Körper himmelwärts;
Keinen Arm soll er beschweren,
Doch er bricht der Eltern Herz!

Alle dachten, sie habe den Verstand verloren und ergötze sich an irgendeinem albernen Kinderreim; aber gleichwohl durchfuhr sie alle ein Schauer. Das Baby dagegen fing zu lachen und zu krähen an; gleichzeitig zuckte die Amme zusammen und stieß einen unterdrückten Schrei aus, denn sie dachte, sie sei plötzlich gelähmt: Sie spürte das Baby nicht mehr in ihren Armen. Doch sie drückte es fest an sich und sagte nichts.

Das Unheil war angerichtet.

III

Sie kann nicht unser Kind sein

Die schreckliche Tante hatte das Kind seiner gesamten Schwere beraubt. Fragt ihr mich, wie sie das zuwege brachte, so antworte ich: »Nichts leichter als das. Sie mußte nur die Schwerkraft vernichten.« Denn die Prinzessin war Philosophin und kannte sich in den Gesetzen der Schwerkraft aus wie in ihrer Rocktasche. Und da sie zudem noch eine Hexe war, konnte sie diese Gesetze im Nu aufheben; oder zumindest ihre Räder so blockieren und ihre Träger so rostig machen, daß sie überhaupt nicht zur Wirkung kamen. Aber uns interessiert nicht so sehr, wie das möglich war, sondern was daraus folgte.

Die erste Peinlichkeit, die sich aus dieser unglücklichen

Beraubung ergab, bestand darin, daß das Baby in dem Augenblick, als die Amme anfing, es in den Armen zu wiegen, zur Decke aufschwebte. Zum Glück brachte der Luftwiderstand seinen Flug wenige Zentimeter davor zum Stillstand. Dort hing die Kleine waagerecht, wie sie die Arme ihrer Amme verlassen hatte, strampelte und lachte aufgeregt. Die Amme eilte voller Entsetzen zur Glocke und bat den Bediensteten, der sich daraufhin einstellte, sofort die Stehleiter zu bringen. Am ganzen Leibe zitternd, bestieg sie die Leiter und mußte sich ganz auf die Spitze stellen und nach oben reichen, um den schwebenden Saum des langen Babykleides fassen zu können.

Als die seltsame Tatsache bekannt wurde, herrschte im Palast ein schrecklicher Aufruhr. Der König entdeckte den Sachverhalt natürlich, als es ihm geradeso erging wie der Amme. Erstaunt, daß er kein Gewicht spürte, als ihm das Kind in die Arme gelegt wurde, begann er es zu schaukeln – nach oben, aber nicht nach unten; denn die Kleine stieg langsam zur Decke auf wie zuvor und schwebte dort völlig zufrieden und behaglich, wie ihr niedliches Gelächter bezeugte. Der König starrte in sprachlosem Erstaunen nach oben und zitterte so, daß sein Bart wogte wie Gras im Wind. Schließlich wandte er sich der Königin zu, die ebenso entsetzt war wie er selbst, stierte sie an und stammelte, nach Luft ringend:

»Sie *kann nicht* unsere Tochter sein, Königin!«

Nun war die Königin viel gescheiter als der König und hatte bereits den Verdacht, daß »diese Mangelwirkung eine Ursache haben mußte«.

»Ich bin sicher, daß sie unsere Tochter ist«, gab sie zurück. »Aber wir hätten bei der Taufe besser auf sie aufpassen müssen. Leute, die nicht eingeladen waren, hätten nicht dabeisein dürfen.«

»Oho!« sagte der König und tippte mit dem Zeigefinger an die Stirn, »ich hab's. Jetzt habe ich sie ertappt. Verstehst du denn nicht, Königin? Prinzessin Machsebös hat sie verhext.«
»Meine Rede«, antwortete die Königin.
»Verzeih mir, mein Liebes; das habe ich überhört. – James, bring mir die Leiter, mit der ich meinen Thron besteige.«
Denn er war ein kleiner König mit einem großen Thron, genau wie viele andere Könige auch.
Die Thron-Leiter wurde gebracht und auf den Eßtisch gestellt, und James kletterte hinauf. Aber er konnte die kleine Prinzessin nicht erreichen, die wie eine Baby-Lachwolke in der Luft hing und immer wieder aufs Neue in vergnügtes Jauchzen ausbrach.
»Nimm die Feuerzange, James«, sprach Seine Majestät, stieg selbst auf den Tisch und überreichte sie ihm.
Der konnte das Baby jetzt erreichen, und die kleine Prinzessin wurde mit der Feuerzange nach unten befördert.

IV

Wo ist sie?

Eines herrlichen Sommertags, einen Monat nach ihren ersten Abenteuern, in welcher Zeit man sie sehr sorgfältig beaufsichtigt hatte, lag die Prinzessin auf dem Bett im Zimmer der Königin persönlich und schlief fest. Eines der Fenster war geöffnet, denn es war Mittag und dermaßen schwül, daß das kleine Mädchen in nichts Zarteres eingehüllt lag als in seinen Schlummer.

Die Königin betrat den Raum, bemerkte das Baby auf dem Bett nicht und öffnete ein weiteres Fenster. Ein fröhlicher, feenhafter Wind, der nur darauf gewartet hatte, Unfug zu treiben, fuhr zu dem einen Fenster herein, strich über das Bett, wo das Kind lag, ergriff es, ließ es durch die Luft wirbeln und schweben wie eine Staubflocke oder eine Pusteblume, trug es durch das gegenüberliegende Fenster hinaus und fort. Die Königin ging hinunter, ohne von dem Verlust zu wissen, den sie selbst verursacht hatte.
Als die Amme zurückkehrte, nahm sie an, daß Ihre Majestät das Kind mitgenommen hätte, und da sie eine Standpauke befürchtete, zögerte sie die Erkundigung nach dem Kind hinaus. Als sie aber nichts hörte, wurde ihr blümerant, und schließlich ging sie zum Boudoir der Königin, wo sie Ihre Majestät antraf.
»Bitte, Eure Majestät, soll ich mich um das Baby kümmern?« sagte sie.
»Wo ist sie?« fragte die Königin.
»Bitte vergeben Sie mir. Ich weiß, daß es falsch war.«
»Was meinst du?« fragte die Königin mit ernstem Gesicht.
»Ach! Machen Sie mir doch keine Angst, Eure Majestät!« rief die Amme händeringend aus.
Die Königin merkte, daß etwas nicht stimmte, und fiel in Ohnmacht. Die Amme irrte durch den Palast und schrie: »Mein Baby! Mein Baby!«
Alles eilte zum Gemach der Königin. Aber die Königin konnte keine Befehle geben. Bald stellte man jedoch fest, daß die Prinzessin verschwunden war, und im Nu glich der Palast einem Bienenstock im Garten; und schon einen Augenblick später wurde die Königin durch lautes Rufen und ein paar leichte Ohrfeigen zu sich gebracht. Man hatte die Prinzessin fest schlafend

unter einem Rosenstrauch gefunden, zu dem der elfengleiche leichte Windstoß sie getragen hatte, um seinen Unfug dadurch zu beenden, daß er die kleine weiße Schläferin mit einem heruntergeschüttelten Schauer von roten Rosenblättern ganz zudeckte. Durch den Lärm der Diener aufgestört, erwachte sie und streute die Rosenblüten, jauchzend vor Freude, in alle Richtungen wie ein Sprühregenschauer bei Sonnenuntergang.

Danach paßte man zweifellos sorgfältiger auf sie auf; doch es wäre aussichtslos, all die seltsamen Vorfälle erzählen zu wollen, die sich aus dieser Besonderheit der jungen Prinzessin ergaben. Aber nie hat ein Baby in einem Haus, geschweige denn in einem Palast gelebt, das den Haushalt, zumindest in der Gesindestube, ständig bei so guter Laune hielt. Wenn es für seine Wärterinnen auch nicht einfach war, es festzuhalten, so verursachte es ihnen doch wenigstens keine Arm- oder Herzschmerzen. Und man konnte so schön Ball mit ihm spielen! Es bestand absolut keine Gefahr, die Kleine fallen zu lassen. Man konnte sie nach unten werfen, niederdrücken oder umstoßen, aber nicht fallen *lassen*. Ja, natürlich, man konnte sie ins Feuer, in den Kohlenraum oder aus dem Fenster fliegen lassen; aber nichts von alledem war bis dahin geschehen. Hörte man Gelächter von irgendwoher erschallen, dann gab es an der Ursache keinen Zweifel. Ging man in die Küche oder in *das Zimmer* hinunter, so fand man dort Jane und Thomas, Robert und Susan allesamt mit der kleinen Prinzessin Ball spielen. Sie selbst war der Ball und hatte deshalb nicht weniger Spaß daran. So sauste sie vom einen zum anderen durch die Luft und kreischte vor Vergnügen. Und die Diener liebten den Ball selbst noch mehr als das Spiel. Aber sie mußten ein wenig aufpassen, wie sie

das Baby warfen, denn sobald es in eine Aufwärtsrichtung geriet, kam es nicht mehr von selbst herunter, sondern mußte geholt werden.

V

Was tun?

Aber bei der Herrschaft war es anders. So ging der König eines Tages in sein Kontor und zählte sein Geld. Das Unternehmen brachte ihm kein Vergnügen.

»Wenn ich daran denke«, sprach er zu sich, »daß jede einzelne dieser Goldmünzen eine Viertelunze wiegt und meine leibhaftige, lebendige Prinzessin aus Fleisch und Blut wiegt überhaupt nichts!«

Von da an haßte er seine Goldstücke, die mit breitem, selbstzufriedenem Grinsen auf ihren gelben, runden Gesichtern dalagen.

Die Königin war im Wohnzimmer, wo sie Honigbrote aß. Aber beim zweiten Bissen brach sie in Tränen aus und konnte ihn nicht schlucken. Der König hörte sie schluchzen. Überglücklich, jemanden, und besonders seine Königin, zum Streiten zu haben, warf er seine Goldstücke in die Schatztruhe, setzte die Krone auf und eilte ins Wohnzimmer.

»Was ist denn jetzt schon wieder los?« rief er. »Weshalb weinst du, Königin?«

»Ich kriegs nicht runter«, sprach die Königin und blickte jammervoll auf den Honigtopf.

»Kein Wunder!« gab der König zurück. »Du hast ja gerade erst gefrühstückt – zwei Puteneier und drei Sardellen.«

»Ach, daran liegt es nicht!« seufzte Ihre Majestät. »Es ist mein Kind, mein Kind!«
»Na, was ist denn mit deinem Kind? Die Kleine ist weder oben im Kamin noch unten im Ziehbrunnen. Höre doch nur, wie sie lacht.«
Doch auch dem König entfuhr ein Seufzer, den er durch ein Hüsteln zu kaschieren versuchte, und sagte: »Es ist gewiß gar nicht schlecht, leichtherzig zu sein, ob sie nun unsere ist oder nicht.«
»Es ist übel, leichtfertig zu sein«, antwortete die Königin, wobei sie mit prophetischer Seele weit in die Zukunft blickte.
»Es ist gar nicht schlecht, leichtblütig zu sein«, sprach der König.
»Es ist übel, leichtgläubig zu sein«, antwortete die Königin.
»Es ist gar nicht schlecht, leichtfüßig zu sein«, sprach der König.
»Es ist übel –« hob die Königin an; aber der König unterbrach sie.
»Na ja«, sagte er im Tonfall von jemandem, der ein Streitgespräch beendet, bei dem er nur eingebildete Widersacher hatte und daher triumphierend daraus hervorging, »na ja, im Ganzen ist es doch gar nicht übel, leichtlebig zu sein.«
»Aber es ist wirklich übel, leichtsinnig zu sein«, gab die Königin zurück, die allmählich ihre Fassung verlor.
Diese letzte Antwort entmutigte den König restlos, so daß er auf dem Absatz kehrt machte und sich wieder in sein Kontor begab. Aber noch auf halbem Wege dorthin erreichte ihn die Stimme seiner Königin.
»Und es ist übel, leicht bekränzt zu sein«, schrie sie, wild entschlossen, noch weitere letzte Worte zu haben, nachdem sie sich wieder besser fühlte.

Das Haar der Königin war schwarz wie die Nacht; und das des Königs war einstmals, gleich dem seiner Tochter, golden wie der Morgen gewesen. Aber es war nicht diese Reflexion über sein Haar, die ihn wie angewurzelt stehenbleiben ließ; es war die Doppeldeutigkeit des Wortes *leicht*. Denn der König haßte alle Witzeleien, und ganz besonders Wortspiele. Zudem wußte er nicht, ob die Königin leicht *bekränzt* oder leicht *begrenzt* meinte; denn warum konnte sie ihre Silben nicht streng aussprechen, wo sie doch selbst ausgesprochen streng war?

Er machte auf dem anderen Absatz kehrt und ging zu ihr zurück. Sie sah noch immer wütend aus, weil sie wußte, daß sie sich schuldig gemacht hatte oder, was genau dasselbe war, daß er sie dafür hielt.

»Meine liebe Königin«, sagte er, »Doppeldeutigkeit jeder Art ist zwischen Ehegatten gleich welchen Standes, besonders aber bei Königen und Königinnen, äußerst verwerflich; und die verwerflichste Form der Doppeldeutigkeit ist das Wortspiel.«

»Da haben wir es!« sagte die Königin. »Ich wollte doch nie mit dem Wort scherzen, und jetzt habe ich es gebrochen. Ich bin die unglücklichste Frau der Welt!«

Sie schaute so jämmerlich drein, daß der König sie in die Arme nahm; und dann ließen sie sich zur Beratung nieder.

»Kannst du es tragen?« fragte der König.

»Nein, niemals«, gab sie zurück.

»Nun, was ist da zu tun?« sinnierte der König.

»Ich weiß wirklich keinen Rat«, sprach die Königin. »Aber könntest du nicht eine Entschuldigung versuchen?«

»Du meinst wohl bei meiner alten Schwester?« erkundigte sich der König.

»Ja.«
»Ich habe nichts dagegen.«
So ging er am nächsten Morgen zu der Prinzessin und bat sie mit einer sehr demütigen Entschuldigung, den Zauber aufzuheben. Aber die Prinzessin erklärte mit todernster Miene, daß sie überhaupt nichts davon wisse. Ihre Augen jedoch leuchteten rosa, ein Zeichen, daß sie glücklich war. Sie riet dem König und der Königin, Geduld zu haben und sich zu bessern. Der König kehrte verzweifelt zurück. Die Königin versuchte, ihn zu trösten.
»Wir warten, bis sie älter ist. Vielleicht kann sie uns dann selbst etwas vorschlagen. Sie wird zumindest wissen, wie sie sich fühlt, und kann uns alles erklären.«
»Was aber, wenn sie heiraten sollte?« rief der König aus, bei dieser Vorstellung plötzlich ganz konsterniert.
»Na und, was dann?« erwiderte die Königin.
»Denk doch nur! Was, wenn sie Kinder bekäme! Nach hundert Jahren könnte die Luft so voll von fliegenden Kindern sein wie der Altweibersommer von Marienfäden.«
»Das ist nicht unsere Sache«, wandte die Königin ein. »Und übrigens werden sie es dann gelernt haben, selbst auf sich aufzupassen.«
Der König antwortete nur mit einem Seufzer.
Er hätte ja die Hofärzte um Rat gefragt; aber er fürchtete, sie würden Experimente an der Kleinen ausprobieren.

VI

Sie lacht zu viel

Inzwischen lachte die kleine Prinzessin, trotz seltsamer Vorfälle und trotz der Sorgen, die sie ihren Eltern bereitete, und wuchs heran – sie wurde nicht dick, sondern drall und groß. Sie erreichte das siebzehnte Lebensjahr, ohne in eine schlimmere Klemme als einen Kamin geraten zu sein; und bei ihrer Rettung erntete ein kleiner Bengel, der auf das Ausnehmen von Vogelnestern spezialisiert war, Ruhm und ein schwarzes Gesicht. Auch hatte sie, sorglos wie sie war, nichts Schlimmeres angerichtet, als jeden und alles, was ihr über den Weg lief, anzulachen. Als man ihr probeweise erzählte, daß General Renntwegleut mit seinen gesamten Truppen in Stücke gehauen worden sei, da lachte sie; als sie hörte, daß der Feind auf dem Weg war, die Hauptstadt ihres Vaters zu belagern, da lachte sie mächtig; doch als man ihr berichtete, daß man die Stadt sicher an die feindlichen Soldaten ausliefern müsse – ja, da lachte sie über alle Maßen. Man konnte sie nie dazu bewegen, die ernste Seite der Dinge anzuerkennen. Wenn ihre Mutter weinte, dann sagte sie:

»Was für komische Grimassen Mama schneidet! Und sie preßt sich Wasser aus den Wangen! Lustig, Mama!«

Und wenn ihr Papa mit ihr tobte, dann lachte sie und tanzte immerzu um ihn herum, klatschte in die Hände und rief:

»Noch mal, Papa. Noch mal! Es ist so lustig! Lieber, lustiger Papa!«

Und wenn er versuchte, sie zu fangen, dann entglitt sie ihm im Nu, ohne die geringste Furcht vor ihm zu haben; vielmehr hielt sie es für einen Teil des Spiels, nicht erwischt zu werden. Mit einem kurzen Absprung war sie in der Luft über seinem Kopf; oder sie tänzelte rückwärts, vorwärts und seitwärts, wie ein großer Schmetterling. Mehrfach kam es vor, daß Mutter und Vater sich gerade unter vier Augen ihretwegen berieten und durch kaum unterdrückte Lachsalven über ihren Köpfen gestört wurden; wenn sie dann indigniert aufblickten, sahen sie ihre Tochter in voller Länge über ihnen durch die Luft schweben, von wo aus sie ihnen mit der komischsten Freude an der Stellung zusah.

Eines Tages passierte etwas Mißliches. Die Prinzessin war mit einer ihrer Wärterinnen, die sie an der Hand hielt, auf die Wiese hinausgekommen. Da sie ihren Vater am anderen Ende des Rasens erspähte, riß sie sich von dem Mädchen los und eilte auf ihn zu. Wenn sie nun alleine rennen wollte, war es ihre Gewohnheit, in jede Hand einen Stein zu nehmen, so daß sie nach einem Sprung wieder auf die Erde zurückkehren konnte. Alles, was sie als Teil ihrer Kleidung trug, blieb in dieser Richtung wirkungslos: Sogar Gold verlor, wenn es so gleichsam Teil ihrer selbst wurde, für diese Zeit sein gesamtes Gewicht. Was sie aber nur in den Händen hielt, wahrte seine Schwerkraft. Bei dieser Gelegenheit sah sie nichts anderes, das sie in die Hände hätte nehmen können, als eine Riesenkröte, die gerade über den Rasen schlich, als habe sie hundert Jahre Zeit, die Strecke zu bewältigen. Ohne zu wissen, was Ekel ist, denn das war eine ihrer Eigenarten, ergriff die Prinzessin diese Kröte und sprang davon. Sie hatte ihren Vater fast erreicht, und er hielt ihr die Arme entgegen, um sie aufzufangen und von ihren Lippen den Kuß zu erhalten, der darauf saß wie ein Schmetterling auf einer Rosenknospe, da trieb ein Windstoß sie zur Seite in die

Arme eines jungen Pagen, der soeben einen Auftrag von Seiner Majestät entgegengenommen hatte. Nun war es gar nichts so Besonderes bei der Prinzessin, daß sie, war sie einmal in Fahrt, immer Zeit und Mühe brauchte, um sich wieder zu bremsen. Bei dieser Gelegenheit hatte sie einfach keine Zeit. Sie *mußte* küssen – und sie küßte den Pagen. Sie dachte sich nicht viel dabei; denn Schüchternheit gab es für sie nicht; und zudem wußte sie, daß sie nicht anders konnte. Also lachte sie nur wie eine Spieldose. Der arme Page fürchtete das Schlimmste. Denn die Prinzessin streckte bei dem Versuch, die unglückliche Richtung des Kusses zu korrigieren, die Hände aus, um sich den Pagen fernzuhalten; so daß er gleichzeitig mit dem Kuß auf die andere Wange einen Klaps mit der schwarzen Riesenkröte erhielt, die sie ihm genau ins Auge stieß. Auch er versuchte zu lachen, aber der Versuch führte zu einer so seltsamen Verzerrung seiner Gesichtszüge, daß jedenfalls nicht die Gefahr bestand, er werde sich selbst des Kusses rühmen. Was aber den König anging, so war er in seiner Würde schwer gekränkt und sprach einen ganzen Monat lang nicht mit dem Pagen.

Ich darf hier anmerken, daß es sehr belustigend war, sie rennen zu sehen, wenn man ihre Fortbewegungsweise überhaupt als Rennen im engeren Sinne bezeichnen darf. Denn zuerst machte sie einen Satz; wenn sie dann gelandet war, rannte sie ein paar Schritte und machte einen weiteren Satz. Manchmal bildete sie sich ein, den Boden erreicht zu haben, bevor sie tatsächlich aufkam, und dann strampelten ihre Füße vorwärts und rückwärts und rannten ins Leere, wie die eines Hühnchens, das auf dem Rücken liegt. Dann lachte sie sich fast die Seele aus dem Leib; nur fehlte in ihrem Lachen etwas. Was es war, das kann ich selbst nicht beschreiben. Ich glaube, es war ein gewisser Tonfall, der auf der Möglichkeit des Leidens beruht – *morbidezza* vielleicht. Sie lächelte nie.

VII

Versucht's mal mit Metaphysik

Nach langem Stillschweigen über das schmerzliche Thema beschlossen der König und die Königin, einen Dreierrat darüber abzuhalten; und so schickten sie nach der Prinzessin. Bald war sie da, rutschte und flitzte und glitt von einem Möbelstück zum anderen, um es sich dann schließlich in Sitzhaltung auf einem Lehnstuhl bequem zu machen. Ob man angesichts der Tatsache, daß sie durch die Sitzfläche keinerlei Stütze erhielt, von *Sitzen* sprechen konnte, das wage ich nicht zu entscheiden.

»Mein liebes Kind«, sprach der König, »dir muß doch mittlerweile bewußt sein, daß du etwas anders bist als die anderen Leute.«

»Ach, du guter, lustiger Papa! Ich habe eine Nase, zwei Augen und auch sonst alles. Genau wie du. Genau wie Mama.«

»Jetzt sei doch einmal ernst, meine Liebe«, mahnte die Königin.

»Nein, danke, Mama; lieber nicht.«

»Würdest du nicht gerne laufen können wie andere Leute?« fragte der König.

»Nein, wirklich nicht. Ihr kriecht doch nur. Ihr seid ja so lahme Enten!«

»Wie fühlst du dich, mein Kind?« fing er nach einer verlegenen Pause wieder an.

»Sehr gut, danke.«
»Ich meine, wie fühlst du dich an?«
»Wie nichts, was ich kennen würde.«
»Du mußt dich doch wie etwas anfühlen.«
»Ich fühle mich wie eine Prinzessin mit einem so lustigen Papa und mit einem lieben Goldschatz von einer Königin-Mama!«
»Jetzt mal ehrlich!« hob die Königin an; aber die Prinzessin unterbrach sie.
»Ach, ja«, fügte sie hinzu, »ich erinnere mich. Manchmal habe ich so ein komisches Gefühl, als sei ich der einzige vernünftige Mensch auf der ganzen Welt.«
Sie hatte versucht, sich würdevoll zu benehmen; aber jetzt brach sie in ein heftiges Gelächter aus, warf sich rücklings über den Stuhl und purzelte dann in wilder Freude weiter über den Boden. Der König hob sie leichter auf als man eine Daunendecke umschlägt und brachte sie wieder in ihre ursprüngliche Beziehung zu dem Lehnstuhl. Die genaue Präposition, mit der man diese Beziehung ausdrückt, ist mir übrigens nicht bekannt.
»Hast du denn gar keine Wünsche?« bohrte der König weiter, der mittlerweile gelernt hatte, daß es völlig sinnlos war, ihr böse zu sein.
»Ach, du lieber Papa! – doch«, war ihre Antwort.
»Nämlich, mein Liebling?«
»Ich sehne mich schon so lange danach – ich weiß gar nicht mehr, wie lange! Mindestens seit gestern abend.«
»Sag mir, was es ist.«
»Versprichst du mir, daß ich es haben darf?«
Der König wollte schon *Ja* sagen, aber die weisere Königin hielt ihn mit einer einzigen Kopfbewegung zurück.
»Sag mir erst, was es ist«, forderte er sie auf.

»Nein, nein. Erst versprechen.«
»Das wage ich nicht. Was ist es?«
»Denk dran, du hast mir dein Wort gegeben – Es ist – an das Ende einer Schnur – natürlich einer sehr langen Schnur gebunden und wie ein Drachen steigen gelassen zu werden. Ei, was für ein Spaß! Ich würde Rosenwasser regnen, Zuckererbsen hageln und Schlagsahne schneien lassen und – und – und –«
Ein Lachanfall unterbrach sie; und sie wäre schon wieder über den Boden gepurzelt, hätte der König nicht aufgepaßt und sie gerade noch rechtzeitig erwischt. Da er merkte, daß aus ihr nichts als Geplapper herauszuholen war, zog er die Glocke und schickte die Prinzessin mit zwei ihrer Aufwartedamen fort.
»Nun, Königin«, sagte er, sich Ihrer Majestät zuwendend, »was *ist* da zu tun?«
»Es bleibt nur eins«, erwiderte sie. »Wir werden das Kolleg der Metaphysiker konsultieren.«
»Bravo!« rief der König. »Das machen wir.«
Nun standen diesem Kolleg zwei sehr weise chinesische Philosophen vor – Drum-Rum und Kopy-Keck mit Namen. Nach ihnen schickte der König; und in nullkommanichts waren sie da. In einer langen Ansprache teilte er ihnen mit, was sie bereits ganz genau wußten – wer wußte es denn nicht? –, nämlich die besondere Befindlichkeit seiner Tochter im Verhältnis zu dem Globus, auf dem sie weilte; und er bat sie, sich darüber zu beraten, was die Ursache und die mögliche Heilung ihrer *Beschwernis* sein könnte. Der König betonte das Wort nachdrücklich, aber sein eigenes Wortspiel entging ihm. Die Königin lachte; aber Drum-Rum und Kopy-Keck hörten demütig zu und zogen sich dann schweigend zurück.
Ihre Beratung bestand hauptsächlich darin, daß jeder

von beiden zum tausendsten Male seine Lieblingstheorien darlegte und verteidigte. Denn die Befindlichkeit der Prinzessin bot einen ergötzlichen Spielraum für die Diskussion jeder einzelnen Frage, die sich aus den getrennten Sparten des Denkens ergab – ja, aus der gesamten Metaphysik des Chinesischen Reiches. Aber es wäre wohl ungerecht, wenn man sagte, daß sie die Diskussion der praktischen Frage, *was nun zu tun sei*, ganz und gar aus dem Blick verloren hätten.

Drum-Rum war Materialist, und Kopy-Keck war Spiritualist. Jener war bedächtig und lapidar; dieser war voreilig und faselte viel. Dieser hatte gewöhnlich das erste Wort; jener das letzte.

»Ich bekräftige meine frühere Bekräftigung«, stürzte sich Kopy-Keck unvermittelt in die Diskussion. »Die Prinzessin hat keinen Defekt an Leib oder Seele; sie sind nur falsch zusammengesetzt. Jetzt höre mir zu, Drum-Rum, und ich werde dir in aller Kürze sagen, was ich denke. Sprich nicht! Antworte mir nicht! Ich werde dir *nicht* zuhören, bis ich fertig bin. – In dem entscheidenden Augenblick, wo Seelen den ihnen zugewiesenen Aufenthaltsort suchen, trafen zwei begierige Seelen aufeinander, erschraken, fuhren zurück, verirrten sich und kamen beide am falschen Ort an. Die Seele der Prinzessin war eine von beiden, und sie kam weit vom rechten Wege ab. Sie gehörte von Rechts wegen gar nicht dieser Welt an, sondern irgendeinem anderen Planeten, wahrscheinlich dem Merkur. Ihr Hingezogensein zu ihrer wahren Sphäre zerstört den natürlichen Einfluß, den dieser Himmelskörper ansonsten auf ihren Körperzustand ausüben würde. Hier kümmert sie nichts. Es besteht keine Beziehung zwischen ihr und dieser Welt.

Deshalb muß man sie mit aller Strenge lehren, ein Interesse an der Erde als der Erde zu entwickeln. Sie muß alle Bereiche ihrer Geschichte studieren – die Geschichte der Tierwelt; die Geschichte der Pflanzenwelt; die Geschichte der Mineralien; die Sozialgeschichte; die Geschichte der Moral; die politische Geschichte; die Wissenschaftsgeschichte; die Literaturgeschichte; die Musikgeschichte; die Kunstgeschichte; und vor allem die Geschichte der Metaphysik. Sie muß bei der chinesischen Dynastie anfangen und mit Japan aufhören. Aber zuerst muß sie Geologie studieren, und vor allem die Geschichte ausgestorbener Tierarten – ihre Natur, ihre Gewohnheiten, was sie liebten, was sie haßten und wie sie sich rächten. Sie muß –«

»Halt, h-a-a-alt!« brüllte Drum-Rum. »Jetzt bin ich doch wohl dran. Meine fest verwurzelte und unumstößliche Überzeugung ist, daß die Ursachen der Anomalien, die sich in der Befindlichkeit der Prinzessin zeigen, samt und sonders physischer Natur sind. Das ist aber nichts anderes als anzuerkennen, daß sie existieren. Hier meine Meinung. – Aus dem einen oder anderen Grund, der hier nichts zur Sache tut, hat sich ihre Herztätigkeit umgekehrt. Diese bemerkenswerte Kombination von Saug- und Druckpumpe arbeitet in der falschen Richtung – ich meine, im Fall der unglücklichen Prinzessin saugt sie an, wo sie wegdrücken sollte, und drückt weg, wo sie ansaugen sollte. Die Funktionen der Aurikel und der Ventrikel sind verkehrt. Das Blut wird durch die Venen befördert und kehrt durch die Arterien zurück. Also läuft es in der falschen Richtung durch ihren gesamten körperlichen Organismus – durch die Lungen und so weiter. Ist es denn da verwunderlich, daß sie sich auch in dem anderen Aspekt der Schwerkraft auch von der normalen Menschheit unterscheidet? Mein Heilungsvorschlag ist folgender:

Zur Ader lassen, bis sie gerade noch am Leben ist. Wenn nötig, in einem warmen Bad. Sobald sie sich in einem Zustand der vollkommenen Pulsstockung befindet, wird am linken Fußgelenk ein Verband angelegt und so fest angezogen, wie es der Knochen aushält. Gleichzeitig wendet man dieses Verfahren auch am rechten Handgelenk an. Mit Hilfe von eigens für diesen Zweck konstruierten Platten bringt man den anderen Fuß und die andere Hand unter die Glocken zweier Luftpumpen. Dann pumpt man die Glocken aus. Nun verabreicht man einen Liter Franzbranntwein und wartet das Ergebnis ab.«

»Das unmittelbar in Form des grausamsten Todes eintreten würde«, sagte Kopy-Keck.

»Wenn, dann würde sie jedenfalls in Erfüllung unserer Pflicht sterben«, erwiderte Drum-Rum.

Aber Ihre Majestät liebten ihren flatterhaften Abkömmling zu zärtlich, um ihn einer der Prozeduren der beiden gleichermaßen skrupellosen Philosophen auszusetzen. Ja, das umfassendste Wissen um die Naturgesetze wäre in ihrem Fall zu nichts Nutze gewesen; denn es war unmöglich, sie einzuordnen. Sie war ein zu einem Fünftel unwägbarer Körper, der aber alle anderen Eigenschaften des Wägbaren teilte.

VIII

Versucht's mal mit einem Tropfen Wasser

Vielleicht wäre es das beste für die Prinzessin gewesen, einem Mann zu verfallen. Aber wie eine Prinzessin ohne Schwerkraft überhaupt fallen konnte, das ist ein Problem – vielleicht *das* Problem. Was ihre eigenen Gefühle in dieser Sache anging, so wußte sie noch nicht einmal, daß es einen solchen Ameisenhaufen gab, in den man hineinfallen konnte. Doch jetzt komme ich dazu, noch etwas Seltsames über sie zu erwähnen.

Der Palast stand am Ufer des reizendsten Sees der Welt; und die Prinzessin liebte diesen See mehr als Vater oder Mutter. Die Wurzel dieser Vorliebe lag, obwohl die Prinzessin sich dessen nicht bewußt war, zweifellos darin, daß sie im Moment des Eintauchens das natürliche Recht wiedererlangte, das man ihr so heimtückisch genommen hatte – nämlich die Schwerkraft. Ob es daran lag, daß bei der Verwünschung Wasser eingesetzt worden war, das weiß ich nicht. Sicher ist aber, daß sie schwimmen und tauchen konnte wie die Ente, als die sie von ihrer alten Amme bezeichnet wurde. Diese Linderung ihres Mißgeschicks wurde auf folgende Weise offenbar.

Eines Sommerabends, es war Karneval im Lande, hatten König und Königin sie im königlichen Galaboot mit auf den See hinaus genommen. Sie wurden von vielen der Höflinge in einer Flotte kleinerer Boote begleitet. Mitten auf dem See wollte sie in das Boot des Lordkanzlers umsteigen, da dessen Tochter, eine ihrer besten Freundinnen, mit ihrem Vater an Bord war. Obwohl sich nun der alte König nur selten dazu herabließ, sein Unglück leicht zu nehmen, hatte er bei dieser Gelegenheit doch zufällig besonders gute Laune, und als die Boote einander näher kamen, griff er die Prinzessin, um sie in die Barke des Kanzlers hinüberzuwerfen. Er verlor jedoch das Gleichgewicht, fiel auf die Bootsplanken und ließ dabei seine Tochter los; nicht jedoch, ohne ihr die Sturzbewegung seiner eigenen Person mitgeteilt zu haben, wenngleich in einem etwas abweichenden Kurs; denn als der König ins Boot fiel, fiel sie ins Wasser. Mit entzücktem Lachen verschwand sie im See. Ein Schrei des Entsetzens stieg von den Booten auf. Man hatte die Prinzessin noch nie untergehen sehen. Im Nu war die Hälfte der Männer unter Wasser; aber sie alle mußten, einer nach dem anderen, wieder auftauchen, um Luft zu holen, als – kling, kling, blubber und platsch! – das Lachen der Prinzessin von weit her über dem Wasser erschallte. Da war sie wieder und schwamm wie ein Schwan. Sie kam auch nicht wegen König oder Königin, Kanzler oder Tochter heraus. Sie war völlig besessen.

Aber gleichzeitig wirkte sie gesetzter als gewöhnlich. Vielleicht lag es daran, daß ein großes Vergnügen das Lachen austreibt. Jedenfalls war es danach die große Leidenschaft ihres Lebens, ins Wasser zu gehen, und sie war immer desto sittsamer und schöner, je mehr sie davon hatte. Sommers wie winters war es das gleiche; nur konnte sie nicht so lange im Wasser bleiben, wenn man ihr vorher das Eis aufbrechen mußte. Im Sommer sah man sie von morgens bis abends dort – ein weißer Strich im blauen Wasser –, mal reglos wie der Schatten einer Wolke, mal dahinschießend wie ein Delphin; mal verschwand sie, mal tauchte sie weit entfernt wieder auf, wo man sie am wenigsten erwartet hätte. Sie wäre auch über Nacht im See geblieben, hätte man sie nur gewähren lassen; denn der Balkon vor ihrem Fenster ragte über einen tiefen Seitenarm hinaus; und durch einen schilfigen Engpaß hätte sie in das weite nasse Wasser hinausschwimmen können, und dann wären sie alle mit ihrer Weisheit am Ende gewesen. Ja, und als sie einmal zufällig beim Mondschein erwachte, konnte sie der Versuchung kaum widerstehen. Aber es bestand das traurige Problem hineinzugelangen. Sie hatte genauso große Angst vor der Luft, wie manche Kinder vor dem Wasser haben. Denn der leiseste Windstoß konnte sie abtreiben; und zu einem solchen Stoß konnte es selbst im ruhigsten Augenblick kommen. Und wenn sie sich in Richtung Wasser abstieß und es knapp verfehlte, dann wäre ihre Lage äußerst peinlich, vom Wind ganz abgesehen; denn bestenfalls würde sie, in ihrem Nachthemd schwebend, dort bleiben müssen, bis sie jemand sah und vom Fenster aus nach ihr angelte.

»Ach! Hätte ich doch nur meine Schwere«, dachte sie, auf das Wasser stierend, »ich würde von diesem Balkon kopfüber wie ein langer weißer Seevogel in das köstliche Naß schießen. Juppi-juh!«

Das war die einzige Überlegung, bei der sie sein wollte wie andere Leute.

Ein weiterer Grund für ihre Freude am Wasser lag darin, daß sie nur dort eine gewisse Freiheit genoß. Denn sie konnte nicht ohne ein Gefolge ausgehen, das zum Teil aus leichter Kavallerie bestand, aus Furcht vor den Freiheiten, die sich der Wind mit ihr herausnehmen könnte. Und der König wurde mit zunehmendem Alter immer ängstlicher, bis er es ihr schließlich überhaupt nicht mehr erlaubte, draußen herumzulaufen, ohne an etwa zwanzig Seidenschnüren befestigt zu sein, die an ebenso vielen Teilen ihrer Kleidung angebracht waren und von zwanzig Edelmännern gehalten wurden. Natürlich kam Reiten gar nicht in Frage. Aber sie pfiff auf diese ganze Zeremonie, wenn sie sich im Wasser tummelte.

Und das Wasser zeitigte so bemerkenswerte Wirkungen bei ihr, vor allem indem es sie zeitweise mit der gewöhnlichen menschlichen Schwere ausstattete, daß Drum-Rum und Kopy-Keck dem König einhellig empfahlen, er solle sie für drei Jahre lebendig begraben; wobei sie hofften, daß die heilsame Wirkung des Wassers durch die Erde noch übertroffen werde. Aber der König hatte einige primitive Vorbehalte gegen das Experiment und verweigerte seine Zustimmung. Nach dieser Abfuhr stimmten sie doch in einer weiteren Empfehlung überein; was tatsächlich sehr bemerkenswert war, da der eine seine Meinungen aus China, der andere aus Tibet bezog. Sie argumentierten, wenn Wasser äußeren Ursprungs und bei äußerlicher Anwendung so wirksam sei, dann müsse Wasser aus einer tieferen Quelle die vollkommene Heilung bewirken; kurz, wenn man die arme, leidende Prinzessin mit irgendwelchen Mitteln zum Weinen bringen könne, dann müsse sie eigentlich ihre verlorene Schwere wiedergewinnen.

Aber wie das anstellen? Darin lag das ganze Problem – das zu lösen die Philosophen nicht weise genug waren. Die Prinzessin zum Weinen zu bringen war so unmöglich, wie sie zu wiegen. Man schickte nach einem Berufsbettler; befahl ihm, sein rührendstes Unheilsorakel vorzubereiten; versorgte ihn aus der königlichen Scharadenkiste mit allem, was er an Requisiten benötigte, und versprach ihm für den Fall des Erfolgs große Belohnung. Aber es war alles vergeblich. Sie hörte der Bettelkünstlergeschichte zu und bewunderte seine vorzügliche Aufmachung, bis sie nicht mehr an sich halten konnte, krümmte sich aufs Unwürdigste, um nicht herauszuplatzen, und dann schrie, ja brüllte sie vor Lachen.

Als sie sich ein wenig erholt hatte, trug sie ihren Wärterinnen auf, ihn fortzujagen und ihm nicht einen Pfennig zu geben; worauf sein tödlich gekränkter und enttäuschter Blick ihre Bestrafung und seine Rache bewirkte, denn er trieb sie in heftige hysterische Anfälle, von denen man sie mit Mühe befreite.

Aber der König war so darauf erpicht, dem Vorschlag

eine faire Chance zu geben, daß er sich eines Tages in Wut versetzte, in ihr Zimmer stürmte und ihr eine schreckliche Ohrfeige gab. Es wollte aber keine Träne fließen. Sie sah schwermütig aus, und ihr Lachen klang sonderbar schrill – das war alles. Der gute alte Tyrann konnte, obwohl er seine beste Goldbrille aufsetzte, um nachzusehen, nicht die kleinste Trübung im heiteren Blau ihrer Augen feststellen.

IX

Leg mich wieder rein

Etwa um diese Zeit muß es sich zugetragen haben, daß der Sohn eines Königs, der tausend Meilen von Lagobel entfernt wohnte, aufbrach, um nach der Tochter einer Königin zu suchen. Er reiste durch die Lande, aber so sicher er eine Prinzessin fand, so sicher fand er auch einen Fehler an ihr. Natürlich konnte er nicht irgendeine Frau heiraten, mochte sie noch so schön sein; aber es fand sich keine Prinzessin, die seiner würdig gewesen wäre. Ob der Prinz der Vollkommenheit so nahe kam, daß er das Vollkommene selbst fordern durfte, das wage ich nicht zu beurteilen. Ich weiß nur, daß er ein feiner, ansehnlicher, tapferer, großzügiger, wohlerzogener und artiger Jüngling war, wie Prinzen nun einmal sind.

Auf seinen Wanderungen war ihm einiges über unsere Prinzessin zu Ohren gekommen; da aber jedermann sagte, sie sei verzaubert, ließ er es sich nicht träumen, daß sie ihn bezaubern könnte. Denn was konnte ein Prinz auch mit einer Prinzessin anfangen, die ihre Schwere verloren hatte? Wer konnte ahnen, was sie als nächstes verlieren würde? Vielleicht ihre Sichtbarkeit oder ihre Berührbarkeit; oder, kurz gesagt, die Kraft, Eindrücke auf das innere Sensorium zu machen; so daß er niemals in der Lage wäre zu sagen, ob sie tot oder lebendig war. Natürlich holte er keine weiteren Erkundigungen über sie ein.

Eines Tages verlor er in einem großen Wald sein Gefolge aus dem Blick. Solche Wälder sind sehr gut geeignet, Prinzen von ihren Höflingen zu befreien, wie ein Sieb, das die Spreu vom Weizen trennt. Dann machen sich die Prinzen auf und davon, um ihrem Schicksal zu folgen. Dabei kommt ihnen der Vorteil zugute, daß die Prinzessinnen heiraten müssen, bevor sie auch nur das geringste Vergnügen hatten. Ich wünschte, manchmal gingen auch unsere Prinzessinnen in einem Wald verloren.

Eines schönen Abends, nachdem er tagelang herumgezogen war, merkte er, daß er sich dem Rand dieses Waldes näherte; denn die Bäume standen jetzt so weit auseinander, daß er zwischen ihnen den Sonnenuntergang sehen konnte; und bald gelangte er auf eine Art Heide. Dann stieß er auf Zeichen menschlicher Nachbarschaft; aber da war es schon spät geworden, und niemand war mehr auf den Feldern, den er hätte ansprechen können.

Nachdem er noch eine Stunde weitergeritten war, stürzte sein Pferd, das von der langen Plackerei und vom Futtermangel ganz ausgezehrt war, und konnte nicht wieder aufstehen. So setzte er seine Reise zu Fuß fort. Schließlich gelangte er in einen anderen Wald – kein wilder, sondern ein kultivierter, durch den ihn ein Pfad an das Ufer eines Sees führte. Auf diesem Pfad setzte der Prinz seinen Weg durch die immer dichtere Dunkelheit fort. Plötzlich blieb er stehen und lauschte.

Seltsame Geräusche kamen vom Wasser her. Es war natürlich die lachende Prinzessin. Nun hatte, wie bereits angedeutet, ihr Lachen etwas Eigenartiges; denn ein echtes, herzliches Lachen setzt nun einmal Schwere voraus; und vielleicht war das der Grund, warum der Prinz das Lachen für ein Schreien hielt. Er schaute über den See und sah etwas Weißes im Wasser; im Nu hatte er sein Gewand abgestreift, die Sandalen weggeschnickt und war eingetaucht. Bald erreichte er die weiße Gestalt und merkte, daß es eine Frau war. Das Licht reichte nicht aus, als daß er sie als Prinzessin hätte erkennen können, wohl aber sah er, daß er eine Dame vor sich hatte, denn dazu braucht man nicht viel Licht. Nun kann ich nicht sagen, wie es dazu kam – ob sie so tat, als ertrinke sie, ob er ihr Angst machte oder ob er sie ergriff, als wolle er sie umarmen –, gewiß aber brachte er sie in einer Weise ans Ufer, die für eine Schwimmerin schändlich war, und sie kam dem Ertrinken näher, als sie jemals hätte befürchten müssen; denn sie hatte bei jedem Versuch zu sprechen Wasser geschluckt. An der Stelle, zu der er sie trug, ragte das Ufer nur ein, zwei Fuß über das Wasser; so gab er ihr einen kräftigen Schubs aus dem Wasser, um sie ans Ufer zu legen. Aber ihr Gewicht verschwand in dem Augenblick, als sie das Wasser verließ, und so stieg sie schimpfend und schreiend in die Lüfte.

»Du böser, *böser*, **BÖSER**, BÖSER Mann!« zeterte sie. Niemandem sonst war es je gelungen, sie leiden zu machen. – Als der Prinz sie aufsteigen sah, glaubte er, verhext worden zu sein und einen großen Schwan für eine Dame gehalten zu haben. Aber die Prinzessin bekam den obersten Zapfen einer hohen Tanne zu fassen. Der riß ab; doch sie hielt sich an einem anderen fest; ja, sie bremste ihren Flug, indem sie Zapfen sammelte, die sie fallen ließ, wenn die Stiele nachgaben. Inzwischen stand der Prinz im Wasser, starrte hoch und vergaß, an Land zu gehen. Doch als die Prinzessin verschwand, kletterte er ans Ufer und ging auf den Baum zu. Dort sah er, daß sie auf einem der Äste in Richtung Stamm nach unten kletterte. Aber im Dunkel des Waldes blieb der Prinz doch im unklaren über die Natur des Phänomens; bis sie ihn, unten angekommen, dort stehen sah, nach ihm griff und sagte:

»Das erzähle ich Papa.«

»O nein, nicht doch!« erwiderte der Prinz.

»Doch, warte nur«, beharrte sie. »Wie kommst du dazu, mich aus dem Wasser runterzuziehen und mich auf den Grund der Luft zu werfen? Ich habe dir doch auch nichts getan.«

»Entschuldigung. Ich wollte dir nicht weh tun.«

»Ich glaube nicht, daß du was auf dem Kasten hast; und das ist ein schlimmerer Mangel als deine elende Schwere. Du tust mir leid.«

Der Prinz erkannte jetzt, daß er an die verzauberte Prinzessin geraten war und sie bereits beleidigt hatte. Aber bevor er darüber nachdenken konnte, was er als nächstes sagen sollte, hatte sie einen Wutanfall und stampfte heftig mit dem Fuß auf, was sie wieder in die Lüfte getrieben hätte, wäre nicht sein Arm gewesen.

»Bring mich sofort hoch!«

»Hochbringen, wohin denn, du Schöne?« fragte der Prinz.

Er hatte sich schon fast in sie verliebt; denn ihre Wut machte sie reizvoller denn je, und soweit er erkennen konnte – freilich war das gewiß nicht sehr weit –, hatte sie keinen einzigen Makel an sich, außer natürlich, daß sie über keinerlei Schwere verfügte. Jedoch würde kein Prinz eine Prinzessin nach dem Gewicht beurtei-

len. Er würde die Schönheit ihres Fußes kaum nach der Tiefe der Spur bemessen, die er im Schlamm hinterläßt.
»Hochbringen, wohin denn, du Schöne?« fragte der Prinz.
»Ins Wasser, du Dummkopf!« antwortete die Prinzessin.
»Also komm«, sagte der Prinz.
Der Zustand ihrer Kleidung, der ihre gewöhnlichen Schwierigkeiten mit dem Laufen noch verstärkte, zwang sie, sich an ihn zu klammern; und er konnte kaum glauben, daß er sich nicht in einem wonnigen Traum befand – einmal abgesehen von dem Sturm wohlklingender Beschimpfungen, mit denen sie ihn überschüttete. Der Prinz hatte es daher gar nicht eilig, und so kamen sie an einer ganz anderen Stelle zum See, wo das Ufer mindestens fünfundzwanzig Fuß hoch war; und als sie den Rand erreicht hatten, wandte er sich der Prinzessin zu und sagte:
»Wie soll ich dich hineinlegen?«
»Das ist deine Sache«, erwiderte sie ziemlich schnippisch.
»Du hast mich rausgeholt, also leg mich auch wieder rein.«
»Sehr schön«, sagte der Prinz; nahm sie in die Arme und sprang mit ihr von der Klippe. Die Prinzessin hatte gerade Zeit genug, ein entzücktes Lachen vom Stapel zu lassen, als sich das Wasser auch schon über ihnen schloß. Als sie an die Oberfläche kamen, stellte sie fest, daß sie im Augenblick noch nicht einmal lachen konnte, denn sie war so rasend schnell untergegangen, daß sie kaum wieder Luft bekam. Als sie wieder an die Oberfläche kamen, fragte der Prinz:
»Wie gefällt es dir, reinzufallen?«

Nach einiger Zeit keuchte die Prinzessin:
»Das nennst du also *reinfallen*?«
»Ja«, gab der Prinz zurück. »Es ist doch eine sehr erträgliche Art und Weise.«
»Mir kam es vor wie aufsteigen«, erwiderte sie.
»Mein Gefühl war gewiß auch sehr erhebend«, gestand der Prinz ein.
Die Prinzessin schien ihn nicht zu verstehen, denn sie wiederholte seine Frage:
»Wie gefällt es *dir*, reinzufallen?« fragte sie.
»Unvergleichlich«, antwortete er; »denn ich bin auf das einzige vollkommene Geschöpf reingefallen, das ich je gesehen habe.«
»Schluß jetzt; mir langt es«, sagte die Prinzessin.
Vielleicht teilte sie die Abneigung ihres Vaters gegen Wortspiele.
»Du fällst also nicht gerne rein?« erkundigte sich der Prinz.
»Es ist der größte Spaß, den ich je im Leben hatte«, erwiderte sie. »Ich bin noch nie gefallen. Ich wünschte, ich könnte es lernen. Wenn ich daran denke, daß ich der einzige Mensch im Königreich meines Vaters bin, der nicht fallen kann!«
Jetzt sah die arme Prinzessin fast traurig aus.
»Es wird mir ein Vergnügen sein, mit dir reinzufallen, wann immer du willst«, sagte der Prinz ehrerbietig.
»Danke. Ich weiß nicht. Vielleicht wäre es nicht richtig. Aber das macht nichts. Na ja, wenn wir schon reingefallen sind, dann können wir jetzt auch gemeinsam schwimmen.«
»Von Herzen gerne«, freute sich der Prinz.
Und weg waren sie, schwimmend, tauchend und schwebend, bis sie schließlich vom Ufer her Rufe hörten und Lichter sahen, die in alle Richtungen strahlten.

Es war schon ziemlich spät, und kein Mond stand am Himmel.
»Ich muß nach Hause«, sagte die Prinzessin. »Schade, es war so schön.«
»Mir tut es auch leid«, erwiderte der Prinz. »Aber ich bin froh, daß ich kein Zuhause habe – zumindest weiß ich nicht genau, wo es ist.«
»Mir wäre es auch lieber, wenn ich keins hätte«, stimmte die Prinzessin zu; »es ist so blöd! Ich habe nicht übel Lust«, fuhr sie fort, »ihnen allen eins auszuwischen. Warum können sie mich nicht in Ruhe lassen? Sie vertrauen mir nicht mal für eine Nacht im See! – Siehst du das grüne Licht dort leuchten? Das ist mein Zimmerfenster. Wenn du jetzt ganz leise mit mir dorthin schwimmen würdest und wenn wir fast unter dem Balkon sind, einen solchen Schubs gibst – *nach oben* nennst du es –, wie du es vorhin getan hast, dann könnte ich mich am Balkon festhalten und zum Fenster einsteigen; und dann können sie mich bis morgen früh suchen!«
»Mit mehr Gehorsam als Vergnügen«, sagte der Prinz galant; und schon schwammen sie, ganz leise.
»Wirst du morgen abend wieder im See sein?« wagte der Prinz zu fragen.
»Mit Sicherheit. Ich glaube nicht. Vielleicht«, war die etwas seltsame Antwort der Prinzessin.
Aber der Prinz war klug genug, nicht nachzuhaken; und als er ihr den Abschiedsschubs gab, flüsterte er bloß: »Nichts verraten!« Die Prinzessin antwortete nur mit einem spitzbübischen Blick. Sie war schon einen Meter über seinem Kopf. Der Blick schien zu bedeuten: »Nur keine Angst. Einen solchen Spaß verdirbt man sich nicht.«
Im Wasser war sie so völlig normal gewesen, daß der

Prinz jetzt kaum seinen Augen trauen konnte, als er sie langsam aufsteigen, nach dem Balkon greifen und durchs Fenster verschwinden sah. Er wandte sich fast in der Erwartung um, sie noch immer an seiner Seite zu finden. Aber er war allein im Wasser. So schwamm er leise davon und beobachtete die Lichter, die noch Stunden, nachdem die Prinzessin sicher in ihr Zimmer gelangt war, am Ufer umherschwärmten. Sobald sie verschwunden waren, ging er an Land und suchte Rock und Schwert, die er auch mit einiger Mühe wiederfand. Dann legte er den größten Teil seines Weges rund um den See zur anderen Seite zurück. Dort war der Wald wilder und das Ufer steiler – es ging unmittelbar in die Berge über, die den See rings umgaben; und von morgens bis abends und die ganze Nacht über sandte es ständig seine Botschaften von Silberströmen aus. Bald fand er eine Stelle, von wo aus er das grüne Licht im Zimmer der Prinzessin sehen konnte und wo er selbst beim hellen Tageslicht nicht Gefahr lief, vom anderen Ufer aus entdeckt zu werden. Es war eine Art Felshöhle, wo er sich aus welkem Laub ein Bett richtete und hinlegte, zu müde, als daß der Hunger ihn hätte wachhalten können. Die ganze Nacht über träumte er, mit der Prinzessin zu schwimmen.

X

Guck in den Mond

Früh am nächsten Morgen machte sich der Prinz auf, um nach etwas Eßbarem zu suchen; bald stieß er auch auf die Hütte eines Försters, wo er in den vielen folgenden Tagen mit allem ausgestattet wurde, was ein tapferer Prinz für notwendig halten konnte. Und da er im Augenblick genügend Lebensmittel hatte, wollte er auch nicht an zukünftige Bedürfnisse denken. Immer wenn sich Sorgen einstellten, beugte sich ihnen dieser Prinz in wahrhaft prinzlicher Manier.

Als er vom Frühstück zu seiner Beobachtungshöhle zurückkehrte, sah er die Prinzessin bereits im See herumschwirren, begleitet vom König und der Königin – die er an ihren Kronen erkannte – und einer großen Gesellschaft von reizenden kleinen Booten, mit Baldachinen in allen Farben des Regenbogens und Fahnen und Wimpeln in noch weit mehr Farben. Es war ein sehr schöner Tag, und bald sehnte sich der Prinz, von der Hitze ganz ausgezehrt, nach dem kalten Wasser und der kühlen Prinzessin. Aber er mußte bis zur Dämmerung darben; denn die Boote hatten Proviant an Bord, und die lustige Gesellschaft verzog sich erst bei Sonnenuntergang. Boot für Boot legte am Ufer an, an der Spitze das des Königs und der Königin, bis nur noch eins übrigblieb, offenbar das der Prinzessin. Aber selbst jetzt wollte sie noch nicht nach Hause, und der Prinz meinte zu sehen, daß sie das Boot ohne sie ans Ufer beorderte. Jedenfalls ruderte es davon; und jetzt blieb von der ganzen strahlenden Gesellschaft nur ein weißer Fleck zurück. Da begann der Prinz zu singen.

Und zwar folgendes:

Schönes Weib,
Schwanenweiße,
Hebe den Blick,
Banne die Nacht
Durch die Macht
Deines Gesichts.

Schneeige Arme,
Ruder aus Schnee,
Rudert sie her,
Leise plätschernd,
Zart und mählich,
Her zu mir.

Leuchte ihr nach,
Über den See,
Strahlendes Weiß!
Halte sie wach,
Daß sie besteh,
Strahlendes Weiß!

Haltet sie fest,
Ihr blauen Wasser,
Verlasset sie nicht,
Sondern erneuert,
Kühl und in Treue,
Küsse auf Küsse.

Umspült mich doch,
Traurige Wasser,
Von ihr verlassen;
Schenkt mir Glück,
Denn vor dem Ade
Habt ihr sie gekost.

Noch ehe er sein Lied beendet hatte, war die Prinzessin gerade unter der Stelle, wo er saß, und blickte suchend nach oben.

Ihre Ohren hatten sie richtig geführt.

»Wie wär's mit einem Fall, Prinzessin?« fragte der Prinz, nach unten schauend.

»Ah! Da bist du! Ja, gerne, Prinz«, sagte die Prinzessin aufschauend.

»Woher weißt du, daß ich ein Prinz bin, Prinzessin?« fragte der Prinz.
»Weil du ein sehr netter junger Mann bist, Prinz«, sagte die Prinzessin.
»Dann komm hoch, Prinzessin.«
»Hol mich, Prinz.«
Der Prinz legte seinen Umhang ab, dann seinen Schwertgurt und dann seinen Rock, band sie alle aneinander und ließ sie hinunter. Aber die Leine war viel zu kurz. Er löste seinen Turban und fügte ihn dem Rest zu, worauf es fast reichte; sein Geldbeutel tat es dann. Die Prinzessin schaffte es gerade, sich am letzten Zipfel festzuhalten und war im Nu neben ihm. Dieser Felsen war viel höher als der andere, und das Spritzen und Eintauchen waren ungeheuer. Die Prinzessin erlebte Ekstasen der Wonne, und ihre Schwimmpartie war köstlich.
Abend für Abend kamen sie zusammen und schwammen in dem dunklen klaren See umher; das Glück des Prinzen war so groß, daß er (sei es durch die Sichtweise der Prinzessin beeinflußt, sei es daß er wirklich leichtherzig wurde) sich oft einbildete, im Himmel statt in einem See zu schwimmen. Aber wenn er davon sprach, im Himmel zu sein, lachte ihn die Prinzessin fürchterlich aus.
Wenn der Mond aufging, brachte er ihnen neue Freuden. In seinem Licht sah alles ungewohnt und neu aus, von einer alten, verwitterten, doch unvergänglichen Neuheit. Als der Mond fast voll war, machte es ihnen große Freude, tief ins Wasser einzutauchen, sich dann umzudrehen und zurück auf den großen Lichtfleck dicht über ihnen zu schauen, der schimmerte, zitterte und wogte, sich zerteilte und wieder zusammenzog, sich scheinbar auflöste und dann wieder fest wurde.

Dann schossen sie durch den Fleck auf; und da! Da stand der Mond, weit entfernt, klar, standhaft und kalt, aber auch sehr reizvoll auf dem Grund eines Sees, der tiefer und blauer war als ihr eigener, wie die Prinzessin meinte.

Der Prinz fand bald heraus, daß die Prinzessin im Wasser ganz genau wie andere Leute war. Und zudem war sie auf See nicht so naseweis in ihren Fragen oder keck in ihren Antworten wie an Land. Auch lachte sie nicht soviel; und wenn sie lachte, dann weicher. Überhaupt schien sie im Wasser viel bescheidener und mädchenhafter zu sein als draußen. Aber wenn der Prinz, der ihr seit seinem Fall ins Wasser wirklich verfallen war, ihr von Liebe zu erzählen begann, sah sie ihn immer an und lachte. Nach einer Weile schaute sie dann verwirrt drein, als ob sie vergeblich versuchte, zu verstehen, was er meinte – immerhin aber vermutete, daß er überhaupt etwas meinte. Doch jedesmal, wenn sie aus dem See stieg, war sie sofort so verändert, daß der Prinz sich sagte: »Wenn ich sie heirate, sehe ich keine andere Möglichkeit: Wir müssen Meermann und Meerweib werden und unverzüglich in See stechen.«

XI

Zisch!

Das Vergnügen der Prinzessin im See war zu einer Passion geworden, und sie konnte es kaum ertragen, auch nur eine Stunde draußen zu sein. Man stelle sich daher ihre Bestürzung vor, als sie eines Abends beim gemeinsamen Tauchen mit dem Prinzen plötzlich der Verdacht ergriff, daß der See nicht mehr so tief war wie früher. Der Prinz konnte sich nicht vorstellen, was passiert sein mochte. Sie schoß an die Oberfläche und schwamm wortlos in höchster Geschwindigkeit zum oberen Ende des Sees. Er folgte ihr und wollte wissen, ob sie krank sei oder was sonst los war. Sie drehte sich nicht ein einziges Mal um und schenkte seiner Frage keinerlei Beachtung. Am Ufer angelangt, glitt sie an den Felsen entlang und unterzog sie einer sorgfältigen Prüfung. Aber sie war nicht in der Lage, eine Schlußfolgerung zu ziehen, da der Mond sehr schmal war, so daß sie nicht viel sehen konnte. Daher wandte sie sich ab und schwamm nach Hause, ohne ihr Verhalten dem Prinzen, dessen Anwesenheit sie gar nicht mehr zu bemerken schien, auch nur mit einem Wort zu erklären. Er zog sich in großer Verwirrung und Besorgnis zu seiner Höhle zurück.

Tags darauf stellte sie viele Beobachtungen an, die leider ihre Ängste verstärkten. Sie sah, daß die Bänke zu trocken waren und daß das Gras am Ufer und die rankenden Pflanzen an den Felsen dahinwelkten. Sie ließ an den Rändern Zeichen anbringen und untersuchte sie Tag für Tag in allen Windrichtungen; bis die entsetzliche Idee schließlich zu einer sicheren Tatsache wurde: der Wasserspiegel des Sees sank langsam ab.

Die arme Prinzessin verlor fast den kleinen Verstand, den sie hatte. Es war schrecklich für sie, den See, den sie mehr als irgendein Lebewesen liebte, vor ihren Augen sterben zu sehen. Er sank und wurde immer weniger. Felsspitzen, die man bis dahin noch nie gesehen hatte, zeigten sich jetzt weit unten im klaren Wasser. Nach kurzer Zeit trockneten sie schon in der Sonne. Es war fürchterlich, an den Schlamm zu denken, der bald bratend und faulend daliegen würde, voll von den schönsten Lebewesen, die starben, und von den häßlichsten, die geboren wurden, wie die Vernichtung einer Welt. Und wie heiß die Sonne ohne den See sein würde! Sie brachte es nicht übers Herz, noch darin zu schwimmen, und begann, vor Gram zu vergehen. Ihr Leben schien mit ihm verbunden; und je mehr der Wasserspiegel sank, desto mehr magerte sie ab. Man sagte, sie werde das Austrocknen des Sees nicht eine Stunde überleben.

Aber sie weinte nie.

Im ganzen Königreich wurde verkündet, wer die Ursache für das Abnehmen des Sees herausfinde, erhalte eine fürstliche Belohnung. Drum-Rum und Kopy-Keck versenkten sich in ihre Physik und Metaphysik; doch vergeblich. Sie konnten nicht einmal vermuten, welches die Ursache sei.

Nun verhielt es sich so, daß die alte Prinzessin an der Wurzel des Übels saß. Als sie hörte, daß ihre Nichte im Wasser mehr Vergnügen fand als jeder andere draußen, packte sie die Wut, und sie verfluchte sich wegen ihres mangelnden Weitblicks.

»Aber«, sagte sie, »das werde ich schon wieder deichseln. Der König und sein Gefolge werden vor Durst sterben; ihre Gehirne sollen in den Schädeln kochen und geröstet werden, ehe ich auf meine Rache verzichte.«

Und sie lachte so teuflisch, daß sich die Haare auf dem Buckel ihrer schwarzen Katze sträubten.

Dann ging sie zu einer alten Kiste in ihrem Raum, öffnete sie und nahm etwas heraus, das aussah wie ein Stück getrockneter Seetang. Dies warf sie in einen Wasserbottich. Dann streute sie ein Pulver in das Wasser und rührte es mit dem bloßen Arm um, wobei sie darüber scheußlich klingende Worte murmelte, deren Bedeutung noch scheußlicher war. Dann rückte sie den

Bottich beiseite und holte einen riesigen Bund mit hundert rostigen Schlüsseln aus der Kiste, die in ihren zitternden Händen rasselten. Sie setzte sich hin und ölte sie alle ein. Bevor sie damit fertig war, kam aus dem Bottich, dessen Wasser immer in einer leichten Bewegung geblieben war, seitdem sie mit dem Rühren aufgehört hatte, der Kopf und der halbe Leib einer riesigen grauen Schlange. Aber die Hexe blickte sich nicht um. Die Schlange wuchs aus dem Bottich, beugte sich mit einer langsamen Pendelbewegung vor und zurück, bis sie die Prinzessin erreichte, ihren Kopf auf deren Schulter legte und ihr leise ins Ohr zischte. Die Prinzessin fuhr auf – allerdings vor Freude; und als sie den Kopf auf ihrer Schulter ruhen sah, zog sie ihn heran und küßte ihn. Dann zog sie die Schlange ganz aus dem Bottich und wand sie sich um den Leib. Es war eines jener schrecklichen Geschöpfe, die nur wenige je gesehen haben – die Weißen Schlangen der Dunkelheit.
Dann nahm sie die Schlüssel und ging in ihren Keller hinunter; und als sie die Tür aufschloß, sagte sie sich: »*Das* macht das Leben lebenswert!«
Sie verschloß die Tür hinter sich, ging einige Stufen tiefer, durchquerte den Keller und öffnete eine weitere Tür, die in einen dunklen engen Gang führte. Auch diese schloß sie hinter sich ab und ging noch ein paar Stufen tiefer. Wäre irgendwer der Hexenprinzessin gefolgt, dann hätte er gehört, daß sie genau einhundert Türen aufschloß und nach jedem Abschließen einige Stufen tiefer ging. Als sie die letzte Tür aufgeschlossen hatte, trat sie in eine riesige Höhle, deren Decke von baumlangen natürlichen Felssäulen gestützt wurde. Nun war diese Decke die Unterseite des Seebodens.
Dann wickelte sie die Schlange von ihrem Leib und hielt sie am Schwanz hoch über sich. Das scheußliche

Geschöpf streckte seinen Kopf gegen die Decke des Gewölbes, die es gerade erreichen konnte. Dann begann es, seinen Kopf langsam schwingend vorwärts und rückwärts zu bewegen, als ob es nach etwas Ausschau hielt. Gleichzeitig begann die Hexe, im Kreis durch das Gewölbe zu laufen, wobei sie dem Mittelpunkt bei jeder Runde näher kam; währenddessen beschrieb der Schlangenkopf den gleichen Weg über die Decke, den sie am Boden lief, denn sie hielt das Reptil weiter in die Höhe. Aber er fuhr auch fort, langsam zu schwingen. So zogen sie ständig im Kreis durch das Gewölbe, ließen den Umfang immer kleiner werden, bis die Schlange plötzlich vorschnellte und sich mit dem Maul im Deckengewölbe festbiß.
»So ist es recht, mein Liebling!« rief die Prinzessin; »trinke ihn trocken.«
Sie ließ los, so daß die Schlange hängenblieb, und setzte sich mit ihrer schwarzen Katze an der Seite, die ihr ständig rings durch die Höhle gefolgt war, auf einen großen Stein. Dann begann sie zu stricken und dabei scheußliche Worte vor sich hin zu murmeln. Die Schlange hing wie ein riesiger Blutegel an dem Stein und saugte; die Katze machte einen Buckel, ihr Schwanz stand hoch wie ein Stück Kabel, und schaute zu der Schlange auf; und die alte Frau saß, strickte und murmelte vor sich hin. So verharrten sie sieben Tage und sieben Nächte; dann fiel die Schlange plötzlich wie erschöpft von der Decke ab und schrumpfte zusammen, bis sie schließlich wieder aussah wie ein Stück getrockneter Seetang. Die Hexe sprang auf, nahm sie vom Boden auf, steckte sie in die Tasche und schaute zur Decke. Ein Wassertropfen zitterte an der Stelle, wo die Schlange gesaugt hatte. Als sie das sah, machte sie kehrt und floh, gefolgt von ihrer Katze. Sie zog die Tür in

schrecklicher Eile zu, schloß sie ab und raste, nachdem sie einige fürchterliche Worte gemurmelt hatte, zur nächsten, die sie auch abschloß und bemurmelte; und so verfuhr sie mit allen hundert Türen, bis sie ihren eigenen Keller erreichte. Dort setzte sie sich einer Ohnmacht nahe auf den Boden, hörte aber mit boshafter Freude dem Rauschen des Wassers zu, das sie durch alle hundert Türen deutlich vernehmen konnte.
Aber das war nicht genug. Jetzt, da sie die Rache gekostet hatte, wurde sie ungeduldig. Ohne weitere Maßnahmen würde es zu lange dauern, bis der See verschwunden wäre. Also nahm sie am nächsten Abend beim letzten Schnitzel des aufgehenden alten Mondes etwas von dem Wasser, in dem sie die Schlange wiederbelebt hatte, füllte es in eine Flasche und machte sich auf, gefolgt von ihrer Katze. Noch vor dem Morgengrauen hatte sie den ganzen See umrundet, wobei sie fürchterliche Worte murmelte, wenn sie die einzelnen Ströme überquerte und ein wenig von dem Wasser aus ihrer Flasche hineinschüttete. Als sie den Rundgang beendet hatte, murmelte sie doch noch einmal auf und warf eine Handvoll Wasser in Richtung Mond. Darauf hörte jede Quelle des Landes auf zu pochen und zu blubbern und versiegte wie der Puls eines Sterbenden. Am nächsten Tag war an den Seeufern kein Geräusch von fallenden Wassern mehr zu hören. Selbst die Flußläufe waren trocken; und an den dunklen Berghängen sah man keine silbrigen Streifen. Und es hatten nicht nur die Quellen der Mutter Erde aufgehört zu fließen; denn alle Babys im ganzen Lande weinten fürchterlich – allerdings ohne Tränen.

XII

Wo ist der Prinz?

Seit dem Abend, an dem die Prinzessin ihn so abrupt verlassen hatte, war es auch nicht mehr zu einem einzigen Gespräch zwischen den beiden gekommen. Er hatte sie ein- oder zweimal im See gesehen; aber soweit er erkennen konnte, ging sie nachts nicht mehr hinein. Er hatte sich hingesetzt, gesungen und vergeblich nach seiner Nereide Ausschau gehalten; während sie wie eine wahre Nereide mit ihrem See dahinschwand, sinkend, wenn er sank, welkend, wenn er austrocknete. Als er schließlich die Veränderung bemerkte, die sich mit dem Wasserspiegel vollzog, war er in großer Panik und Verwirrung. Er wußte nicht, ob der See starb, weil die Dame ihn verlassen hatte; oder ob die Dame nicht kommen wollte, weil der See zu sinken angefangen hatte. Aber er beschloß, sich wenigstens darüber Gewißheit zu verschaffen.

Er verkleidete sich, ging in den Palast und verlangte, den Großkämmerer zu sprechen. Sein Auftreten öffnete ihm sofort alle Türen; und der Großkämmerer, ein verständiger Mann, merkte sofort, daß im Begehren des Prinzen mehr steckte, als er ausgesprochen hatte. Er spürte auch, daß niemand sagen konnte, wie eine Lösung der gegenwärtigen Probleme zu erreichen war. So erfüllte er den Wunsch des Prinzen, zum Schuhputzer der Prinzessin ernannt zu werden. Es war ziemlich gerissen von dem Prinzen, einen so einfachen Posten zu verlangen, da die Prinzessin unmöglich so viele Schuhe verschmutzen konnte wie andere Prinzessinnen.

Bald erfuhr er alles, was man sich über die Prinzessin zu erzählen wußte. Er wurde fast wahnsinnig; aber nach-

dem er tagelang um den See gestreift war und alle verbleibenden Tiefen ertaucht hatte, konnte er nichts anderes tun, als dem eleganten Paar Stiefel, nach dem nie gefragt wurde, eine besondere Politur aufzutragen.
Denn die Prinzessin hütete ihr Zimmer und hielt die Vorhänge geschlossen, um den sterbenden See auszuschließen. Aber sie konnte ihn nicht einen Augenblick lang aus ihren Gedanken verbannen. Er ergriff so stark Besitz von ihrer Phantasie, daß sie sich fühlte, als sei der See ihre Seele, die in ihr austrocknete, erst zu Schlamm und dann zu innerem Schlamassel und Tod. So grübelte sie über die Veränderung mit all ihren fürchterlichen Begleiterscheinungen nach, bis sie fast wahnsinnig wurde. Was den Prinzen anging, so hatte sie ihn vergessen. Wie sehr sie seine Gesellschaft im Wasser auch genossen hatte, ohne es war er ihr gleichgültig. Aber sie schien auch Vater und Mutter vergessen zu haben.
Der See sank weiter. Kleine schleimige Stellen begannen sichtbar zu werden, die mitten im launischen Schein des Wassers standhaft glitzerten. Sie wuchsen zu breiten Schlammflecken, die sich ausweiteten und vermehrten; dazwischen standen hie und da Felsen, zappelten Fische, wimmelte es von kriechenden Aalen. Diese fingen die Leute überall und suchten nach allem möglichen, was aus den königlichen Booten gefallen sein konnte.
Schließlich war der See fast verschwunden, nur einige der tiefsten Tümpel blieben gefüllt.
Eines Tages begab es sich zufällig, daß sich eine Gruppe von jungen Leuten am Rand eines dieser Tümpel genau in der Mitte des Sees versammelte. Es war ein felsiges Becken von beträchtlicher Tiefe. Als sie hineinschauten, sahen sie auf dem Grund etwas, das gelb in der Sonne leuchtete. Ein kleiner Junge sprang hinein und

tauchte danach. Es war eine goldene Platte, mit Schriftzeichen bedeckt. Die trugen sie zum König.
Auf der einen Seite standen folgende Worte:

Nur der Tod kann vor dem Tode retten,
Tod ist Liebe, Liebe Mut,
Noch im Grab wird dich die Liebe betten,
Liebe liebt noch unterhalb der Flut.

Das war nun für den König und seine Höflinge rätselhaft genug. Aber die Rückseite der Platte erklärte es ein wenig. Ihre Inschrift hatte folgenden Wortlaut:
»Sollte der See verschwinden, muß man das Loch finden, durch welches das Wasser abfließt. Aber es wäre sinnlos zu versuchen, das Wasser mit gewöhnlichen Mitteln aufzuhalten. Es gibt nur eine wirksame Methode. – Allein der Leib eines lebendigen Mannes kann den Fluß zum Stehen bringen. Der Mann muß sich aus eigenem Entschluß opfern; und der See muß sein Leben nehmen, indem er sich füllt. Sonst wäre das Opfer nutzlos. Kann die Nation nicht einmal *einen* Helden hervorbringen, dann ist es ohnehin höchste Zeit, daß sie untergeht.«

XIII

Hier bin ich

Das war für den König eine sehr entmutigende Enthüllung – nicht daß er unwillens gewesen wäre, einen Untertanen zu opfern, er hatte vielmehr keine Hoffnung, einen Mann zu finden, der willens gewesen wäre, sich zu opfern. Es galt jedoch, keine Zeit zu verlieren, denn die Prinzessin lag reglos auf ihrem Bett und nahm keinerlei Nahrung zu sich, außer Seewasser, das mittlerweile nicht mehr das beste war. Daher ordnete der König an, den Inhalt der wundersamen Nachricht auf der Goldplatte überall im Lande zu veröffentlichen.

Es drängte sich jedoch niemand vor.

Der Prinz, der einige Tagesreisen in den Wald gegangen war, um einen Einsiedler zu konsultieren, den er dort auf seinem Weg nach Lagobel getroffen hatte, wußte bis zu seiner Rückkehr nichts von dem Orakel.

Als er sich mit allen Einzelheiten bekannt gemacht hatte, setzte er sich hin und dachte nach:

»Sie wird sterben, wenn ich es nicht tue, und das Leben hätte ohne sie für mich keinen Sinn; also habe ich dabei nichts zu verlieren. Und für sie wird das Leben so angenehm wie immer sein, denn sie wird mich bald vergessen. Und die Welt wird so viel schöner und glücklicher sein! – Natürlich werde ich das nicht erleben.« (Hier seufzte der arme Prinz.) »Wie zauberhaft der See im Mondlicht liegen wird, wenn dieses herrliche Geschöpf darin umhertollt wie eine wilde Göttin! – Aber trotzdem ist es ziemlich hart, zentimeterweise ertränkt zu werden. Mal nachrechnen – es müssen siebzig Zoll von mir ertrinken.« (Hier versuchte er zu lachen, aber es klappte nicht.) »Trotzdem, je länger, desto besser«, sinnierte er; »denn, kann ich mir nicht ausbedingen, daß die Prinzessin die ganze Zeit über an meiner Seite sein muß? So werde ich sie noch einmal sehen und sie vielleicht küssen – wer weiß? Und in ihre Augen schauend sterben. Es wird kein Tod sein. Zumindest werde ich ihn nicht spüren. Und zu sehen, wie sich der See wieder für die Schöne füllt! – Wohlan! Ich bin bereit.«

Er küßte den Stiefel der Prinzessin, legte ihn hin und eilte zur königlichen Wohnung. Unterwegs hatte er das

Gefühl, daß jede Sentimentalität peinlich wäre, und so entschloß er sich, die ganze Angelegenheit mit Nonchalance abzuwickeln. So klopfte er an die Tür des königlichen Kontors, wo es fast ein Kapitalverbrechen war, Seine Majestät zu stören.
Als der König das Klopfen hörte, fuhr er auf und öffnete wütend die Tür. Da er nur den Schuhputzer vor sich sah, zog er das Schwert. Das, so muß ich leider sagen, war seine übliche Methode, die Königswürde zu bekräftigen, wenn er seine Erhabenheit gefährdet glaubte. Aber den Prinzen beeindruckte das nicht im geringsten.
»Bitte, Eure Majestät, ich bin Euer edelster Diener«, sagte er.
»Mein edelster Diener! Du Lügenbold? Was meinst du?«
»Ich meine, ich werde Eure große Flasche verkorken.«
»Ist der Knabe verrückt geworden?« schrie der König und hob die Schwertspitze.
»Ich werde einen Stöpsel – Pfropfen –, oder wie Ihr es nennt, in Euren siechenden See stecken, erhabener Monarch«, sagte der Prinz.
Der König hatte eine solche Wut, daß es ihm die Sprache verschlug; so fand er Zeit, sich abzukühlen und darüber nachzudenken, daß es eine große Verschwendung wäre, den einzigen Mann zu töten, der willens war, sich in der gegenwärtigen Notsituation nützlich zu machen, zumal der unverschämte Bengel am Ende genauso tot sein würde, als sei er von Seiner Majestät eigener Hand gefallen.
»Oh!« sagte er schließlich und steckte sein Schwert mit Mühe zurück, da es so lang war; »ich bin dir sehr verpflichtet, du dummer Junge! Ein Glas Wein?«

»Nein, danke«, erwiderte der Prinz.
»Sehr schön«, sprach der König. »Würdest du gerne mal schnell zu deinen Eltern laufen und sie besuchen, bevor du das Experiment machst?«
»Nein, danke«, sagte der Prinz.
»Dann gehen wir und schauen uns das Loch sofort an«, sagte Seine Majestät und war schon dabei, einige Diener zu rufen.
»Einen Augenblick, bitte, Eure Majestät; ich habe eine Bedingung zu stellen«, fuhr der Prinz dazwischen.
»Was!« schrie der König. »Bedingung! Und das mir! Wie kannst du es wagen?«
»Wie Ihr wollt«, erwiderte der Prinz gelassen. »Ich wünsche Eurer Majestät einen guten Morgen.«
»Du Schuft! Ich werde dich in einen Sack stecken und damit das Loch verstopfen lassen.«
»Sehr schön, Eure Majestät«, erwiderte der Prinz und wurde ein wenig respektvoller, da er nicht durch den Zorn des Königs um das Vergnügen gebracht werden wollte, für die Prinzessin zu sterben. »Aber welchen Vorteil versprechen sich Eure Majestät davon? Ich bitte, sich doch daran zu erinnern, daß das Orakel von einem freiwilligen Opfer spricht.«
»Nun, du *hast* dich doch schon geopfert«, gab der König zurück.
»Ja, unter einer Bedingung.«
»Schon wieder Bedingung!« röhrte der König, erneut sein Schwert ziehend. »Pack dich! Ein anderer wird sich glücklich schätzen, dir die Ehre von den Schultern zu nehmen.«
»Eure Majestät wissen, daß es nicht einfach sein wird, einen anderen an meiner Stelle zu finden.«
»Also gut, welche Bedingung?« knurrte der König, der genau wußte, wie recht der Prinz hatte.

»Nur dies«, erwiderte der Prinz: »Da ich unter keinen Umständen sterben darf, bevor ich richtig ertrunken bin, und das Warten ziemlich langweilig sein wird, soll die Prinzessin, Eure Tochter, mit mir gehen, mich mit eigenen Händen füttern und hie und da nach mir sehen, um mich zu trösten; denn Ihr müßt zugeben, daß es *gar nicht* so leicht ist. Sobald das Wasser meine Augen erreicht hat, kann sie gehen und glücklich werden und ihren armen Schuhputzer vergessen.«

Hier zitterte die Stimme des Prinzen, und er wurde trotz seines Entschlusses beinahe sentimental.

»Warum hast du mir nicht gleich gesagt, wie deine Bedingung lautet? So viel Lärm um nichts!« ereiferte sich der König.

»Geht Ihr darauf ein?« beharrte der Prinz.

»Natürlich.«

»Sehr gut. Ich bin bereit.«

»Dann nimm also ein gutes Mahl zu dir, während ich meine Leute losschicke, die Stelle zu suchen.«

Der König ließ seine Wachen rufen und gab den Offizieren Anweisung, sofort das Loch im See ausfindig zu machen. Also wurde das Bett des Sees in Abschnitte unterteilt und gründlich abgesucht, so daß man in einer Stunde oder so das Loch entdeckt hatte. Es war in der Mitte eines Steins, ganz in der Nähe der Seemitte, genau in dem Tümpel, wo man die Goldplatte gefunden hatte. Es war ein nicht sehr großes dreieckiges Loch. Der ganze Stein war von Wasser umgeben, aber es floß nur sehr wenig durch das Loch ab.

XIV

Sehr nett von dir

Der Prinz ging, sich dem Anlaß entsprechend zu kleiden, denn er wollte sterben wie ein Prinz.

Als die Prinzessin hörte, daß sich ein Mann erboten hatte, für sie zu sterben, war sie so erregt, daß sie, schwach wie sie war, aus dem Bett sprang und vor Freude durch das Zimmer tanzte. Sie interessierte es nicht, wer der Mann war; das ging sie nichts an. Das Loch mußte gestopft werden; und wenn dafür ein Mann ausreichte, na gut, dann nimmt man sich einen. Ein, zwei Stunden später war alles bereit. Ihre Zofe kleidete sie hurtig an, und dann trug man sie an den Rand des Sees. Als sie diesen sah, schrie sie auf und barg ihr Gesicht in den Händen. Man trug sie zu dem Stein hinüber, wo bereits ein kleines Boot für sie bereitgestellt war. Das Wasser war noch nicht tief genug, um es aussetzen zu können, aber man hoffte, daß es bald soweit sein würde. Man legte sie auf Kissen, bestückte das Boot mit Wein, Früchten und anderen Leckereien und errichtete über dem Ganzen einen Baldachin.

Nach wenigen Minuten erschien der Prinz. Die Prinzessin erkannte ihn sofort, hielt es aber nicht für nötig, sich das anmerken zu lassen.

»Hier bin ich«, sagte der Prinz. »Leg mich rein.«

»Man sagte mir, es sei ein Schuhputzer«, ließ sich die Prinzessin vernehmen.

»Das bin ich ja auch«, erwiderte der Prinz. »Dreimal täglich habe ich deine kleinen Stiefel gewichst, weil sie das einzige waren, was ich von dir bekommen konnte. Leg mich rein.«

Die Höflinge nahmen ihm seine Grobheit nicht übel,

nur munkelten sie untereinander, daß er es unverschämt weit treibe.

Aber wie sollte man ihn reinlegen? Darüber enthielt die goldene Platte keine Anweisungen. Der Prinz untersuchte das Loch und sah nur eine Möglichkeit. Er steckte beide Beine hinein, setzte sich auf den Stein, beugte sich vornüber und bedeckte den verbleibenden Winkel mit beiden Händen. In dieser unbequemen Stellung entschloß er sich, sein Schicksal abzuwarten, wandte sich den Leuten zu und sagte:

»Ihr könnt jetzt gehen.«

Der König war bereits zum Essen nach Hause gegangen.

»Ihr könnt jetzt gehen«, wiederholte die Prinzessin seine Worte wie ein Papagei.

Die Leute gehorchten ihr und gingen.

Kurz darauf überspülte eine kleine Welle den Stein und benetzte ein Knie des Prinzen. Aber er machte sich nicht viel daraus. Er begann zu singen, und das Lied, das er sang, ging so:

Wie eine Welt, in der kein Quell
Aus düsteren Wäldern leuchtet hell;
Wie eine Welt, in der kein Glanz
Entströmt dem scheidenden Strahlenkranz;
Wie eine Welt, in der kein Blick
Von den wüsten Meeren kehrt zurück;
Wie eine Welt, in der kein Regen
Taucht die Wiesen in glitzernden Segen; –
So, mein Herz, wär auch deine Welt
Würdest du nicht durch die Liebe erhellt.

Wie eine Welt, in der kein Laut
Von verborgenen Strömen angestaut;
Auch kein Plätschern der Quelle,

Überflutend die düsteren Wälle;
Und kein mächtiges Rauschen und Fließen
Von Flüssen, die reißend abwärts schießen;
Keine musikalischen Klänge
Der verästelten Buchengesänge;
Nicht die mächtige Stimme der Meere,
Getragen von ihrer Wellenschwere; –
So, meine Seele, wär, was dir bliebe,
Klänge in dir nicht das Lied der Liebe.

Schöne, freue dich an deiner Welt,
Die dich mit Wassern am Leben hält.
Mich hat die Liebe stark gemacht,
Für dich zu tauchen in ewige Nacht,
Wo des Wassers Schein und Singen
Niemals durch das Dunkel dringen;
Laß, ich flehe, nur ein Wort von mir
Ergründen einen Quell in dir;
Sonst wird deine lieblose Seele
Vertrocknen wie die durstige Kehle.

»Sing weiter, Prinz. Dann ist es nicht so langweilig«, sagte die Prinzessin.

Aber der Prinz war zu entkräftet, um weiter singen zu können, und es folgte eine lange Pause.

»Sehr nett von dir, Prinz«, sagte die Prinzessin schließlich ganz kühl, mit geschlossenen Augen im Boot liegend.

»Leider kann ich das Kompliment nicht erwidern«, dachte der Prinz; »aber schließlich lohnt es sich, für dich zu sterben.«

Dann flossen wieder mehrere kleine Wellen über den Stein und umspülten beide Knie des Prinzen; aber er blieb stumm und rührte sich nicht. So vergingen zwei – drei – vier Stunden, wobei die Prinzessin offenbar

schlief und der Prinz sehr geduldig war. Aber er war sehr enttäuscht über diese Stellung, denn ihm wurde nichts von dem Trost zuteil, auf den er gehofft hatte. Schließlich hielt er es nicht mehr aus.
»Prinzessin!« sagte er.
Aber in diesem Augenblick fuhr die Prinzessin plötzlich auf und rief:
»Ich bin flott! Ich bin flott!«
Und das kleine Boot stieß gegen den Stein.
»Prinzessin!« wiederholte der Prinz, dadurch ermutigt, daß er sie hellwach und begierig auf das Wasser schauen sah.
»Nun?« sagte sie, ohne sich umzudrehen.
»Dein Papa hat mir versprochen, daß du nach mir schauen würdest, und du hast noch nicht ein einziges Mal nach mir geschaut.«
»Hat er? Dann muß ich wohl. Aber ich bin so schläfrig!«
»Schlaf nur, Liebling, und kümmere dich nicht um mich«, sagte der arme Prinz.
»Wirklich, du bist sehr gut«, erwiderte die Prinzessin. »Ich glaube, ich werde mich wieder schlafen legen.«
»Gib mir nur erst ein Glas Wein und einen Keks«, bat der Prinz sehr kleinlaut.
»Von Herzen gerne«, sagte die Prinzessin gähnend.
Doch sie nahm den Wein und den Keks, und als sie sich über den Bootsrand zu ihm beugte, mußte sie ihn ansehen.
»Na, Prinz«, sagte sie, »du siehst gar nicht gut aus! Bist du sicher, daß es dir nichts ausmacht?«
»Kein bißchen«, antwortete er und fühlte sich dabei sehr schwach. »Nur werde ich sterben, bevor es dir auch nur den geringsten Nutzen bringen kann, wenn ich nicht bald etwas zu essen bekomme.«

»Da, nimm«, sagte sie und hielt ihm den Wein hin.
»Ah! Du mußt mich füttern. Ich wage nicht, meine Hände zu bewegen. Das Wasser würde sofort ablaufen.«
»Guter Gott!« sagte die Prinzessin; und gleich fing sie an, ihn mit Keksstücken und Weinschlucken zu füttern.
Als sie ihn fütterte, gelang es ihm ab und zu, ihre Fingerspitzen zu küssen. Irgendwie schien ihr das nichts auszumachen. Aber der Prinz fühlte sich besser.
»Also, Prinzessin«, sagte der Prinz, »ich kann dich um deiner selbst willen nicht einschlafen lassen. Du mußt dich aufsetzen und mich anschauen, sonst halte ich nicht durch.«
»Na gut, ich will alles tun, was ich kann, um dir gefällig zu sein«, antwortete sie herablassend; dann setzte sie sich hin und schaute ihn tatsächlich mit wunderbarer Standhaftigkeit an, wobei sie über alles nachdachte.
Die Sonne ging unter, der Mond ging auf, und Welle für Welle stieg das Wasser am Körper des Prinzen empor. Es ging ihm schon bis zur Hüfte.
»Warum können wir nicht ein bißchen schwimmen gehen?« fragte die Prinzessin. »Es ist doch jetzt ringsum genügend Wasser da.«
»Ich werde nie wieder schwimmen«, sagte der Prinz.
»Oh, ich vergaß«, sagte die Prinzessin und schwieg.
So nahm das Wasser immer weiter zu und kletterte immer höher an dem Prinzen empor. Und die Prinzessin saß da und schaute ihn an. Ab und zu fütterte sie ihn. Die Nacht zog sich hin. Das Wasser stieg im-

mer höher. Auch der Mond stieg immer höher und schien voll auf das Gesicht des sterbenden Prinzen. Das Wasser ging ihm bis zum Hals.
»Würdest du mich küssen, Prinzessin?« bat der Prinz matt. Jetzt war seine Nonchalance ganz dahin.
»Ja, das mache ich«, erwiderte die Prinzessin und gab ihm einen langen, süßen, kalten Kuß.
»Jetzt«, sagte er mit einem zufriedenen Seufzer, »werde ich glücklich sterben.«
Er sprach nicht mehr. Die Prinzessin gab ihm zum letzten Mal etwas Wein: Essen konnte er nicht mehr. Dann setzte sie sich wieder hin und sah ihn an. Das Wasser stieg und stieg. Es berührte sein Kinn. Es berührte seine Unterlippe. Es berührte den Saum zwischen den Lippen. Er schloß sie fest, um es draußen zu halten. Der Prinzessin wurde seltsam zumute. Es berührte seine Oberlippe. Er atmete durch die Nase. Die Prinzessin sah bestürzt aus. Es bedeckte seine Nasenlöcher. Ihre Augen sahen verängstigt aus und leuchteten seltsam im Mondlicht. Sein Kopf fiel zurück; das Wasser schloß sich darüber, und die Bläschen seines letzten Atemzugs blubberten durch das Wasser auf. Die Prinzessin schrie auf und sprang in den See.
Sie ergriff zuerst das eine, dann das andere Bein und zerrte und zog, aber sie konnte keins von beiden bewegen. Sie ließ ab, um Luft zu holen, und dabei fiel ihr ein, daß er überhaupt keine Luft bekam. Sie war außer sich. Sie umklammerte ihn und hielt seinen Kopf über Wasser, was jetzt möglich war, da seine Hände nicht mehr in dem Loch steckten. Aber es hatte keinen Zweck, denn er atmete schon nicht mehr.
Die Liebe und das Wasser gaben ihr alle Kräfte zurück. Sie tauchte, zerrte und zog mit aller Gewalt, bis sie schließlich ein Bein draußen hatte. Das andere kam mit

Leichtigkeit nach. Wie sie ihn in das Boot verfrachtete, konnte sie selbst nicht sagen; doch als sie es geschafft hatte, fiel sie in Ohnmacht. Wieder zu sich kommend, ergriff sie die Ruder, hielt sich, so gut es ging, wach, und ruderte und ruderte, obwohl sie vorher noch nie gerudert hatte. Sie ruderte um Felsen herum, durch Untiefen und Schlick, bis sie den Landesteg des Palastes erreichte. Zu dieser Zeit waren ihre Leute am Ufer, weil sie ihr Schreien gehört hatten. Sie befahl ihnen, den Prinzen auf ihr eigenes Zimmer zu tragen, ihn in ihr Bett zu legen, ein Feuer zu machen und nach den Ärzten zu schicken.

»Aber der See, Eure Hoheit!« sagte der Kämmerer, der, durch den Lärm geweckt, in seiner Nachtmütze hereinkam.

»Ertränken Sie sich doch selbst darin!« warf sie ihm zu.

Das war die letzte Unverschämtheit, die sich die Prinzessin jemals zuschulden kommen ließ; und man muß zugeben, daß sie guten Grund hatte, sich durch den Großkämmerer provoziert zu fühlen.

Wäre es der König selbst gewesen, so wäre es ihm nicht besser ergangen. Aber sowohl er als auch die Königin schliefen fest. Und der Kämmerer ging auch wieder ins Bett. Irgendwie kamen die Ärzte nicht. So blieben die Prinzessin und ihre alte Amme mit dem Prinzen allein. Aber die alte Amme war eine weise Frau und wußte, was zu tun war.

Lange versuchten sie alles mögliche – ohne Erfolg. Die Prinzessin zerriß es fast zwischen Hoffnung und Furcht, aber sie versuchte immer weiter, eine Methode nach der anderen und alles immer wieder von neuem.

Schließlich, als sie schon fast aufgegeben hatten, genau bei Sonnenaufgang, öffnete der Prinz die Augen.

XV

Was für ein Regen!

Die Prinzessin brach in leidenschaftliche Tränen aus und *fiel* zu Boden. Dort lag sie eine Stunde lang, und ihre Tränen wollten nicht versiegen. Das ganze unterdrückte Weinen ihres Lebens kam jetzt heraus. Und ein Regen kam auf, wie man ihn in diesem Lande noch nie gesehen hatte. Die ganze Zeit über schien die Sonne, und die großen Tropfen, die geradewegs zur Erde fielen, leuchteten ebenfalls. Der Palast stand inmitten eines Regenbogens. Es war ein Regen aus Rubinen, Saphiren, Smaragden und Topasen. Die Ströme ergossen sich von den Bergen wie geschmolzenes Gold; und hätte er keinen unterirdischen Abfluß gehabt, dann wäre der See über die Ufer getreten und hätte das Land überflutet. Er war von Ufer zu Ufer randvoll.

Aber die Prinzessin achtete nicht auf den See. Sie lag auf dem Boden und weinte. Und dieser Regen drinnen war weit wunderbarer als der Regen draußen. Denn als er ein wenig nachließ und sie sich erheben wollte, da merkte sie zu ihrer Überraschung, daß sie nicht konnte. Schließlich gelang es ihr mit viel Mühe, auf die Füße zu kommen. Aber sie fiel sofort wieder hin. Als sie ihren Fall hörte, entfuhr ihrer alten Amme ein Freudenschrei, und sie lief zu ihr und jubelte:

»Meine kleine Süße! Sie hat ihre Schwere gefunden!«

»Ach, das ist es also! Oder?« sagte die Prinzessin und rieb sich abwechselnd Schulter und Knie. »Ich halte es für sehr unangenehm. Ich fühle mich, als sollte ich in Stücke gehauen werden.«

»Hurrah!« schrie der Prinz vom Bett aus. »Wenn du es

geschafft hast, Prinzessin, dann ich auch. Was ist mit dem See?«
»Randvoll«, antwortete die Amme.
»Dann sind wir alle glücklich.«
»Das sind wir allerdings!« erwiderte die Prinzessin schluchzend.
Und das ganze Land atmete an diesem Regentag auf. Selbst die Babys vergaßen ihre früheren Sorgen und tanzten und plärrten übermütig. Und der König erzählte Geschichten, denen die Königin lauschte. Und er teilte das Geld in seiner Truhe und sie den Honig in ihrem Topf an alle Kinder aus. Da war ein Jubilieren, wie man es noch nie zuvor gehört hatte.
Natürlich verlobten sich der Prinz und die Prinzessin auf der Stelle. Aber die Prinzessin mußte erst laufen lernen, bevor sie rechtmäßig getraut werden konnten. Und das war in ihrem Alter gar nicht so einfach, denn sie konnte nicht besser laufen als ein Baby. Immer fiel sie hin und tat sich weh.
»Ist das die Schwere, von der du immer so viel Aufhebens gemacht hast?« fragte sie den Prinzen eines Tages, als er sie vom Boden aufhob. »Ich persönlich habe mich ohne sie erheblich wohler gefühlt.«
»Nein, nein, das ist sie nicht. Das ist sie«, erwiderte der Prinz, als er sie hochhob und wie ein Baby herumtrug, wobei er sie die ganze Zeit küßte. »Das ist Schwere.«
»Das ist besser«, sagte sie. »Ich mache mir nicht so viel daraus.«
Und sie strahlte den Prinzen mit dem süßesten, lieblichsten Lächeln an. Dann erwiderte sie alle seine Küsse mit einem einzigen kleinen Küßchen; und er hielt diese Belohnung für übermäßig, denn er war außer sich vor Wonne. Gleichwohl fürchte ich, daß sie sich danach noch mehr als einmal über ihre Schwere beklagte.

Es dauerte lange, ehe sie sich mit dem Laufen versöhnte. Aber die Mühe, es zu lernen, wurde durch zwei Umstände ausgeglichen, von denen jede für sich schon genügend Trost gespendet hätte. Der eine war, daß der Prinz selbst sie unterrichtete; und der andere, daß sie sich, sooft sie wollte, in den See stürzen konnte. Noch immer zog sie es vor, wenn der Prinz mit ihr sprang; und der Platscher, den sie vorher gemacht hatten, war nichts gegen den, den sie jetzt machten.

Der See sank nie wieder. Im Laufe der Zeit höhlte er die Decke des Kellers ganz aus und war doppelt so tief wie vorher.

Die einzige Rache, welche die Prinzessin an ihrer Tante nahm, bestand darin, daß sie ihr beim nächsten Zusammentreffen ziemlich fest auf ihren gichtigen Zeh trat. Aber schon am nächsten Tag tat es ihr leid, als sie hörte, daß das Wasser ihr Haus unterhöhlt hatte, worauf es in der Nacht eingestürzt war und sie unter den Trümmern begraben hatte; und da niemand es wagte, ihre Leiche zu bergen, liegt sie bis zum heutigen Tag dort.

So lebten der Prinz und die Prinzessin und waren glücklich; sie hatten Kronen aus Gold, Kleider aus Stoff, Schuhe aus Leder und Kinder aus Jungen und Mädchen, von denen nicht ein einziges, selbst beim kritischsten Anlaß, je das kleinste Atom seines oder ihres richtigen Schwereverhältnisses verloren haben soll.

Das Herz des Riesen

Es war einmal ein Riese, der wohnte an der Grenze von Riesenland, dort wo es ans Land der gewöhnlichen Menschen stieß.
Alles in Riesenland war so groß, daß die gewöhnlichen Menschen nur eine Masse gewaltiger Berge und Wolken sahen; und soweit man wußte, war nie ein lebender Mensch von dort zurückgekommen, der hätte erzählen können, was es dort zu sehen gab.
Irgendwo auf der anderen Seite der Grenze lebte am Rande eines großen Waldes ein Arbeiter mit seiner Frau und vielen, vielen Kindern. Eines Tages zog Tricksey-Wee, wie sie genannt wurde, ihren Bruder Buffy-Bob auf, bis er es nicht mehr ertragen konnte und sie aufs Ohr boxte. Tricksey-Wee weinte; und Buffy-Bob tat das so leid, und er schämte sich so sehr, daß er auch weinte und in den Wald davonlief. Er blieb so lange weg, daß Tricksey-Wee langsam Angst bekam, denn sie hatte ihren Bruder sehr lieb; und sie war so bekümmert darüber, daß sie ihn zuerst aufgezogen und dann geweint hatte, daß sie schließlich in den Wald lief, um nach ihm zu suchen, obgleich die Wahrscheinlichkeit größer war, selbst verlorenzugehen, als ihn zu finden. Und so schien es (denn) auch tatsächlich auszugehen; denn nachdem sie ohne zu schauen herumgerannt war, fand sie sich schließlich in einem Tal, das ihr völlig unbekannt war. Und das war auch kein Wunder; denn was sie für ein Tal mit gewölbten felsigen Wänden hielt, war nichts anderes als der Zwischenraum zwischen zwei der Wurzeln eines großen Baumes, der an der Grenze von Riesenland wuchs. Sie kletterte darüber

und ging auf etwas zu, was sie aus der Ferne für einen schwarzen Berg mit runder Kuppe hielt; doch wie sie bald herausfand, lag der Berg gar nicht fern, und es war auch kein Berg, sondern eine Höhlung, so groß, daß sie nicht zu sagen wußte, woraus sie ausgehöhlt war. Und als sie hinschaute, erkannte sie, daß es ein Torweg war; und wie sie näherkam und genauer hinschaute, sah sie weit drinnen das Tor, mit einem Klopfer aus Eisen daran, viele, viele Meter über ihrem Kopf und so groß wie der Anker eines riesigen Schiffes. Nun war noch nie jemand unfreundlich zu Tricksey-Wee gewesen, und deshalb fürchtete sie sich auch vor niemandem. Denn Buffys Boxhieb aufs Ohr hielt sie nicht für der Rede wert. Als sie daher ein kleines Loch unten an der Tür erspähte, das irgendeine riesige Maus hineingenagt haben mochte, kroch sie hindurch und fand sich in einer riesigen Halle. Deren anderes Ende hätte sie nicht sehen können, wenn dort nicht ein großes Feuer gebrannt hätte, das durch die Entfernung zu einem Fünkchen geschrumpft schien. Auf dieses Feuer rannte sie zu, so schnell sie konnte, und war nicht mehr weit davon entfernt, als vor ihr mit lautem Klappern etwas zu Boden fiel, sie stolperte darüber und kugelte über den Boden. Sie war indes nicht sehr verletzt und im Nu wieder auf den Beinen. Dann sah sie, daß das, worüber sie gestolpert war, einem großen eisernen Eimer nicht unähnlich war. Als sie es jedoch genauer betrachtete, erkannte sie, daß es sich um einen Fingerhut handelte; und als sie aufschaute, um festzustellen, wer ihn hatte fallen lassen, erblickte sie ein riesiges Gesicht, mit Brillengläsern so groß wie die runden Fenster in einer Kirche, das sich über sie herabbeugte und überall nach dem Fingerhut suchte. Sofort packte ihn Tricksey-Wee mit beiden Armen und hob ihn der Nase der umherstarrenden Riesin ungefähr einen Zoll entgegen. Durch diese Bewegung sah die alte Dame, wo er war, und schon fuhr ihr Finger hinein, und er verschwand aus Tricksey-Wees Augen, vergraben in den Falten eines weißen Strumpfes, der wie eine Wolke über ihr hing und den Frau Riese gerade stopfte. Denn es war Samstag abend, und ihr Mann pflegte sonntags nur weiße Strümpfe zu tragen. Zugegeben, er aß kleine Kinder, allerdings nur *ganz* kleine; und wenn es ihm je in den Sinn kam, daß es unrecht war, so etwas zu tun, sagte er sich stets, er trage sonntags weißere Strümpfe als jeder andere Riese in Riesenland.

Im selben Moment hörte Tricksey-Wee ein Rascheln, wie vom Wind in einem Baum voller Blätter, und konnte sich nicht vorstellen, was das war; bis sie aufschaute und sah, daß es die Riesin war, die ihr etwas zuflüsterte; und als sie sich große Mühe gab, konnte sie das, was die Riesin sagte, recht gut verstehen.

»Lauf weg, liebes kleines Mädchen«, sagte sie, »so schnell du kannst, denn mein Mann wird in ein paar Minuten nach Hause kommen.«

»Aber ich war doch nie ungezogen zu deinem Mann«, sagte Tricksey-Wee, die nach oben, der Riesin ins Gesicht sah.

»Das ist gleich. Geh lieber. Er mag kleine Kinder, besonders kleine Mädchen.«

»Oh, dann wird er mir ja nicht weh tun.«

»Da bin ich nicht so sicher. Er mag sie so sehr, daß er sie aufißt, und ich fürchte, er könnte nicht umhin, dir dabei ein bißchen weh zu tun. Er ist aber trotzdem ein sehr guter Mann.«

»Oh! Ja dann –«, hob Tricksey-Wee an, die sich ziemlich fürchtete; aber bevor sie ihren Satz noch beenden konnte, hörte sie das Stampfen weit entfernter, schwerer Schritte. Und wer anders kam im nächsten Moment in vollem Lauf und bleich wie der Tod auf sie zugeschossen als Buffy-Bob. Sie streckte die Arme aus, und er flog hinein. Aber als sie ihn küssen wollte, küßte sie nur seinen Hinterkopf; denn er hatte sein kreideweißes Gesicht und seine aufgerissenen Augen dem Tor zugewandt.

»Lauft weg, Kinder; lauft weg und versteckt euch«, sagte die Riesin.

»Komm, Buffy«, sagte Tricksey, »dort drüben ist ein großes Dickicht; da werden wir uns verstecken.«

Das Dickicht war ein großer Besen; und kaum waren sie zwischen seine Borsten gekrochen, da hörten sie auch schon mit einem Donnern die Tür aufgehen, und herein schritt der Riese. Man hätte meinen können, man sähe die ganze Welt durch die Tür, als er sie öffnete, so breit war sie; und als er sie schloß, war es, als bräche die Nacht herein.

»Wo ist der kleine Junge?« brüllte er, mit einer Stimme wie das Grollen einer Kanone. »Er sah wirklich wie ein hübscher kleiner Junge aus. Ich bin fast sicher, daß er durch das Mauseloch unten an der Tür gekrochen ist. Wo ist er, mein Liebes?«

»Ich weiß nicht«, antwortete die Riesin.

»Aber du weißt doch, daß es garstig ist, Lügen zu erzählen; nicht wahr, mein Liebes?« erwiderte der Riese.

»Nun, du dummer alter Rumpelplumps!« sagte seine Frau, mit einem Lächeln, so breit wie das Meer in der Sonne, »wie soll ich denn deine weißen Socken flicken und gleichzeitig auf kleine Junge achten? Du hast doch so viele davon, daß sie dir gewiß über den Sonntag reichen. Schau doch, was für nette kleine Jungen sie sind.«

Tricksey-Wee und Buffy-Bob spähten durch die Borsten und entdeckten eine Reihe kleiner Jungen, ungefähr ein Dutzend, mit ganz dicken Gesichtern und Glotzaugen, die am Feuer saßen und stumpfsinnig hineinstarrten. Rumpelplumps wollte die meisten von ihnen einmachen und fütterte sie gut, bevor er sie salzte. Dann und wann allerdings konnte er die Zähne nicht von ihnen lassen und pflegte so nebenher einen zu essen, und zwar ohne Salz.

Er schritt hinüber zu den erbarmungswürdigen Kindern. Und ganz erbarmungswürdig waren sie in der Tat deswegen, weil sie wußten, daß der Riese, wenn sie nur zu essen aufhören könnten und dünn würden, sie nicht mehr mögen und hinauswerfen würde, so daß sie nach Hause finden könnten; aber dennoch waren sie so gierig, daß sie so viel aßen, wie sie nur vertragen konnten. Die Riesin, die sie fütterte, tröstete sich mit dem Gedanken, es seien in Wirklichkeit gar keine Jungen und Mädchen, sondern bloß kleine Schweinchen, die nur so taten, als seien sie Jungen und Mädchen.

»Nun sagt mir die Wahrheit«, brüllte der Riese und beugte sein Gesicht über sie. Sie zitterten vor Schrekken, und jeder hoffte, der Riese würde einen anderen am liebsten mögen. »Wo ist der kleine Junge, der eben in die Halle gelaufen ist? Wer mich anlügt, wird sofort gekocht.«

»Er ist im Besen«, schrie ein Junge mit Pfannkuchengesicht. »Er ist da drin, und bei ihm ein kleines Mädchen.«

»Die ungezogenen Kinder«, brüllte der Riese, »sich vor *mir* zu verstecken!« Und er stand mit einem Schritt beim Besen.

»Halt dich an den Borsten fest, Bobby. Schlüpf in ein Büschel und halt dich fest«, schrie Tricksey-Wee gerade noch rechtzeitig. Der Riese hob den Besen hoch, sah,

daß nichts darunter war, und stellte ihn mit solcher Gewalt wieder hin, daß es sie beide zu Boden schleuderte. Mit zwei Schritten war er bei den Jungen, packte den mit dem Pfannkuchengesicht beim Kragen, nahm den Deckel von einem großen Topf, der auf dem Feuer vor sich hin kochte, warf den Jungen hinein, als sei er ein bratfertig verschnürtes Huhn, setzte den Deckel wieder auf den Topf, sagte: »Da seht ihr es! Das kommt davon, wenn man lügt!«, und stellte dann keine weiteren Fragen mehr; denn da er stets sein Wort hielt, fürchtete er, er müsse vielleicht mit allen das gleiche tun; und er mochte gekochte Jungen nicht. Er aß sie gerne frisch, so wie man Rettiche, ob eingeschnitten oder nicht, essen sollte. Nun setzte er sich hin und fragte seine Frau, ob sein Essen schon fertig sei. Sie schaute in den Topf, warf den Jungen mit der Schöpfkelle heraus, als sei er ein schwarzer Käfer, der hineingepurzelt war und dabei den kürzeren gezogen hatte, und antwortete, sie glaube ja. Worauf er aufstand, um ihr zur Hand zu gehen; und er nahm den Topf vom Feuer und schüttete alles, was darin war, sprudelnd und spritzend in ein Eßgeschirr von der Größe einer Tonne. Dann setzten sie sich hin und aßen. Die Kinder im Besen konnten nicht erkennen, was sie aßen, aber es schien ihnen zu bekommen; denn der Riese sprach wie Donner, und die Riesin antwortete wie das Meer, und sie wurden immer redseliger. Schließlich sagte der Riese:
»Ich fühle mich wegen meines Herzens nicht so recht wohl.« Und anstatt die Hand auf seinen Busen zu legen, als er das sagte, machte er eine Handbewegung zur Ecke hin, wo die Kinder wie verschreckte kleine Mäuse zwischen den Besenborsten hervorstarrten.
»Nun, weißt du, Rumpelplumps Liebling«, antwortete seine Frau. »Ich habe immer gedacht, es sollte näher bei

uns zu Hause sein. Aber das muß du natürlich am besten wissen.«

»Ha! Ha! Du weißt ja gar nicht, wo es ist, Frau. Ich habe es vor einem Monat woanders hingebracht.«

»Was bist du nur für ein Mann, Rumpelplumps! Jedem Lebewesen vertraust du mehr als deiner eigenen Frau.«

Hier gab die Riesin einen Schluchzer von sich, der genauso klang, wie wenn eine Welle durch den Eingang einer Höhle bis zu ihrem Dach hochklatschte.

»Wo hast du es denn jetzt?« fuhr sie fort, ihre Gefühle zügelnd.

»Nun, Fiedeliese, *dir* sage ich es natürlich«, antwortete der Riese besänftigend. »Die große Adlerin hat es als Ei im Nest. Tag und Nacht sitzt sie darauf und glaubt, sie wird den größten Adler ausbrüten, der je seinen Schnabel an den Felsen des Berges Himmelsriß gewetzt hat. Ich kann sicher sein, daß niemand ihm zu nahe kommt, solange sie es hat. Aber sie ist recht launisch, und ich gestehe, ich bin nicht ganz unbesorgt deswegen; denn der kleinste Kratzer von einer ihrer Klauen wäre mein sofortiges Ende. Und sie *hat* Klauen.«

Ich verweise jeden, der diesen Teil meiner Geschichte anzweifelt, auf gewisse Chroniken von Riesenland, die bei den keltischen Völkern bewahrt worden sind. Es war etwas ganz Alltägliches, daß ein Riese sein Herz in Pflege gab, weil er die Mühe und Verantwortung dafür nicht selbst tragen wollte; obgleich das, wie ich gestehen muß, in gewisser Weise doch ein gefährliches Unterfangen war, besonders bei einem so heiklen Organ wie dem Herzen.

Die ganze Zeit lauschten Buffy-Bob und Tricksey-Wee mit gespitzten Ohren.

»Ach!« dachte Tricksey-Wee. »Wenn ich nur das grau-

same Herz des Riesen finden könnte, wie würde ich es doch drücken!«
Der Riese und die Riesin redeten noch lange weiter. Die Riesin redete dem Riesen zu, sein Herz irgendwo im Haus zu verstecken; aber er schien zu fürchten, daß sie ihm dadurch etwas voraushaben würde.
»Du könntest es auf dem Grund des Mehlfasses verstekken«, sagte sie.
»Dann würde ich Atemnot bekommen«, antwortete er.
»Dann im Kohlenkeller. Oder in der Abfallgrube – das ist der richtige Platz! Niemand käme auf den Gedanken, dein Herz in der Abfallgrube zu suchen!«
»Noch schlimmer!« schrie der Riese.
»Nun, vielleicht in der Regentonne«, schlug sie vor.
»Nein, nein; dort würde es feucht werden«, sagte er.
»Also, was *wirst* du denn nun damit machen?«
»Ich werde es noch einen Monat lassen, wo es ist, und dann werde ich es der Königin der Känguruhs geben, und sie wird es für mich in ihrer Tasche aufbewahren. Es ist das beste, den Aufbewahrungsort zu wechseln, weißt du, damit meine Feinde es nicht ausfindig machen. Aber, liebe Fiedeliese, es ist schon ein Kreuz, wenn man so auf sein eigenes Herz aufpassen muß. Die Verantwortung wird mir manchmal zu schwer. Wenn ich nicht dann und wann einen Happen Rettich bekäme, könnte ich es gar nicht aushalten.«
Hier sah der Riese zärtlich zu der Reihe kleiner Jungen am Feuer hinüber, die alle auf dem Boden dösten oder schliefen.
»Warum vertraust du es nicht mir an, lieber Rumpelplumps?« sagte seine Frau. »Keiner würde sich so gut darum kümmern wie ich.«
»Ich zweifle nicht daran, mein Liebes. Aber die Ver-

antwortung wäre zu viel für *dich*. Du wärst nicht länger meine geliebte, unbeschwerte, lebhafte, fröhliche Fiedeliese. Es würde dich in eine betrübte, bedrückte Frau verwandeln, des Lebens überdrüssig – wie ich es bin.«
Der Riese schloß die Augen und tat so, als schliefe er ein. Seine Frau nahm sich wieder seiner Strümpfe an und machte mit Stopfen weiter. Bald wurde des Riesen Verstellung Wirklichkeit, und auch die Riesin begann über ihrer Arbeit einzunicken.
»Jetzt, Buffy«, flüsterte Tricksey-Wee, »das ist die Gelegenheit. Ich glaube, der Mond scheint, und wir machen uns besser davon. Direkt hinter uns ist eine Tür mit einem Loch für die Katze.«
»In Ordnung«, sagte Bob; »ich bin bereit.«
Und so verließen sie das Besen-Gestrüpp und schlichen zur Tür. Aber als sie auf der anderen Seite waren, fanden sie sich zu ihrer großen Enttäuschung in einer Art Schuppen. Überall standen Fässer und dergleichen herum, und obgleich er nur aus Holz gebaut war, konnten sie nicht die kleinste Ritze finden.
»Wir wollen es mit diesem Loch versuchen«, sagte Tricksey-Wee; denn hinter ihnen schliefen der Riese und die Riesin, und sie wagten nicht zurückzugehen.
»In Ordnung«, sagte Bob.
Er sagte selten etwas anderes als *In Ordnung*.
Dieses Loch nun befand sich in einem Wall, der durch die Schuppenwand hereinkam und sich ein Stück weit über den Boden hinzog. Sie krabbelten hinein und fanden es sehr dunkel. Aber indem sie sich weitertasteten, erreichten sie bald eine schmale Ritze, durch die sie Gras erblickten, das im Mondenschein bleich schimmerte. Als sie weiterkrochen, merkten sie, daß das Loch langsam breiter wurde und nach oben führte.
»Was ist das für ein Rauschen?« fragte Buffy-Bob.

»Ich kann's nicht sagen«, erwiderte Tricksey; »ich weiß nämlich auch nicht, worin wir eigentlich sind.«
Tatsächlich war es so, daß sie einen Kanal im Herzen eines riesigen Baumes entlangkrochen; und das Geräusch, das sie hörten, kam von dem Saft, der durch seine hölzernen Röhren rauschte. Als sie ihre Ohren an die Wand preßten, hörten sie es mit lieblichem Murmeln hindurchgurgeln.
»Es klingt freundlich und gut«, sagte Tricksey. »Es ist laufendes Wasser. Es muß ja von irgendwoher nach irgendwohin fließen. Ich glaube, wir gehen besser weiter, dann werden wir schon irgendwohin kommen.«
Es war jetzt recht schwierig, vorwärts zu kommen, denn sie mußten klettern, als kletterten sie einen Hügel hinauf; und der Durchgang war nun breit. Zu Tode erschöpft, sahen sie schließlich Licht über sich, und als sie durch eine Ritze ins Freie gekrochen waren, fanden sie sich in der Gabel eines riesigen Baumes. Um sie herum breitete sich eine große, weite, unebene Fläche aus; in alle Richtungen sprossen Zweige, deren kleinste so groß waren wie der größte Baum im Lande der normalen Menschen. Über ihnen hingen so viele Blätter, daß sie für alle Bäume gereicht hätten, die sie je gesehen hatten. Es konnte kaum Mondlicht hindurchdringen, aber dann und wann leuchteten die Blätter im Wind weiß auf. Der Baum war voller riesiger Vögel. Hie und da huschte einer mit lautem Rauschen vorbei. Aber außer einem gelegentlichen Zwitschern, das wie die schrille Pfeife einer großen Orgel klang, machten sie kein Geräusch. Plötzlich begann eine Eule zu heulen. Sie hielt das für Gesang. Sie hatte kaum angefangen, da bekam sie Antwort von anderen Vögeln, die sie zum besten hielten. Zu ihrem Erstaunen bemerkten die Kinder, daß sie jedes Wort verstehen konnten, das gesun-

gen wurde. Und was sie sangen, hörte sich ungefähr so an:

»Ich sing ein Lied.
Bin die Eul'.«
»Sing ein Lied, garstig Vieh,
'S ist Geheul!
Was ist dein Gesang,
Nacht bricht ein, Tag verklang?«
»Singe von der Nacht;
Bin die Eul.«
»Kennst nicht des Tages Pracht,
So ist 's Geheul!«
»Ach! Der Mond! Der Tau dazu!
Seht die Schatten! – huhu!«

Die Eule breitete ihre leisen, weichen, sanften Schwingen aus, ließ sich zwischen Tricksey-Wee und Buffy-Bob nieder und zerdrückte sie beinahe, als sie unter jedem Flügel einen von ihnen einschloß. Es war, als versinke man in einem Daunenbett. Aber die Eule liebte es nicht, irgend etwas zwischen ihrem Körper und ihren Flügeln zu haben, und so breitete sie ihre Flügel wieder aus und die Kinder beeilten sich, hinauszukommen. Tricksey-Wee stellte sich gleich vor den Vogel hin, blickte ihm in sein riesiges Gesicht, das so rund war wie die Brillengläser der Riesin, aber viel größer, machte einen hübschen Knicks und sagte:
»Bitte, Frau Eule, ich will mit dir flüstern.«
»Nun gut, kleines Kind«, antwortete die Eule, tat wichtig und neigte ihr Ohr zu ihr herab. »Um was geht es?«
»Bitte, sag mir, wo die Adlerin wohnt, die auf dem Herz des Riesen sitzt.«
»Oh, du ungezogenes Kind! Das ist ein Geheimnis.

Pfui, schäme dich!« Und mit einem lauten Zischen, das sie erschreckte, flog die Eule in den Baum hinauf. Alle Vögel mögen Geheimnisse; aber nicht viele können sie so gut bewahren wie die Eule.

Und so gingen die Kinder weiter, weil sie nicht wußten, was sie sonst tun sollten. Sie fanden den Weg sehr holprig und schwierig, so voller Buckel und Löcher war der Baum. Bisweilen platschten sie in ein Becken mit Regenwasser; dann wieder trafen sie auf Zweige, die aus dem Stamm herauswuchsen, wo sie gar nichts zu suchen hatten, und sie waren so groß wie ausgewachsene Pappeln. Manchmal kamen sie zu großen Kissen aus weichem Moos, und auf eines legten sie sich nieder und ruhten aus. Aber sie hatten sich eben erst hingelegt, als sie eine große Nachtigall erblickten, die auf einem Ast saß und mit ihren hellglänzenden Augen zum Mond hinaufsah. Schon begann sie zu singen, und die Vögel um sie herum gaben Antwort, jedoch in ganz anderem Ton, als sie der Eule geantwortet hatten. Ach, so hübsche Namen gaben die Vögel der Nachtigall! Die Nachtigall sang, und so gaben die Vögel Antwort:

»Ich sing ein Lied.
Bin die Nachtigall.«
»Sing ein Lied, Zeit, die flieht,
Kleiner Wohlgefall!
Was ist dein Gesang,
Morgenlicht oder Tagausklang?«
»Sing vom Licht,
Das verschwand;
Dahin, weit fort, und außer Sicht –
S'ist verbannt!
Im düster'n Bett der tote Tag,
Darum ich klag'.«

Die Nachtigall sang so lieblich, daß die Kinder nicht einschlafen konnten, aus Angst, auch nur das geringste von dem Lied zu versäumen. Als die Nachtigall aufhörte, standen sie auf und wanderten weiter. Sie wußten nicht, wo sie hingingen, aber sie hielten es für das beste, einfach weiterzugehen, weil sie über kurz oder lang vielleicht auf irgend etwas stoßen würden. Es tat ihnen sehr leid, daß sie vergessen hatten, die Nachtigall nach dem Nest der Adlerin zu fragen, aber ihre Musik hatte jeden anderen Gedanken aus ihren Köpfen verbannt. Sie beschlossen jedoch, das nächste Mal daran zu denken, wenn sich ihnen eine Möglichkeit bot. So gingen sie weiter und weiter, bis sie beide müde waren, und Tricksey-Wee sagte schließlich und versuchte dabei zu lachen:

»Damit du's weißt, meine Beine fühlen sich an wie bei einer holländischen Puppe.«

»Dann sollten wir hier schlafen gehen«, sagte Buffy-Bob.

Sie standen am Rande eines Nestes vom letzten Jahr und schauten voll Freude in die runde bemooste Mulde. Dann krochen sie leise hinein, legten sich, einander umarmend, nieder und fanden es so tief und warm und bequem und weich, daß sie alsbald fest schliefen.

Nun war neben ihnen in einer Mulde noch ein Nest, in dem eine Lerche mit Frau wohnte; und die Kinder wurden früh am Morgen durch einen Streit zwischen Herr und Frau Lerche geweckt.

»Laß mich aufstehen«, sagte der Lerch.

»Es ist noch nicht Zeit«, erwiderte seine Frau.

»Doch«, sagte der Lerch ziemlich grob. »Die Dunkelheit ist schon recht fadenscheinig. Ich kann fast schon meinen eigenen Schnabel sehen.«

»Unsinn!« sagte die Lerche. »Du weißt, daß du gestern

morgen ganz erschöpft zurückgekommen bist – du mußtest sehr hoch fliegen, bevor du ihn sehen konntest. Ich bin sicher, er hätte nichts dagegen, wenn du es nicht so genau nähmst. Sei still und geh wieder schlafen.«
»Aber so ist es überhaupt nicht«, sagte der Lerch. »Er will mich nicht. Ich will ihn. Laß mich aufstehen, sage ich.«
Er begann zu singen; und Tricksey-Wee und Buffy-Bob, die die Weise mittlerweile gelernt hatten, gaben ihm Antwort:

»Ich sing ein Lied,
Der Lerch bin ich.«
»Sing, sing, Verseschmied,
Dunkelheit verblich.
Was ist dein Gesang
Nun, da die Nacht verklang?«
»Kann nur singen;
Kann nicht denken.
Hoch hinauf mich schwingen,
Meinen Durst zu senken!
Dürste in der langen Nacht,
Bis der Tag mir lacht.«

Beim letzten Ton stand Herr Lerch auf dem Rand des Nestes und sah die Kinder an.
»Arme kleine Dinger! Ihr könnt nicht fliegen«, sagte er.
»Nein; aber wir können hochschauen«, sagte Tricksey.
»Ach, ihr wißt ja nicht, was es heißt, den allerersten Strahl der Sonne zu sehen.«
»Aber wir wissen, was es heißt, auf sie zu warten. Sie ist nicht weniger schön, auch wenn du sie zuerst siehst, nicht wahr?«

»O nein, gewiß nicht«, antwortete der Lerch herablassend, und dann brach er in sein *Jubilate* aus, schwang sich in die Luft und schlug mit den Flügeln wie ein ablaufendes Uhrwerk.
»Sag uns, wo...«, hob Buffy-Bob an.
Aber Herr Lerch war verschwunden. Nur sein Lied war noch zu hören. Es war überall, und er war nirgends.
»Selbstsüchtiger Vogel!« sagte Buffy. »Für die Lerchen mag es ja ganz schön sein, der Sonne nachzujagen, aber deswegen haben sie noch lange kein Recht, auf ihre Nachbarn herabzuschauen.«
»Kann ich euch irgendwie helfen?« sagte eine liebliche Stimme aus dem Nest.
Das war Frau Lerche, die zu Hause bei den kleinen Lerchen blieb, während ihr Mann zur Kirche ging.
»Oh! Danke. Das wäre nett«, antwortete Tricksey-Wee.
Und schon tauchte ein hübscher brauner Kopf auf; es folgte ein brauner gefiederter Leib; und schließlich sprangen schlanke Beine auf den Rand des Nestes. Dort drehte sie sich um und sagte mit einem Blick ins Nest, aus dem eine ganze Litanei von Gezirpe nach Frühstück drang: »Liegt still, meine Kleinen.« Dann wandte sie sich an die Kinder.
»Mein Mann ist der König der Lerchen«, sagte sie.
Buffy-Bob nahm seine Mütze ab, und Tricksey-Wee machte einen ganz tiefen Knicks.
»Oh, nicht doch«, sagte der Vogel und sah dabei ganz schüchtern drein.
»Ich bin nur seine Frau. Mein Mann ist es.«
Und sie blickte ihm nach, zum Himmel hinauf, aus dem, wie ein Hagelschauer von Tönen, immer noch sein Lied rieselte. Vielleicht konnte *sie* ihn sehen.

»Er ist ein prächtiger Vogel«, sagte Buffy-Bob. »Nur, weißt du, er wird bestimmt wirklich zu früh oben sein.«
»O nein, gewiß nicht. So ist er nun einmal, wißt ihr. Aber sagt mir, was ich für euch tun kann.«
»Sagt uns bitte, edle Frau Lerche, wo die Adlerin lebt, die auf dem Herzen des Riesen Rumpelplumps sitzt.«
»Oh! Das ist ein Geheimnis.«
»Habt Ihr versprochen, es nicht zu verraten?«
»Nein; aber Lerchen sollten verschwiegen sein. Sie sehen mehr als andere Vögel.«
»Aber Ihr fliegt nicht so hoch wie Euer Mann, nicht wahr?«
»Nicht oft. Aber das tut nichts. Ich erfahre trotzdem viel.«
»Sagt es mir, und ich werde Euch ein Lied singen«, sagte Tricksey-Wee.
»Kannst du auch singen? – Du hast keine Flügel!«
»Ja. Und ich werde Euch ein Lied von Herrn Lerch und seiner Frau singen, das ich kürzlich gelernt habe.«
»Nun wohl«, sagte Frau Lerche. »Seid still, Kinder, und hört zu.«
Tricksey-Wee war sehr froh, zufällig ein Lied zu kennen, das zumindest Frau Lerche gefallen mochte, was auch immer Herr Lerch davon halten mochte, wenn er es hörte.
Und so sang sie:

»›Guten Morgen, edle Herrin‹, sang am Himmel allein
Herr Lerch, als die Sonne ihren Thron nahm ein.
›Scheint auf mich, edle Herrin; von all euren Frommen
Heiße ich, nur ich allein euch willkommen.

Eine Stunde wohl flog ich gen Himmel, traun,
Eurer Haare Goldglanz als erster zu schau'n!‹

›Wollt ihr Dank, Herr Lerch‹, die Königin frug,
›Für die Furcht vor der Nacht und den kühnen Flug?
Euch dürstet nur halb, doch wollt den Becher ihr leeren:
Halb aus Liebe zu mir, halb aus Liebe für Ehren.
So mancher Vogel hat mehr Geduld
Und erwartet mein Kommen. Ihm gebührt meine Huld.‹

Im Wolkenturban barg sie ihr Gesicht,
Und die Lerche verstummte, recht ärgerlich.
Doch dann flog sie höher und dachte, ›Nun denn,
Der Königin Zorn wird verfliegen, vergeh'n;
Und ihrer Krone Glanz aus dem Wolkenrand
Wird mit Gold überziehen mein braunes Gewand.‹

So flog er, mit der Lerche Kraft er flog,
Doch so hoch er auch stieg, das Gewölk mit ihm zog;
Und nicht ein Schimmer vom goldenen Haar
Durch's Wolkengetürm zu sehen war;
Bis, müde vom Fliegen, vom Schmachten wund,
Der Sonnensucher nicht mehr fliegen kunnt.

Seine Schwingen trugen nicht Goldgeschmeid,
Welk, schlaff und alt hing sein Federkleid;
Da erbebt' er und sank und fiel wie ein Stein.
Und dort im Nest, wo er ließ sie allein,
Saß auf den kleinen Eiern sein Weib,
Hielt sie warm mit Schwingen, Beinen und Leib.

Sagt' ich allein? Aber nicht doch, nicht!
In ihr Antlitz strahlte der Königin Licht.
›Willkommen Herr Lerch‹, sprach die Sonne, ›müde seid Ihr.
Nach oben ist nicht immer der Weg zu mir.
Dieweil ihr gesungen hoch droben und weit fort,
Schien ich eurer Frau an diesem Ort.‹

Der Krone Leuchten bedeckt das Nest,
Ihr Glänzen die Lerche erstrahlen läßt.
Und so wunderbar scheint sie in rötlichem Gold,
Herr Lerch vor Scheu schier versinken wollt'.
Er steckt' den Kopf unter'n Flügel, lag starr
Wie ein Stein, bis die Königin verschwunden war.«

Als Tricksey-Wee mit ihrem Lied fertig war, sang Frau Lerche selbst ein leises, liebliches, einfaches kleines Lied; und nachdem sie so zwei oder drei Minuten vor sich hin getrillert hatte, sagte sie: »Liebe Kinder, was kann ich für euch tun?«

»Sag uns bitte, wo die Adlerin lebt«, sagte Tricksey-Wee.

»Nun, ich glaube nicht, daß es etwas schaden kann, es so klugen, guten Kindern zu erzählen«, sagte Frau Lerche; »ich bin sicher, ihr wollt nichts Böses tun.«

»O nein; ganz im Gegenteil«, sagte Buffy-Bob.

»Dann werde ich es euch sagen. Sie lebt auf dem allerhöchsten Gipfel des Berges Himmelsriß; und die einzige Möglichkeit, hinaufzukommen, ist, die Spinnweben hochzuklettern, die ihn von der Spitze bis zum Fuß bedecken.«

»Das ist aber bedenklich«, sagte Tricksey-Wee.

»Du willst doch wohl nicht hinaufklettern, du törichtes, kleines Ding! Das kannst du nicht! Weshalb willst du überhaupt hinaufklettern?«

»Das ist ein Geheimnis«, sagte Tricksey-Wee.

»Nun, mich geht es ja nichts an«, entgegnete die Lerche ein wenig beleidigt und recht ärgerlich, daß sie es ihnen erzählt hatte. So flog sie weg, um für ihre Kleinen, die mittlerweile schon sehr ungeduldig zwitscherten, etwas zum Frühstück zu finden. Die Kinder sahen einander an, nahmen sich bei der Hand und gingen weg.

Eine Minute später war die Sonne aufgegangen, und bald hatten sie die Außenseite des Baumes erreicht. Die Rinde war so knorrig und schrundig und voller kleiner Zweige, daß sie hinunterklettern konnten, obschon nicht ohne große Schwierigkeiten. Da sahen sie weit im Norden einen riesigen Gipfel, der wie der Pfeiler einer Kirche geradewegs in den Himmel ragte. Sie dachten, daß dies der Berg Himmelsriß sein müsse, und so machten sie sich dorthin auf. Während sie dahin gingen, sahen sie dann und wann einen oder zwei Riesen, die die Felder und Wälder durchstreiften, aber sie hielten sich fern von ihnen. Auch waren sie nicht in großer Gefahr, denn es gab ja nur ein oder zwei Riesen an der Grenze, denen kleine Kinder so gut schmeckten.

Schließlich gelangten sie an den Fuß des Berges Himmelsriß. Einsam stand er auf der Ebene und schoß – ich weiß nicht wieviel tausend Fuß – hoch auf in den Himmel, ein langer, schmaler Berg, der einem Speer glich. Seine Oberfläche war vom Gipfel bis zum Fuß über und über in ein Gewirr von Spinnweben gehüllt, deren Fäden verschieden dick waren, manche so fein wie Seide, andere so stark wie Peitschenschnur. Glänzend wie Silber bebten und zitterten und schwangen die Spinnweben in der Sonne. Über sie hin rannten riesige, gierige Spinnen, die riesige, dumme Fliegen fingen und verschlangen.

Hier setzten sie sich hin, um zu überlegen, was zu tun war. Die Spinnen beachteten die Kinder nicht, sondern fraßen sich an den Fliegen satt. – Nun lag am Fuße des Berges, und ganz um ihn herum, ein Ring von Wasser, nicht sehr breit, aber sehr tief. Und wie sie so dasaßen und den Spinnen zusahen, verlor eine von ihnen, deren Netz übers Wasser gewoben war, ich weiß nicht wie, den Halt und fiel mit dem Rücken voran hinein. Tricksey-Wee und Buffy-Bob eilten ihr zu Hilfe, und indem jeder sie an einem ihrer Beine packte, gelang es ihnen mit Unterstützung der anderen Beine, die strampelten, wie nur eine Spinne strampeln kann, sie aufs Trockene zu ziehen. Sobald die Spinne sich geschüttelt und ein wenig getrocknet hatte, wandte sie sich an die Kinder und sagte:

»Nun, was kann ich jetzt für euch tun?«

»Sag uns bitte«, meinten sie, »wie wir auf den Berg zum Nest der Adlerin kommen.«

»Nichts leichter als das«, antwortete die Spinne, »klettert einfach hier hinauf und erzählt allen, ich hätte euch geschickt, dann wird euch keiner aufhalten.«

»Aber wir haben keine Klauen wie du, Herr Spinne«, sagte Buffy.

»Ja! Die habt ihr freilich nicht, ihr armen, mittellosen Geschöpfe! Trotzdem, ich glaube, wir können es schaffen. Kommt mit zu mir nach Hause.«

»Du wirst uns doch nicht fressen, oder?« sagte Buffy.

»Mein liebes Kind«, gab die Spinne im Ton gekränkter Würde zurück, »ich fresse nur das, was böse oder unnütz ist! Ihr habt mir geholfen, und jetzt helfe ich euch.«

Sogleich standen die Kinder auf, und indem sie kletterten, so gut sie eben konnten, erreichten sie bald das Nest der Spinne in der Mitte des Netzes. Das kam ihnen auch nicht besonders schwierig vor; denn immer, wenn sich eine zu große Lücke auftat, spann die Spinne einen starken Faden genau dort entlang, wo sie als nächstes ihren Fuß hätten hinsetzen müssen. Nachdem die Spinne ihnen zwei gewaltige Honigmägen von Bienen gegeben hatte, die sie rasch einfing, ließ sie sie in ihrem Nest zurück; aber im Nu war sie mit sechs der weisesten Spinnen wieder da. Es war schon zum Fürchten, nach oben zu schauen und die Spinnen um den Rand des Nestes herum sinnend auf sich herunterblicken zu sehen, als überlegten sie, ob die Kinder wohl gut schmeckten. Schließlich sagte eine von ihnen:

»Sagt uns aufrichtig, was ihr bei der Adlerin wollt, und wir werden versuchen, euch zu helfen.«

Da erzählte Tricksey-Wee ihnen, an der Grenze lebe ein Riese, der behandle Kinder nicht besser als Rettiche und habe sie um ein Haar gefressen; sie hätten herausgefunden, daß die große Adlerin vom Berge Himmelsriß zur Zeit auf seinem Herzen sitze; und wenn sie erst einmal das Herz in ihren Besitz gebracht hätten, so wollten sie dem Riesen schon bessere Manieren beibringen.

»Aber«, sagte ihr Gastgeber, »auch wenn ihr bis zum Herzen des Riesen kommt, so ist es doch so groß wie einer eurer Elefanten. Was könnt ihr damit anfangen?«

»Der kleinste Kratzer, und es hört auf zu schlagen«, entgegnete Buffy-Bob.

»Ja! Aber ich weiß etwas Besseres«, sagte die Spinne. »Wir haben nun einmal beschlossen, euch zu helfen. Hier habt ihr einen kleinen Beutel mit Spinnensaft. Die Riesen können Spinnen nicht ausstehen, und dieser Saft ist ein schreckliches Gift für sie. Wir alle wollen mit euch hinaufsteigen und die Adlerin vertreiben. Dann müßt ihr das Herz in diesen anderen Beutel stecken und es mit nach unten nehmen; so ist der Riese in eurer Gewalt.«

»Aber wie können wir das tun?« sagte Buffy. »Die Tasche ist nicht viel größer als ein Puddingbeutel.«

»Aber eine größere könnt ihr gar nicht tragen.«

»Ja; aber was sollen wir dann mit dem Herzen machen?«

»Natürlich in die Tasche legen. Nur müßt ihr zuerst

einen Tropfen aus der anderen Tasche daraufträufeln. Ihr werdet schon sehen, was dann passiert.«

»Nun gut; wir werden tun, was du sagst«, meinte Tricksey-Wee. »Und jetzt, wenn's recht ist, wie sollen wir hinaufkommen?«

»Ach, das laß unsere Sorge sein«, sagte die erste Spinne, »du kommst mit mir, und mein Großvater nimmt deinen Bruder. Steig auf!«

Und so stieg Tricksey-Wee auf den schlanken Teil des Spinnenrückens und hielt sich fest. Und Buffy-Bob stieg auf den Rücken des Großvaters. Und hinauf krabbelten sie, über ein Netz nach dem anderen, höher und höher – und so rasch! Und alle Spinnen folgten, so daß Tricksey-Wee, als sie sich umschaute, eine ganzes Heer von Spinnen hinter ihnen herkrabbeln sah.

»Wofür brauchen wir eigentlich so viele?« überlegte sie; aber sie sagte nichts.

Mittlerweile war der Mond aufgegangen, und sie hatten eine herrliche Aussicht nach unten und weit um sie herum. Ganz Riesenland mit seinen großen Hügeln, Seen, Bäumen und Tieren lag zu ihren Füßen; und über ihnen dehnte sich der klare Himmel, und in ihn hinein ragte der Berg Himmelsriß mit seinem endlosen Leiterwerk aus Spinnweben, die glänzten wie aus Mondstrahlen gewirkt. Und die Mondstrahlen hinauf marschierte wimmelnd und krabbelnd und hastend ein riesiges Heer riesiger Spinnen.

Schließlich gelangten sie unmittelbar unter den Gipfel, wo sie haltmachten. Über sich konnten Tricksey-Wee und Buffy-Bob einen großen Ball aus Federn erkennen, der den Berg krönte wie ein Zierknauf.

»Aber wie sollen wir die Adlerin vertreiben?« sagte Buffy.

»Das schaffen wir schon«, antwortete die Großvater-Spinne. »Los, ihr beiden, da hinunter!«
Hinauf stürmte das ganze Heer, vorbei an den Kindern, über den Rand des Nestes, auf die Adlerin los und hinein in ihr Gefieder. Gleich wurde sie ganz unruhig und hackte mit dem Schnabel um sich. Und plötzlich breitete sie mit einem Brausen wie von einem Wirbelwind ihre Schwingen und flog davon, um im Meer zu baden; und die Spinnen begannen sich mittels ihrer Sommerfäden nach allen Seiten von ihr abzuseilen. Die Kinder mußten sich festhalten, damit der Wind vom Flug der Adlerin sie nicht wegblies. Sobald er sich gelegt hatte, schauten sie ins Nest, und da lag das Herz des Riesen – ein schreckliches und abscheuliches Ding.
»Beeil dich, Kind«, sagte Trickseys Spinne.
Und Tricksey nahm ihre Tasche und träufelte aus ihr einen Tropfen auf das Herz. Ihr war, als hörte sie von fern den Riesen vor Schmerz aufstöhnen, und sie wäre vor Schreck fast von ihrem Sitz gefallen. Das Herz begann sofort zu schrumpfen. Es schrumpfte und wurde immer kleiner, bis es beinahe verschwunden war; und Buffy-Bob hob es auf und steckte es in seine Tasche. Dann machten die beiden Spinnen kehrt und krabbelten abwärts, so schnell sie konnten. Bevor sie noch unten angelangt waren, hörten sie die Schreie der Adlerin, die über den Verlust ihres Eis klagte; aber die Spinnen meinten, sie bräuchten sich nicht zu fürchten, denn die Augen der Adlerin seien zu groß, als daß sie sie sehen könnte.
Als sie am Fuße des Berges ankamen, waren die anderen Spinnen schon alle nach Hause gegangen und beschäftigten sich wieder mit Fliegenfangen, als sei nichts geschehen.
Nachdem sie ihren Freunden noch einmal gedankt hat-

ten, machten sich die Kinder mit dem Herz des Riesen auf den Weg.
»Wenn es euch nur im geringsten lästig wird, dann träufelt einfach noch ein bißchen Spinnensaft darauf«, sagte der Großvater, als sie sich verabschiedeten.
Nun hatte der Riese in eben dem Augenblick, da sie sein Herz beträufelt hatten, einen fürchterlichen Schmerzensschrei ausgestoßen und war in einem Anfall zu Boden gesunken, wo er so lange lag, daß alle Jungen hätten fliehen können, wenn sie nicht so dick gewesen wären. Einer tat es und gelangte sicher nach Hause. Tagelang konnte der Riese nicht sprechen. Die ersten Worte, die er ausstieß, waren:
»Oh, mein Herz! Mein Herz!«
»Dein Herz ist in Sicherheit, lieber Rumpelplumps«, sagte seine Frau. »Wirklich, ein Mann von deiner Größe sollte nicht so nervös und ängstlich sein. Ich muß mich für dich schämen.«
»Du hast kein Herz, Fiedeliese«, antwortete er. »Ich versichere dir, in diesem Moment ist meines in der größten Gefahr. Es ist Feinden in die Hände gefallen, obgleich ich nicht sagen kann, wer sie sind.« Hier schwanden ihm wieder die Sinne; denn Tricksey-Wee, die bemerkt hatte, daß das Herz wieder zu wachsen begann, hatte den letzten Tropfen Spinnensaft darauf geträufelt.
Er kam wieder zu sich und sagte:
»Liebe Fiedeliese, mein Herz kommt zu mir zurück. Es kommt immer näher.«
Nachdem er stundenlang schweigend dagelegen war, rief er aus: »Es ist im Haus, ich weiß es!«
Und er sprang auf, lief herum und schaute in jeden Winkel.
Als er sich erhob, kamen Tricksey-Wee und Buffy-Bob

gerade aus dem Loch in der Baumwurzel, gingen durch das Katzenloch in der Tür und traten mutig auf den Riesen zu. Beide behielten ihn scharf im Auge. Von der Liebe zu seinem Herzen geleitet, hatte der Riese sie bald erspäht und stampfte voller Wut auf sie zu.

»Ich werde euch fressen, ihr Ungeziefer!« brüllte er. »Her mit meinem Herzen!«

Tricksey-Wee gab dem Herzen einen scharfen Pieks. Da fiel der Riese auf die Knie, schluchzte, schrie und bat um sein Herz.

»Du wirst es bekommen, wenn du dich anständig benimmst«, sagte Tricksey.

»Was heißt denn, ich soll mich anständig benehmen?« fragte er wimmernd.

»Nimm all die Jungen und Mädchen und bring sie sofort nach Hause.«

»Ich kann nicht; ich bin zu krank. Ich werde umfallen.«

»Heb sie sofort hoch.«

»Ich kann nicht, wenn ihr mir nicht mein Herz gebt.«

»Nun gut!« sagte Tricksey; und sie gab dem Herzen noch einen Pieks.

Der Riese sprang auf die Füße, raffte alle Kinder zusammen, steckte einige in seine Jackentasche, andere in seine Brusttasche, setzte zwei oder drei in seinen Hut und nahm ein Bündel von ihnen unter jeden Arm. Dann taumelte er zur Tür.

Die ganze Zeit über saß die arme Fiedeliese weinend in ihrem Armstuhl und stopfte einen weißen Strumpf.

Der Riese ging auf dem Weg zur Grenze voran. Er konnte nicht so schnell gehen, so daß Buffy und Tricksey mit ihm Schritt halten konnten. Als sie an der Grenze angekommen waren, hielten sie es für sicherer, die

Kinder selbst nach Hause gehen zu lassen. So befahlen sie ihm, sie auf den Boden zu setzen. Er gehorchte.

»Habt Ihr sie auch alle hingesetzt, Herr Rumpelplumps?« fragte Tricksey-Wee.

»Ja«, sagte der Riese.

»Das ist gelogen!« piepste ein zartes Stimmchen; und aus der Brusttasche des Riesen lugte ein Kopf hervor.

Tricksey-Wee piekste das Herz, bis der Riese vor Schmerzen schrie.

»Ihr seid kein feiner Herr. Ihr erzählt Geschichten«, sagte sie.

»Er war der dünnste von allen«, sagte Rumpelplumps weinend.

»Seid ihr jetzt alle da, Kinder?« fragte Tricksey.

»Ja, gnädige Frau«, antworteten sie, nachdem sie sich sehr sorgfältig und mit großer Mühe gezählt hatten; es waren nämlich alles dumme Kinder.

»Also«, sagte Tricksey-Wee zu dem Riesen, »versprichst du, nie wieder Kinder zu verschleppen und in deinem ganzen Leben nie wieder ein Kind zu fressen?«

»Ja, ja! Ich verspreche es«, antwortete Rumpelplumps schluchzend.

»Und du wirst nie wieder die Grenze von Riesenland überschreiten?«

»Nie wieder.«

»Und du wirst nie wieder, dein ganzes Leben lang, sonntags weiße Strümpfe anziehen. – Versprichst du das?«

Hier zögerte der Riese und begann Einwände zu erheben; aber Tricksey-Wee, die der Meinung war, dies würde sich günstig auf seine Moral auswirken, bestand darauf; und so versprach es der Riese. Dann verlangte sie von ihm, er sollte sein Herz, nachdem sie es ihm zurückgegeben hatte, von nun an und für immer der Obhut seiner Frau anvertrauen. Der arme Riese fiel auf die Knie und begann wieder zu betteln. Aber als Tricksey-Wee dem Herzen einen leichten Pieks gab, heulte er:

»Ja, ja! Fiedeliese soll es haben, ich schwöre es. Nur darf sie es nicht ins Mehlfaß legen oder in die Müllgrube.«

»Gewiß nicht. Mach das selbst mit ihr aus. – Und versprichst du, meinen Bruder und mich zufrieden zu lassen und keine Rache zu nehmen für das, was wir getan haben?«

»Ja, ja, meine lieben Kinder; ich verspreche alles. Aber bitte, beeilt euch und gebt mir mein armes Herz zurück.«

»So warte dort, bis ich es dir bringe.«

»Ja, ja. Nur beeil dich, denn ich fühle mich sehr schwach.«

Tricksey-Wee begann die Tasche aufzuschnüren. Buffy-Bob aber, der auf seinen Reisen sehr klug geworden war, zog sein Messer, unter dem Vorwand, er müsse die Schnur durchschneiden; in Wirklichkeit jedoch, um auf jeden Notfall vorbereitet zu sein.

Kaum war das Herz aus der Tasche, da dehnte es sich zur Größe eines Ochsen aus; und der Riese stürzte sich mit einem Schrei der Wut und Rache auf die beiden Kinder, die neben das schreckliche Herz getreten waren. Aber Buffy-Bob war zu schnell für Rumpelplumps. Er stürzte sich auf das Herz und vergrub sein Messer bis zum Heft darin. Ein Blutstrahl schoß daraus hervor; und mit einem fürchterlichen Stöhnen fiel der Riese tot zu Füßen von Tricksey-Wee nieder, der er, trotz allem, leid tat.

Die Schatten

Der alte Ralph Rinkelmann verdiente seinen Lebensunterhalt mit dem Verfassen von lustigen Stücken, durch seine tragischen Gedichte hatte er aber fast alles wieder verloren. Daher war er gerade der geeignete Mann, um von den Feen zum König gewählt zu werden, denn in Feenland ist das Staatsoberhaupt wählbar.

Es mutet gewiß sehr seltsam an, daß Feen den Wunsch hegen sollten, einen sterblichen König zu haben; tatsächlich verhält es sich so, daß sie trotz all ihres Wissens und all ihrer Macht das Gefühl nicht loswerden, daß ihnen manche Menschen überlegen sind, obwohl diese weder fliegen noch irgendwelche Possen treiben können. Und so geschieht es zu Zeiten, wenn die Zahl der vernünftigen Wähler einmal doppelt so hoch wie gewöhnlich ist, daß ein Mann wie Ralph Rinkelmann gewählt wird.

Sie hatten nicht vor, darauf zu bestehen, daß er ständig unter ihnen weilte; seine Anwesenheit war nämlich nur in bestimmten Fällen erforderlich. Aber zunächst einmal mußten sie irgendwie an ihn herantreten, um ihn zum König zu machen. War er erst einmal gekrönt, konnten sie ihn, wann immer es ihnen gefiel, mit sich nehmen. Bevor jedoch diese Zeremonie stattfinden konnte, ergab sich eine Schwierigkeit. Denn nur zwischen Leben und Tod haben die Feen Macht über erwachsene Sterbliche und können sie in ihr Land holen. Deshalb mußten sie eine Gelegenheit abpassen.

Sie brauchten indes nicht lange zu warten. Der alte Ralph wurde nämlich schrecklich krank; und wie er so zwischen Leben und Tod schwebte, trugen sie ihn fort und krönten ihn zum König von Feenland. Aber nachdem sie ihn gekrönt hatten, war es, zog man seinen Gesundheitszustand in Betracht, gar kein Wunder, daß er nicht in der Lage war, aufrecht auf dem Thron von Feenland zu sitzen; und daß infolgedessen all die Gnome und Kobolde und all die häßlichen und grausamen Dinge, die in Löchern und Winkeln des Königreichs hausten, seinen Zustand ausnützten und völlig verrückt spielten und mit ihm, der doch König war, allerlei Possen trieben; sich um seinen Thron scharten, die Stufen hinaufkletterten und ihm gleich Mäuse um Augen und Ohren herumkrabbelten und -krochen, daß ihm dabei Hören und Sehen verging. Doch von diesem Teil seiner Abenteuer werde ich nichts weiter erzählen. Unter großer, andauernder Mühewaltung, nach vielerlei Sorgen und Leid gelang es ihm schließlich, seine rebellischen Untertanen zur Ordnung zu bringen. Sie verschwanden alle in ihren jeweiligen Löchern und Winkeln; und König Ralph fand sich, als er wieder zu sich kam, durch Kissen einigermaßen aufgerichtet in seinem Bett.

Doch das Zimmer war voll von dunklen Geschöpfen, die, wenngleich geräuschlos, auf so merkwürdige und ungeheuerliche Weise im Schein des Feuers umhertollten, daß er zunächst dachte, einige dieser rebellischen Kobolde seien nicht wie die anderen gebändigt, sondern ihm über die Grenzen von Feenland hinaus nach London in sein Privathaus gefolgt. Wie sonst war das häßliche Erscheinen dieser toll gewordenen, wunderlichen Nilpferd-Kälber in Ralph Rinkelmanns Schlafzimmer zu erklären? Aber er hatte bald herausgefunden, daß sie sich, obgleich sie den unterirdischen Kobolden ähnlich waren, doch auch sehr von jenen unterschieden und daß man sie wohl anders würde behandeln müssen. Er war davon überzeugt, daß auch sie zu seinen Untertanen gehörten, daß er sie aber bei seiner Krönung kürzlich übersehen haben mußte – falls sie denn überhaupt dabeigewesen waren; er konnte sich nämlich nicht entsinnen, jemals zuvor etwas dieser Art gesehen zu haben. So beschloß er, ganz genau auf ihr Gebaren, ihre Gewohnheiten und ihr Wesen Obacht zu geben; es wurde ihm aber auch klar, daß sie ihm wohl bald zuviel würden; was allein schon ihr Eindringen in sein Zimmer deutlich machte, in dem übrigens Frau Rinkelmann – die, wenn er König war, Königin sein mußte – beim Feuer saß und Tee trank. Als sie aber bemerkte, daß er mit einem ruhigeren Ausdruck als seit vielen Tagen umherschaute, erhob sie sich und trat schnell und leise zu ihm, und ihr Gesicht leuchtete vor Freude. Woraufhin das Feuer gleich lustig aufflammte; und die Gestalten zeigten sich in ihrem Benehmen ruhiger und respektvoller und zogen sich wie wohlerzogenes Gefolge an die Wand zurück. Dann wurde dem König von Feenland Tee und Toast gereicht, und er schlief, auf seine Kissen gelehnt, beinahe ein; aber doch nicht ganz, weil er immer noch die Eindringlinge im Auge behielt.

Bald darauf verließ die Königin das Zimmer, um den kleinen Prinzen und Prinzessinnen den Tee zu bringen; und das Feuer brannte niedriger und siehe da, die Gestalten gaben sich mit ihren Sprüngen so finster und toll wie nur je! Verstecken, Fangen und Grimassenschneiden schienen ihre Lieblingsspiele zu sein; und vieles andere mehr; und das alles in des Königs Schlafzimmer; es war wirklich äußerst beunruhigend. Es war fast so arg, als würde das Haus von gewissen Kreaturen heimgesucht, die allerdings in einer Feengeschichte ungenannt bleiben sollten, weil Feenland mit ihnen nicht gern etwas zu schaffen hat.

»Aber Gott sei Dank haben sie wenigstens Pantoffeln

an!« sagte der König zu sich; sein Kopf schmerzte nämlich.
Als er sich mit halbgeschlossenen Augen zurücklehnte, zu müde, um jenen Spielen noch länger Aufmerksamkeit zu schenken, doch von den Freiheiten, die sie sich herausnahmen, insgesamt eher amüsiert als gekränkt, denn ihm schien, als seien sie eher gutmütiger und fröhlicher denn von wirklich böser Natur, bemerkte er plötzlich, daß zwei von ihnen von den Wänden weggetreten waren, indes die anderen, nach Art der großen Spinnen, lieber weiter auf den Wänden herumkrabbelten, und diese beiden standen jetzt in der Mitte des Zimmers am Fuße des Bettes Seiner Majestät und knicksten und verneigten und verbeugten sich in höchst wunderlich wirkender Unterwürfigkeit; immer und immer wieder drehten sie sich feierlich auf einem Absatz, diese Bewegung offensichtlich als ein Zeichen größter Ehrerbietung betrachtend.
»Was wollt ihr?« sagte der König.
»Daß es Eurer Majestät belieben möge, uns besser kennenzulernen«, gaben sie zur Antwort. »Wir sind Eurer Majestät Untertanen.«
»Das weiß ich. Sehr erfreut«, antwortete der König.
»Wir sind aber nicht das, wofür Eure Majestät uns halten. So töricht wie Eure Majestät denken, sind wir nicht.«
»Ich wüßte nichts, jedenfalls nichts mir Bekanntes, wofür ich euch halten könnte«, erwiderte der König, der sie zum Sprechen bringen wollte und das sagte, was ihm gerade so in den Sinn kam; – »etwa für Soldaten, Seeleute oder dergleichen: ihr steht einfach nicht lange genug still. Vermutlich gehört ihr in Wirklichkeit zur Feuerwehr; zumindest bringt ihr das Feuer zum Erlöschen.«

»Bitte scherzt nicht, Eure Majestät.« Und während sie diese Worte sprachen – denn beide redeten die ganze Zeit wie aus einem Munde – vollführten sie, in Richtung des Königs, einen feierlichen Luftsprung.

»Nicht scherzen«, gab jener zurück, »und was ist mit euch? Je nun, ihr tut ja nichts anderes als scherzen. Wer seid ihr?«

»Die Schatten, Sire. Und wenn wir denn scherzen, so scherzen wir doch stets im Ernst. Aber vielleicht sehen Eure Majestät uns nicht deutlich genug.«

»Ich sehe euch sehr gut«, entgegnete der König.

»So erlaubt dennoch«, erwiderte einer der Schatten, und während er sprach, näherte er sich dem König; er hob seinen dunklen Zeigefinger und fuhr ihm von Schläfe zu Schläfe leicht und behutsam über die Wölbung seiner Stirn. Der König spürte die sanfte, gleitende Berührung wie Wasser in jede Furche und über den Gipfel einer jeden Erhebung jener Gebirgslandschaft des Denkens fluten. Während dieses Vorgangs hatte er die Augen unwillkürlich geschlossen, und als er sie, sobald der Finger weggezogen wurde, wieder aufschlug, stellte er fest, daß sie in mehr als einem Sinne geöffnet waren. Der Raum schien sich nach allen Seiten hin ausgedehnt zu haben: er konnte nämlich die Wände nicht mehr genau erkennen; und überall standen bewegungslos die Schatten. Sie waren erhaben und würdevoll; in ihrer Erscheinung einigermaßen schreckenerregend, ungeachtet mancher grotesker Züge, denn sie sahen gerade so aus wie von Cavaliers gemalte Bilder von Puritanern, mit langen Armen und sehr langen dünnen Beinen, an denen lose riesige Füße hingen, während in ihren Gesichtern das lange Kinn und die lange Nase vorherrschten. Die würdevollen Mienen gewannen indes die Oberhand über das kuriose Erscheinungsbild, so daß sie, ganz in begräbnisgleiches Schwarz gekleidet, recht unheimlich anzuschauen waren. Doch ein kurzer Blick war alles, was dem König gestattet wurde; denn der, der das eben bewirkt hatte, wischte mit seiner schwarzen Hand über des Königs Gesicht, und er sah wiederum nur die vom Feuer beschienenen Wände und darauf umherflatternde dunkle Gestalten. Die beiden, die für die anderen gesprochen hatten, schienen ebenfalls verschwunden. Aber schließlich entdeckte der König sie, wie sie zu beiden Seiten der Feuerstelle standen. Sie hielten sich dicht an der Kaminmauer und unterhielten sich über den Kaminsims hinweg; auf diese Weise vermieden sie den direkten Schein des Feuers, welcher, wenngleich Licht, damit sie menschlichen Augen erscheinen können, unabdingbar ist, ihnen nicht eben zusagt – und noch viel weniger mit ihrer Entstehung zu schaffen hat, wie der König noch erfahren sollte. Nach einigen Minuten näherten sie sich erneut dem Bett und sagten folgendes:

»Mit Verlaub, Eure Majestät, es wird nun dunkel. Wir meinen, draußen im Schnee. Eure Majestät können von dort, wo Sie liegen, das kalte Glitzern des großen Leichentuchs sehen – für Schatten ein famoser Teppich, darauf zu tanzen, Eure Majestät. All unsere Brüder und Schwestern werden jetzt, bevor sie sich an ihre nächtliche Arbeit machen, in der Kirche sein.«

»Gehen sie vor der Arbeit immer zur Kirche?«

»Immer gehen sie zuerst zur Kirche.«

»Wo befindet sich diese Kirche?«

»In Eisland. Würde es Eurer Majestät gefallen, sie zu sehen?«

»Wie kann ich gehen und sie mir ansehen, wenn ich, wie ihr wohl wißt, krank zu Bette liege? Außerdem würde ich mich in einer frostigen Nacht wie dieser gewiß erkälten, selbst wenn ich mich in Decken hüllte und das Federbett als Muff nähme.«

Wie ein Zittern ging es über ihre Gesichter, was ihre Art des Lachens zu sein schien. Ihr ganzes Gesicht bebte und wogte gleich einer dunklen Flüssigkeit; bis es schließlich, indem es langsam, nach und nach, zur Ruhe kam, zu seiner früheren Regungslosigkeit zurückfand. Darauf zog einer von ihnen die Vorhänge am Bett beiseite, und da die Vorhänge am Fenster noch nicht zugezogen waren, erblickte der König draußen die weiß schimmernde Nacht, die gegen die Berge von Dunkelheit und das Bestreben, sie auszulöschen, ankämpfte; und die Himmel waren voller Sterne, die wie reine Juwelen blitzten und glitzerten. Der andere Schatten wandte sich zum Fenster und entschwand darin.

Augenblicklich begannen Scharen von Schatten wie toll im ganzen Raum umherzutanzen; einer nach dem anderen verschwand durch das unverhüllte Fenster und glitt dunkel über die weiße Fläche des Schnees; denn unmittelbar vor seinem Fenster erstreckte sich ein schneebedecktes Feld. In wenigen Augenblicken war das Zimmer leer; aber anstatt durch ihre Abwesenheit erleichtert zu sein, beschlich den König sofort das Gefühl, sich in einem Totenhaus zu befinden, und eine solche Leere und Verzweiflung überkam ihn, daß er kaum imstande war zu atmen. Doch wie er so dalag und in den Schnee hinausschaute, der weiß und weit vor ihm lag, erspähte er in einiger Entfernung einen langen, dunklen Zug, der immer näher kam, und schließlich zeigte sich, daß es all die Schatten waren, die in einer Doppelreihe marschierten und in ihrer Mitte so etwas wie eine Bahre trugen. Unterhalb des Fensters waren sie nicht mehr zu sehen, alsbald kamen sie jedoch erneut zum Vorschein: irgendwie waren sie die Mauer des

Hauses hinaufgeklettert; in hervorragender Ordnung kamen sie nun durchs Fenster, gerade so, als würden sie durch das durchsichtige Glas fließen. Sie trugen immer noch die Bahre oder Sänfte. Sie war mit den kostbarsten Pelzen bedeckt und mit Fellen der prächtigsten wilden Tiere, deren Augen durch Saphire oder Smaragde, die im Licht des Feuers und des Schnees funkelten und glitzerten, ersetzt waren. Das äußerste Fell glänzte vor Frost, aber die inneren waren weich und warm und trocken wie der Flaum unter der Schwinge eines Schwans. Die Schatten näherten sich dem Bett und setzten die Sänfte darauf ab. Sodann brachten einige von ihnen eine riesige Pelzrobe und legten den König, nachdem sie ihn darin eingehüllt hatten, mitten in die Felle auf die Sänfte. Nichts konnte von mehr Artigkeit und Respekt zeugen als die Art und Weise, wie sie ihn trugen; und er dachte nicht daran, sich zu widersetzen. Dann setzten sie ihm etwas auf den Kopf, hoben die Sänfte an und trugen ihn einmal durch das Zimmer um die frühere Marschordnung wieder einzunehmen. Als er den Spiegel passierte, sah er, daß er in einen königlichen Hermelin gekleidet war und auf dem Kopf eine wundervolle Goldkrone trug, in die ausschließlich rote Steine eingelassen waren: wie die Essenz der Feuergeister aller weihnachtlichen Feuer der Welt umstrahlten Rubine und Karfunkel und Granate und andere, deren Name er nicht wußte, herrlich seinen Kopf. Ihm zur Seite lag ein Zepter – ein Stab aus Ebenholz, an dessen Spitze ein kegelförmiger Diamant war, der, hundertfach facettiert, alle Farben des Regenbogens versprühte und nach allen Seiten bunte Strahlen warf, die genauso aussahen wie die Schatten, aber feiner als jene, die ihn trugen. Sanft glitten die Schatten dann zum Fenster, schlüpften hindurch und sanken langsam auf das weit

sich erstreckende Schneefeld, auf der gefrorenen Fläche eher in ein geordnetes Gleiten denn ein Marschieren verfallend. Sie trugen den König abwechselnd und eilten mit der Hast der Gedanken in gerader Linie gen Norden. Über ihnen ging mit sichtbarer Geschwindigkeit der Polarstern auf; denn sie bewegten sich wahrhaftig mit der Schnelligkeit von trüben Gedanken, wenn auch nicht ganz so rasch wie die guten Wünsche. England und Schottland rasten an der Sänfte des Königs der Schatten vorüber. Über Flüsse und Seen stoben sie hinweg. Sie kletterten über hohe Berge und überquerten Täler mit furchtlosem Sprung, bis sie bei John-o'-Groats Haus und der Nordsee angelangt waren; die See war nicht zugefroren, und aus der Unergründlichkeit zu ihren Füßen leuchteten die Sterne ebenso klar wie aus der Unergründlichkeit zu ihren Häuptern; und wie die Träger über die blaugraue Fläche dahinglitten, ohne auf ihrem Weg die geringste Spur zu hinterlassen, war das Wasser unter ihnen so rein, daß der König weder Oberfläche noch Grund, noch seine Substanz sah, und ihm war, als flöge er durch das blaue Himmelszelt, Sterne über sich und Sterne unter sich, und zwischen sich und den Sternen nichts als Leere, in der seine Seele, zum erstenmal in seinem Leben, genügend Raum um sich fühlte.

Endlich erreichten sie die felsigen Ufer von Eisland. Hier landeten sie, setzten die Reise aber noch weiter fort. Die ganze Zeit über hatte der König die Kälte nicht gespürt; denn die roten Steine in seiner Krone hielten ihn warm, und die Smaragd- und Saphiraugen der wilden Tiere hielten den Frost davon ab, sich auf der Sänfte niederzulassen.

Ihr Weg führte sie oftmals durch Wälder, Höhlen und Felsschluchten, wo es dunkel war, daß der König zunächst befürchtete, seine Schatten gänzlich aus den Augen zu verlieren. Aber sobald sie solche Düsternis betraten, begann der Diamant in seinem Zepter zu leuchten, zu funkeln und zu blitzen, verströmte Licht in allen Farben, die des Malers Herz nur erträumen kann; in diesem Licht wurden die Schatten lebhafter und kräftiger denn je, huschten so geschwind über die dunklen Wege, daß einem Hören und Sehen vergehen konnte. Auch nahmen im Licht des Diamanten einige von ihnen einfachere und fast menschliche Gestalten an, andere dagegen schienen nur zu noch wilderen Formen angestachelt zu werden. Einmal, als sie gerade eine Höhle durchquerten, sah der König sogar von einigen die Augen – seltsame Schatten-Augen: nie zuvor hatte er ihre Augen gesehen. Und im selben Moment, in dem er die Augen sah, erkannte er auch ihre Gesichter, weil sie sich ihm einen Augenblick lang voll zuwandten; und als die anderen Schatten das sahen, fuhren sie zusammen und zitterten und verschwanden beinahe. Sie hatten so liebliche Gesichter; aber nachdem der König sie gesehen hatte, wurde er sehr nachdenklich und legte den Rest der Reise recht beunruhigt zurück. Er konnte sich einfach nicht erklären, wie diese Gesichter hierhergekommen waren, noch dazu als Gesichter von Schatten mit lebenden Augen.

Aber er fand bald heraus, daß ein Mensch unter Schatten lernen muß, sich über nichts mehr zu wundern; denn wenn er es nicht lernt, wird er – infolge der endlos wiederkehrenden Überraschungen – sehr bald ganz und gar verrückt.

Schließlich folgten sie einem kleinen Fluß stromaufwärts, standen dann plötzlich, nachdem sie einen engen, felsgesäumten Hohlweg durchquert hatten, am Hang eines Berges, der einen blauen, gefrorenen See inmitten mächtiger Hügel überragte. Hoch über ihnen glitzerte und blitzte das Nordlicht wie das Gewimmel von zehntausend Speeren. Zu ihren Füßen tanzten seine Strahlen über das blaue Eis und über die Hänge der schneebedeckten Berge, deren Gipfel überall wie riesige Eiszapfen emporragten und auf deren Spitzen hie und da ein Stern funkelte. Und wie die Nordlichter oben am Himmel, so flimmerten und zuckten und huschten die Schatten unten auf der Oberfläche des Sees hin und her; eben noch zu Gruppen zusammenströmend, stoben sie im nächsten Moment auseinander; eben noch die ganze Fläche des Sees bedeckend, bildeten sie gleich darauf einen dunklen Knoten in seiner Mitte. Da und dort waren auf den weißen Bergen zwei oder drei von ihnen zu sehen, wie sie auf die Gipfel zuschossen und sich über ihnen verflüchtigten, so daß sich ihre Zahl allmählich, wenn auch kaum merklich, verringerte.

»Mit Verlaub, Eure Majestät«, sagten die Schatten, »das ist unsere Kirche – die Kirche der Schatten.«

Und mit diesen Worten setzte des Königs Leibwache die Sänfte auf einen Felsen und stürzte sich in das Gewühl unter ihnen. Bald darauf kehrten sie jedoch zurück und trugen den König hinunter zur Mitte des Sees. Alle Schatten scharten sich voller Respekt, aber ohne Furcht um ihn; und sicherlich hatte sich niemals zuvor eine solch groteske Versammlung sterblichen Augen offenbart. Der König hatte seinerzeit bei seiner Krönung alle Arten von Gnomen, Trollen und Kobolden zu Gesicht bekommen; aber jene waren, verglichen mit den wilden, jeder Gesetzmäßigkeit baren Formen, in denen sich die Schatten ergingen, geradezu ebenmäßig gewesen; und die tollsten Luftsprünge der erstgenannten waren neben den offenkundig ziellosen und willkürlichen Verzerrungen der Gestalt und Verwandlungen der Form, welchen sich die letztgenannten hingaben, geordnete, zeremonielle Tänze gewesen. Zum Erstaunen des Königs bewahrten sie indes die ganze Zeit über eine unverwechselbare Identität, die durch jede Verwandlung hindurch unerklärlicherweise wahrnehmbar blieb. Dieses Beibehalten der eigentlichen Idee einer jeden Form mutete in der Tat sehr viel wunderbarer an als die wirren und lächerlichen Veränderungen, denen die Form selbst in jedem Moment unterworfen war.

»Was seid ihr?« sagte der König, der sich auf den Ellbogen stützte und um sich schaute.

»Die Schatten, Eure Majestät«, gaben mehrere Stimmen auf einmal zur Antwort.

»Was für Schatten?«

»Die menschlichen Schatten. Die Schatten von Männern, Frauen und Kindern.«

»Seid ihr nicht geradesogut Schatten von Stühlen und Tischen, Schüreisen und Feuerzangen?«

Bei dieser Frage ging unvermittelt ein merkwürdiger, von einem Mißton begleiteter Aufruhr durch die Versammlung. Einige der Gestalten schossen bis hinauf zum Nordlicht, ließen sich aber augenblicklich wieder herab, um menschliche Gestalt anzunehmen, als würden sie ihre Gefühle aus Achtung vor ihm, der diese doch in Aufruhr gebracht hatte, bezwingen. Einer, der zum höchsten noch sichtbaren Eisgipfel emporgesprungen und im selben Augenblick zurückgekehrt war, bahnte sich nun mit Hilfe seiner Ellbogen einen Weg durch die Menge und machte sich während des nun folgenden Dialogs zum Sprecher der übrigen.

»Mögen Eure Majestät unsere Aufregung verzeihen«, sagte er, »doch wie ich sehe, haben Eure Majestät es noch nicht für angebracht gehalten, sich mit unserer Natur und unseren Sitten vertraut zu machen.«

»Das möchte ich jetzt nachholen«, antwortete der König.
»Wir sind die Schatten«, erwiderte der Schatten feierlich.
»Und?« sagte der König.
»Nicht oft erscheinen wir den Menschen.«
»Ha!« meinte der König.
»Wir gehören keineswegs zum Sonnenlicht. Wir gehen ungesehen hindurch, und der Mensch nimmt ungeahnte Erscheinungen nur daran wahr, daß ihn ein Frösteln überfällt.«
»Ha!« sagte der König erneut.
»Nur im Zwielicht des Feuers, oder wenn ein Mann oder eine Frau mit einer einzigen Kerze allein ist, oder wenn eine beliebige Ansammlung von Menschen zur selben Zeit dasselbe empfindet, so daß sie eins sind, geben wir uns und die Wahrheit der Dinge zu erkennen.«
»Kann Wahrheit sein, was liebt die Nacht?« sagte der König.
»Die Dunkelheit das Licht entfacht«, erwiderte der Schatten.
»Kann Wahrheit sein, was Formen narrt?« sagte der König.
»Wahrheit im Chaos sich offenbart«, erwiderte der Schatten.
»Ha! Ha!« dachte Ralph Rinkelmann, »es reimt sich. Der Schatten bringt meine Fragen mit seinen Antworten in Verse. Wirklich äußerst seltsam.« Und wieder wurde er nachdenklich.
Es war der Schatten, der das Gespräch wieder aufnahm.
»Mit Verlaub, Eure Majestät, dürfen wir unsere Bitte vortragen?«

»Es geht mir«, antwortete der König, »durchaus nicht gut genug, sie angemessen entgegenzunehmen.«
»Sei's drum, Eure Majestät. Wir legen keinen großen Wert auf Förmlichkeit; und fürwahr, keinem von uns geht es wirklich gut im Moment. Der Gegenstand unserer Bitte lastet schwer auf uns.«
»Nun denn«, sagte der König.
»Sire«, begann der Schatten, »unsere schiere Existenz ist in Gefahr. Die verschiedenen Arten künstlichen Lichts, sowohl in Häusern als auch in Männern, Frauen und Kindern, drohen unserem Dasein ein Ende zu bereiten. Der Gebrauch und die Errichtung von Gaslampen, wie sie besonders in den Städten häufig sind, lassen die Augen, durch die allein man uns wahrnehmen kann, erblinden. Wir alle sind so gut wie aus den Städten verbannt. Wir werden in Dörfer und einsame Häuser genötigt, vorwiegend in alte Landhäuser, die sogar von unseren Freunden, den Feen, rasch verlassen werden. Wir ersuchen daher unseren König, uns kraft der Macht seiner Kunst wieder zu unserem Recht im Hause und in den Herzen seiner Bewohner zu verhelfen.«
»Aber«, sagte der König, »ihr erschreckt die Kinder.«
»Sehr selten, Eure Majestät; und wenn, dann nur zu ihrem Besten. Wir trachten nicht danach, irgend jemanden zu erschrecken. Wir wollen die Menschen eigentlich nur zum Schweigen und zum Nachdenken bringen, um sie ein wenig einzuschüchtern, Eure Majestät.«
»Wahrscheinlicher ist, daß ihr sie zum Lachen bringt.«
»Tatsächlich?« sagte der Schatten.
Er ging einen Schritt auf den König zu und blieb einen Moment lang völlig ruhig stehen. Der Diamant in des

Königs Zepter warf eine hellviolett leuchtende Flamme, und der König starrte schweigend auf den Schatten, und seine Lippen zitterten. Niemals hat er erzählt, was er in diesem Augenblick gesehen hat; statt dessen sagte er: »Stell dir nur vor, wie es wäre, wenn so mancher flatterhafte Gedanke still verharrte und man ihn betrachten könnte.«

»Unsere Körper«, fuhr der Schatten fort, »sind nur dann den Einflüssen der launenhaften Elemente ausgesetzt, wenn unsere Gedanken nicht auf etwas ganz Bestimmtes gerichtet sind. Unter selbstsüchtigen Männern und leichtfertigen Frauen heften wir uns im allgemeinen nur an irgendein Möbel- oder Kleidungsstück. Und jene hegen nie den geringsten Zweifel daran, daß wir nichts sind als närrische und unbestimmte Erscheinungen, die entstehen, wenn die Wellen des Lichts auf die festen Formen, von denen ihre Häuser voll sind, auftreffen. Wir legen keinen Wert darauf, ihnen die Wahrheit zu sagen, sie würden sie ohnehin nicht erkennen. Aber lassen wir den selbstsüchtigen Mann – oder die leichtfertige Frau ––– und dann –––«

In jeder der hier angedeuteten Pausen ging eine heftige Erregung und ein tiefes Aufstöhnen durch die Menge; bald kehrte jedoch wieder einigermaßen Ruhe ein. Der Schatten hob aufs neue zu sprechen an. Aber plötzlich schauten alle nach oben, und ihrem Blick folgend, sah der König, daß das Nordlicht zu verblassen begann.

»Der Mond geht auf«, sagte der Schatten, »sobald er über die Berge hinweg ins Tal schaut, müssen wir uns aufmachen, denn während des Mondscheins haben wir viel zu tun: in seinem Licht sind wir mächtig. Aber falls Eure Majestät in der morgigen Nacht wieder zu uns kommen wollen, so erfahren Eure Majestät vielleicht einiges mehr über uns und können selbst urteilen, ob es angebracht ist, unsere Bitte zu gewähren; denn morgen wird unsere große jährliche Versammlung stattfinden, auf der wir unseren Anführern von unseren Unternehmungen berichten und ob sie von Erfolg oder Mißerfolg gezeichnet waren.«

»Wenn ihr nach mir schickt«, entgegnete der König, »werde ich kommen.«

Ehe der Schatten antworten konnte, lugte die Spitze der Mondsichel hinter einem eisigen Gipfel hervor, und ihr schwacher Strahl fiel auf den See. Er fiel auf keinen einzigen Schatten. Ehe das Auge des Königs zur Erde zurückgefunden, nachdem es den ersten Glanz von des Mondes Auferstehung erblickt hatte, waren jene verschwunden; und kalt und blau glitzerte die Oberfläche des Sees im fahlen Mondlicht. Da lag nun der König, allein inmitten des gefrorenen Sees, und wurde vom Mond angestaunt. Doch zu guter Letzt hörte er von irgendwoher eine ihm wohlbekannte Stimme.

»Möchtest du noch eine Tasse Tee, Lieber?« sagte Frau Rinkelmann. Und Ralph, langsam zu sich kommend, fand sich in seinem Bett wieder.

»Ja, gern«, antwortete er, »und, wenn es dir nichts ausmacht, eine große Scheibe Toast; denn ich habe eine lange Reise gemacht, seit ich dich das letzte Mal gesehen habe.«

»Er ist noch nicht wieder ganz bei sich«, sagte Frau Rinkelmann zu sich.

»Du wärst wohl recht überrascht«, fuhr Ralph fort, »wenn ich dir erzählen würde, wo ich gewesen bin.«

»Das glaube ich wohl«, gab seine Frau zurück.

Aber in diesem Augenblick sprang ein großer Schatten mit einem einzigen riesigen Satz aus dem Feuer und bedeckte das ganze Zimmer. Dann ließ er sich in einer Ecke nieder, und Ralph sah, wie er die Faust am Ende eines widernatürlich langen Arms gegen ihn schüttelte. Er verstand diesen Hinweis und verhielt sich still. Und das war gut so. Denn zufällig weiß auch ich ein wenig über Schatten; und ich weiß gewiß, wenn er in diesem Augenblick seiner Frau alles erzählt hätte, hätten sie am folgenden Abend nicht nach ihm geschickt. Doch wie der König, nachdem er Tee und Toast gegessen hatte, so dalag und um sich schaute, schienen ihm die tanzenden Schatten in seinem Zimmer wunderlicher und unerklärlicher denn je. Das ganze Zimmer war voller Geheimnis. Das war eigentlich immer so, aber jetzt war es geheimnisvoller als je zuvor. Nach allem, was er in der Schatten-Kirche gesehen hatte, waren sein eigenes Zimmer und die Schatten darin noch wunderbarer und unverständlicher.

Deshalb war es auch um so wahrscheinlicher, daß er eine echte Vision gehabt hatte; denn anstatt die alltäglichen Dinge alltäglicher zu machen, wie es bei einem Trugbild der Fall gewesen wäre, hatte sie das Wunderbare, das den alltäglichen Dingen innewohnte, offenbart.

»Das gleiche gilt auch für jede Kunst«, dachte Ralph Rinkelmann.

Am folgenden Nachmittag, als die Dämmerung zunahm, lag der König da und fragte sich, ob die Schatten ihn wohl wieder holen würden. Er würde sehr gerne gehen, denn er genoß die Reise über alle Maßen, und außerdem verlangte ihn danach, einige Schatten ihre Geschichte erzählen zu hören. Aber die Dunkelheit wurde immer tiefer, und die Schatten blieben aus. Die Sache war nämlich die, daß Frau Rinkelmann im Zwielicht beim Feuer saß; und solange sie da saß, konnten sie den König nicht wegtragen. Einige Schatten versuchten, sie zu verscheuchen, indem sie auf Wänden und

Boden und Decke die merkwürdigsten Possen vollführten; aber all das verfehlte seine Wirkung; die Königin lächelte nur, denn sie hatte ein reines Gewissen.
Doch plötzlich hörte man aus dem Kinderzimmer ein schreckliches Geschrei und Frau Rinkelmann hastete hinauf, um nach dem Rechten zu sehen. Sobald sie gegangen war, traten die zwei Wächter von den Kaminecken in die Mitte des Zimmers und sprachen mit leiser Stimme:
»Sind Eure Majestät bereit?«
»Habt ihr keine Herzen im Leibe?« sagte der König, »oder sind sie ebenso schwarz wie eure Gesichter? Habt ihr nicht das Kind schreien hören? Bevor ich weggehe, muß ich wissen, was es hat.«
»Eure Majestät können in diesem Punkte ganz unbesorgt sein«, antworteten die Wächter. »Wir haben alles nur Erdenkliche versucht, Ihre Majestät die Königin aus dem Zimmer zu bekommen – indes umsonst. Daher hat sich ein junger Wildfang von einem Schatten hinauf ins Kinderzimmer geschlichen, eigentlich gegen den Willen von uns Älteren; und zweifelsohne ist es ihm gelungen, das Baby zu erschrecken – er ist nämlich sehr klein und langbeinig. – Mit Verlaub, Eure Majestät.«
»Ich wünsche nicht, daß in meinem Kinderzimmer irgendwelche Possen getrieben werden«, meinte der König verärgert. »Das Kind könnte außer sich geraten.«
»Dann wären es Zwillinge, Eure Majestät. Und wir mögen Zwillinge sehr.«
»Bitte jetzt keinen eurer üblen Scherze! Das Kind könnte den Verstand verlieren!«
»Kaum möglich, Sire; es hat ja noch gar keinen gefunden.«
»Hinweg mit euch«, sagte der König.
»Verzeiht, Eure Majestät. Auf unser Wort, es kann

dem Kind nur guttun. Denn dieser Schatten wird ihm während seines ganzen Lebens ein Sinnbild dessen sein, was häßlich und schlecht ist. Immer wenn es in Gefahr gerät, irgend jemanden zu hassen oder zu beneiden, wird ihm dieser Schatten ins Gedächtnis zurückkehren und es schaudern machen.«

»Sehr schön«, meinte der König, »das gefällt mir. So laßt uns denn gehen.«

Die Schatten führten die gleichen Zeremonien auf und trafen die gleichen Vorbereitungen wie am Tag zuvor; unterdessen verstand es der bereits erwähnte junge Schatten, solche Grimassen zu schneiden, daß das Baby in Furcht und die Königin im Kinderzimmer blieb, bis alles soweit war. Dann sprang er mit einem Satz, der ihn bis zur Decke hinauf krümmte, und einem sechs Fuß nach hinten ausschlagenden Tritt seiner Beine aus dem Kinderzimmer und betrat des Königs Zimmer gerade noch rechtzeitig, um seinen Platz unter jenen einzunehmen, die als Nachhut hinter der Sänfte durch das Fenster entschwanden und sich draußen auf dem Schnee niederließen. Wie am Tag zuvor gingen sie dahin, eine fließende Schwärze auf der weißen Schneedecke. Und es war Heiligabend.

Als der Bergsee in Sicht kam, sah der König, daß die gesamte Fläche von einem sich ständig verändernden Durcheinander von Schatten eingenommen wurde. Abwechselnd hörten sie alle zu oder erzählten, Paare, Trios und Gruppen jeglicher Größe bildend. Hie und da war die Aufmerksamkeit ganzer Scharen von einem einzelnen gefesselt, der die übrigen weit überragte, allerdings weder auf einer Kanzel noch auf einer Rednerbühne, sondern auf seinen eigenen, für den Augenblick zu Stelzen verlängerten Beinen stand. Das Nordlicht direkt über ihnen erleuchtete den See und die Berghänge, indem es vom Zenit bis fast auf die Oberfläche des Sees Nebelschleier herabsandte, die in allen Regenbogenfarben matt schimmerten.

Indes, wie viele Worte auch überall umherflogen, nicht der Schatten eines Tons erreichte des Königs Ohr: die Schatten-Rede konnte von seinem körperlichen Organ nicht aufgenommen werden. Einer seiner Wächter bemerkte jedoch, daß der König zuhören wollte und nicht konnte, und ließ seinem Kopf und seinen Ohren eine recht seltsame Behandlung zuteil werden; woraufhin der König sehr genau hören konnte, wenn auch nur gerade die Stimme, der er für den Augenblick seine Aufmerksamkeit zuwandte. Dennoch war dies ein großer Vorteil, einer von dem der König wünschte, er könne ihn sich für die Welt der Menschen bewahren.

Der König entdeckte nun, daß dies nicht nur die Kirche der Schatten, sondern gleichzeitig auch ihre Nachrichten-Börse darstellte. Denn da die Schatten weder die Kunst des Schreibens noch die des Druckens beherrschen, ist der einzige Weg, wie sie einander ihr Tun und Denken anvertrauen können, der, daß sie sich auf diesem Worte-Markt und in diesem Schatten-Parlament treffen und miteinander reden. Und wie die Menschen draußen in der Welt ihre Lieblings-Autoren lesen und ihren Lieblings-Rednern zuhören, so suchen die Schatten hier ihre Lieblings-Schatten, um ihren Abenteuern zu lauschen oder einfach nur zu hören, was sie zu sagen haben.

Der König, der sich mittlerweile halbwegs bei Kräften fühlte, erhob sich und wandelte unter ihnen, eingehüllt in seine Hermelin-Robe, die rote Krone auf dem Haupt und das Diamanten-Zepter in der Hand. Jede Schatten-Gruppe, zu der er stieß, hörte zu reden auf, sobald sie ihn näher kommen sahen; doch auf sein Nicken hin fuhren sie sogleich in ihrer Unterhaltung fort und berichteten und kommentierten, als sei niemand von anderer Natur oder höherem Range als sie zugegen. So hörte der König ein gut Teil ihrer Geschichten. Aber falls die Geschichten, von denen die Schatten zu berichten wußten, gedruckt würden, käme ein Buch dabei heraus, das kein Verleger schnell genug herstellen könnte, um die Käufer zufriedenzustellen. Ich möchte nun einiges von dem, was dem König zu Ohren kam, wiedergeben, denn er hat mir bald darauf davon erzählt. Ich war nämlich eine Zeitlang sein Privatsekretär.

»Bevor auch nur eine Woche vergangen war, hatte ich ihn dazu gebracht zu gestehen«, sagte ein trauriger alter Schatten.

»Aber wozu sollte das gut sein?« gab ein junger Naseweis zu bedenken. »Das kann nicht ungeschehen machen, was geschehen ist.«

»O doch, das kann es.«

»Wie! Den Toten zum Leben erwecken?«

»Das nicht; aber dem Mörder Trost bringen. Ich konnte das erbärmliche Elend, das er ausstand, nicht ertragen. Mit dem Strick um den Hals fühlte er sich weitaus wohler als mit dem Geld in der Tasche. Ich bewahrte ihn auch davor, sich etwas anzutun.«

»Wie ist es dir gelungen, ihn zum Geständnis zu bewegen?«

»Ich habe mich nur ein wenig auf der Wand geringelt.«

»Wie hat ihn das zum Reden bringen können?«

»*Er* weiß es.« – Der Schatten schwieg; und der König wandte sich einem anderen zu, der gerade zu sprechen anhob.

»Ich brachte eine vornehme Mutter dazu, zu bereuen.«

»Wie das?« riefen gleichzeitig mehrere Stimmen, in denen ein leicht ungläubiger Unterton mitschwang.
»Ich habe lediglich an der Wand einen kleinen Sarg erscheinen lassen«, war die Antwort.
»Hat die vornehme Mutter auch gestanden?«
»Sie hatte nichts zu gestehen, was nicht schon jedermann wußte.«
»Was hat jeder gewußt?«
»Daß sie ein lebendes Kind hätte küssen können, als sie ein totes zu Grabe trug. – Dem nächsten wird es wohl besser ergehen.«
»Ich habe eine Hochzeit verhindert«, sagte ein anderer.
»Abscheulicher Schatten!« warf ein romantisch veranlagter Schelm ein.
»Wie denn?« sagte ein anderer. »Erzähl uns, wie.«
»Ich habe lediglich einen Schatten auf die Stirn eines schönen Mädchens geworfen, vermeintlich vom Arm eines Leuchters. – Sie sind noch nicht verheiratet, und ich denke, sie werden auch nicht mehr heiraten. Aber ich liebte den Jüngling, der sie liebte. Wie er auffuhr! Es ist ihm wie Schuppen von den Augen gefallen!«
»Hat es ihn nicht enttäuscht?«
»Ganz im Gegenteil.«
»Aber es war nur ein äußerlicher Schatten, nicht einer, der aus der Seele des Mädchens gekommen ist.«
»Ja, so kann man sagen. Aber das war alles, was nötig war, um das Zeichen auf ihrer Stirn sichtbar zu machen – ja sogar auf ihrem ganzen Gesicht, das doch hie und da, wenn seine Leidenschaft nachließ, den Jüngling verwirrte. All das, die geschwungenen Nüstern, der Schmollmund, das vorspringende Kinn, stand ohne weiteres in Einklang mit diesem dunklen Zeichen zwischen ihren Augenbrauen. Der Jüngling verstand das

augenblicklich und ging unglücklich nach Hause. Und nun sind sie *nicht* verheiratet.«

»Ich ertappte einen Trunkenbold, wie er allein über einem großen Glas Port saß«, sagte ein sehr schwarzer Schatten; »und wie ich's ihm gegeben habe! Als erstes bewirkte ich *Delirium tremens;* dann stellte ich einen Leichenzug dar, der langsam an der gegenüberliegenden Wand entlang ging. Ich zeigte ihm eine Menge Federn und Trauerkutschen. Und dann zeigte ich ihm den Trauergottesdienst, allerdings gelang es mir nicht, die Chorhemden weiß erscheinen zu lassen, was für einen solchen Sünder um so besser war. Der Elende starrte darauf, bis sein Gesicht zuerst rot und dann grau geworden war, und dann ließ er doch tatsächlich sein fünftes Glas Port ungeleert stehen und suchte bei seiner Frau und seinen Kindern im Wohnzimmer Zuflucht, zu deren großer Überraschung. Ich glaube, er hat dann wahrhaftig eine Tasse Tee getrunken; und so oft ich seither auch nach ihm geschaut habe, ich habe ihn nie mehr ertappt, wie er allein beim Trinken saß.«

»Aber trinkt er jetzt weniger? Hast du ihm wirklich geholfen?«

»Ich hoffe doch; aber leider kann ich nicht behaupten, daß ich mir dessen sicher bin.«

»Hm! Hm! Hm!« stöhnte es aus verschiedenen Schatten-Kehlen.

»Ich hatte einmal so viel Spaß!« rief ein anderer. »Ich trieb meine Scherze mit einem jungen Geistlichen!«

»Es ist nicht recht, mit jemandem Scherze zu treiben!«

»O doch – wenn es zu seinem Besten geschieht. Was meint ihr, wo er immer seine Predigten einstudierte?«

»Natürlich in seinem Studierzimmer. Wo denn sonst?«
»Ja, und nein. Ratet noch einmal.«
»Draußen unter den Leuten auf der Straße?«
»Ratet noch einmal.«
»An stillen grünen Plätzchen auf dem Lande?«
»Ratet noch einmal.«
»In alten Büchern?«
»Ratet noch einmal.«
»Nein, nein. Erzähl es uns.«
»Im Spiegel. Ha! Ha! Ha!«
»Er war der Richtige, nach Schatten-Art mit ihm Scherze zu treiben.«
»Das dachte ich auch. Und eines Nachts, auf der Wand, trieb ich meinen Scherz mit ihm! Er hatte Verstand genug, um zu sehen, daß er es selbst war, und zwar einem Gecken sehr ähnlich. Da schämte er sich, drehte den Spiegel mit der Vorderseite zur Wand und dachte künftig etwas mehr an seine Gemeinde und etwas weniger an sich selbst. Das freute mich sehr; denn, mit Verlaub, Eure Majestät« – und hier wandte sich der Sprecher an den König –, »wir können die Geschöpfe, die im Spiegel leben, nicht leiden. Ihr nennt sie Gespenster, nicht wahr?«
Ehe der König antworten konnte, hatte schon ein anderer begonnen. Aber die Geschichte über den Geistlichen hatte den König darauf gebracht, daß er eine der Schatten-Predigten hören wollte. Daher wandte er sich einem langen Schatten zu, der einer sehr stillen und aufmerksam lauschenden Menge predigte. Er kam gerade zum Schluß.
»Darum, liebe Schatten, ist es nötiger denn je, daß wir einander, so gut wir nur können, lieben, denn das ist nicht viel. Wir haben, wenn wir nicht lieben, keine Ent-

schuldigung wie die Sterblichen, denn wir sterben nicht wie sie. Ich vermute, daß es der Gedanke an den Tod ist, der sie dazu bringt, so sehr zu hassen. Außerdem schlafen wir den ganzen Tag, jedenfalls die meisten von uns, und nicht in der Nacht, wie die Menschen. Und ihr wißt, daß wir alles vergessen, was in der Nacht zuvor geschehen ist; daher sind wir verpflichtet, viel zu lieben, denn die Liebe ist kurz. Ach! Lieber Schatten, den ich jetzt mit der ganzen Kraft meiner Schatten-Seele liebe, morgen abend werde ich dich nicht mehr lieben, werde dich nicht mehr kennen; ich werde dir in der Menge begegnen und nicht ahnen, daß der Schatten, den ich jetzt liebe, neben mir steht. Glückliche Schatten! Denn wir entsinnen uns unserer Geschichten nur solange, bis sie hier erzählt worden sind, und danach versinken sie im Schatten-Kirchhof, wo wir nur unser totes Selbst begraben. Ach Brüder, wer wollte Mensch sein und sich erinnern? Wer wollte Mensch sein und weinen? Wir sollten einander wirklich lieben, denn wir allein erlangen Vergessen; wir allein kehren durch ewige Geburt wieder; allein auf uns lastet nicht die Bürde der Jahre. Ich möchte euch vom schrecklichen Schicksal eines Schattens berichten, der sich gegen seine Natur auflehnte und sich an Vergangenes zu erinnern suchte. Er sagte: ›Ich will mich an diesen Abend erinnern.‹ Er kämpfte gegen die belebenden Kräfte des freundlichen Schlafes an, als die Sonne zum entsetzlich toten Tageslicht sich erhob; und obgleich er sich nicht völlig wach halten konnte, träumte er vom verflossenen Abend, und niemals wieder vergaß er diesen Traum. Die folgende Nacht versuchte er es wieder, und die folgende, und die folgende; und er führte einen anderen Schatten in Versuchung, es ihm gleichzutun. Aber ihrem schrecklichen Schicksal entkamen sie am

Ende nicht. Denn anstatt fürderhin Schatten zu sein, begannen sie Schatten zu werfen, wie törichte Menschen es nennen. Sie sind nun dazu verdammt, auf der Erde zu wandeln, ein Mann und eine Frau, den Tod hinter sich und die Erinnerung in sich. Ach, Brüder Schatten! Laßt uns einander lieben, denn es ist uns bestimmt, rasch zu vergessen. Wir sind nicht Menschen, sondern Schatten.«

Der König wandte sich ab und empfand weit mehr Mitleid für die armen Schatten, als diese für die Menschen empfanden.

»Oh! Wie wir eines Nachts einem Musiker mitgespielt haben!« rief ein Schatten aus einer anderen Gruppe, der der König zunächst einen flüchtigen Gedanken gewidmet, dann aber doch nicht weiter zugehört hatte. »Gleich den Hämmern und Dämpfern seines Klaviers sind wir auf und ab gehüpft. Aber er rächte sich an uns. Denn nachdem er uns eine halbe Stunde lang im Zwielicht beobachtet hatte, erhob er sich, ging zu seinem Instrument und spielte einen Schatten-Tanz, der uns für immer in Klängen festhielt. Jeder konnte genau die Noten ausmachen, die für ihn bestimmt waren, und solange er spielte, konnten wir nicht anders, als immer weiter nach dieser Musik zu tanzen, gerade wie es dem Magier – ich meine dem Musiker – gefiel. Und er bestrafte uns tüchtig; denn wir tanzten uns schier die Beine aus dem Leib, und aus unseren Gestalten wurde ein zusammengesunkener, zuckender Haufen Dunkelheit. Wir werden in nächster Zeit nicht mehr in seine Nähe gehen, wenn wir denn daran denken. Er war den ganzen Tag über sehr unglücklich gewesen, und er war so arm; und um ihn zu trösten, fiel uns nichts anderes ein, als ihn zum Lachen zu bringen. Trotz unserer angestrengtesten Bemühungen gelang es uns jedoch nicht;

aber es wurde dann alles weitaus besser, als wir erwartet hatten: denn durch seinen Schatten-Tanz wurde er bekannt, und jetzt ist er sehr berühmt und verdient viel Geld. – Wenn er nicht achtgibt, werden wir demnächst anderes mit ihm zu tun bekommen, armer Kerl!«

»Ein paar andere und ich haben einmal das gleiche für einen armen Schriftsteller getan. Er sollte ein Weihnachtsstück schreiben, und obwohl er ein wirkliches Genie war, fiel es ihm nicht leicht, ein Thema zu finden, wie es ja den meisten seines Berufs ergeht. Ich sah seinen Kummer und versammelte ein paar umherschweifende Schatten, und wir zeigten, als Pantomime natürlich, das lustigste bißchen Unsinn, das wir uns nur ausdenken konnten. Und wir hatten wirklich Erfolg. Der arme Kerl verfolgte jede unserer Bewegungen, lachte laut über uns und freute sich über die Ideen, die wir ihm in den Kopf säten. Er hat alles in Worte gebracht, und in Szenen und in Handlung, und das Stück wurde mit glänzendem Erfolg aufgeführt.«

»Und wie lange mußten wir auf eine Gelegenheit warten, etwas tun zu können, was der Mühe wert war!« sagte ein langer, dünner, ganz besonders schwermütiger Schatten. »Seit wir uns das letzte Mal getroffen haben, habe ich nur eine Sache getan, die des Erzählens wert ist. Aber darauf bin ich auch stolz.«

»Was war das? Was war das?« ertönten wohl zwanzig Stimmen.

»Eines Zwielichts kurz nach Weihnachten schlich ich mich in ein Speisezimmer. Der Schein eines großen, durch die roten Vorhänge leuchtenden Feuers hatte mich angelockt. Zuerst dachte ich, niemand sei da, und wollte den Raum gerade wieder verlassen und hinaus auf die verschneiten Straßen gehen, da sah ich plötzlich zwei Augen funkeln. Ich erkannte, daß sie zu einem kleinen Jungen gehörten, der ganz still auf einem Sofa lag. Ich verkroch mich in eine dunkle Ecke beim Büffet und beobachtete ihn. Er schien sehr traurig zu sein und starrte unentwegt ins Feuer. ›Ich wollte, Mama würde nach Hause kommen‹, seufzte er schließlich. ›Armer Junge!‹ dachte ich, ›da kann nur die Mama helfen.‹ Ich wollte aber wenigstens versuchen, ihm ein wenig die Zeit zu vertreiben. Deshalb streckte ich aus meiner Ekke, über die ganze Decke hinweg, einen langen Schatten-Arm aus und tat so, als wollte ich nach ihm grapschen. Zuerst war er ziemlich erschrocken; aber er war ein tapferer Junge und erkannte bald, daß alles nur Scherz war. Und als ich es noch einmal machte, griff er nach mir; und dann hatten wir soviel Spaß! Denn obgleich er nach wie vor häufig seufzte und nach seiner Mama verlangte, ließ er sich immer wieder mit mir ein, und wir spielten weiter die wildesten Spiele; schließlich hörte man die Mutter an die Tür klopfen, und erfreut sprang er auf, eilte ihr auf dem Gang hinaus entgegen und vergaß mich armen Schwärzling ganz und gar. Aber ich trug ihm das nicht im mindesten nach; als ich nämlich ihm nach auf den Gang hinaus schlüpfte, wurde ich für meine Mühe wohl belohnt, denn ich hörte seine Mutter sagen: ›Ei, Charly, Liebling, du siehst ja so viel besser aus, seit ich dich hier allein gelassen habe!‹ In diesem Augenblick machte ich mich durch die zufallende Tür davon, und wie ich über den Schnee rannte, hörte ich die Mutter sagen: ›Was kann das für ein Schatten sein, der so schnell dahinfliegt?‹ Und Charly antwortete mit fröhlichem Lachen: ›Ach, Mama, ich glaube, das muß der lustige Schatten sein, der die ganze Zeit, während du weg warst, all die Spiele mit mir gespielt hat.‹ Sowie die Tür zu war, schlich ich mich an der Mauer entlang und schaute durchs Speisezimmerfenster. Und als die Mutter mit ihm ins Zimmer kam, hörte ich sie sagen: ›Was dieser Junge nur für eine Phantasie hat!‹ Ha! Ha! Ha! Dann schaute sie ihn an, und Tränen stiegen ihr in die Augen; und sie neigte sich über ihn, und ich hörte so etwas wie eine Mischung von Kuß und Schluchzen.«

»Ich suche immer nach vollen Kinderzimmern«, sagte ein anderer, »und diesen Winter hatte ich einiges Glück. Ich bin sicher, Kinder gehören ganz besonders zu uns. Eines Abends, ich suchte gerade in einer großen Stadt herum, sah ich durch ein Fenster in ein riesiges Kinderzimmer, in dem noch nicht das abscheuliche Gaslicht brannte. Um das Feuer herum saß eine Schar der lieblichsten Kinder, die ich je gesehen habe. Die Gelegenheit war zu gut, um sie ungenutzt verstreichen zu lassen. Ich eilte hinweg, versammelte zwanzig der besten Schatten, die ich finden konnte, und kehrte wenig später zurück; wir gingen in das Kinderzimmer und tanzten auf den Wänden einen unserer hübschesten Tänze. Natürlich ganz und gar aus dem Stegreif; aber ich vermochte ihn harmonisch zu gestalten, indem ich dieses Lied sang, das ich beim Tanzen dichtete. Natürlich konnten die Kinder es nicht hören: sie haben nur die dem Lied folgenden Bewegungen gesehen; aber sie schienen doch viel Freude daran zu haben, wie ich euch gleich zeigen werde.

Das war das Lied:

›Schwingen, schwanken, schweben, husch!
Flattern, flackern, fliegen, wusch!
Her und hin
Ist unser Sinn;
Hier und dort,
An jedem Ort,

Erzeugt, gebor'n;
Niemals verlor'n,
Nur dahin.

Auf! Nur weiter.
Glimmern, schimmern,
Wehen, flimmern,
Schweifen, streifen,
Hasten, teilen,
Weilen, eilen,
Unser Leben
Ist ein Streben,
Und auf Ruh' sind wir bedacht
In der freundlich dunklen Nacht.

Sammeln, trennen,
Rasten, rennen,
Lachen, scherzen,
Seiten schmerzen,
Wild und grimmig brummen,
Schweben, schwingen, summen!

Bald eine dunkle Traube;
Bald verwich'ne Nacht;
Bald eine düst're Haube
Alles finster macht.
Flatt're, schwarze Schar!
Schwarz, und schwarz fürwahr!

Wie Dämonen springen;
Bald wie Tote liegen;
Könnten wir's doch lassen,
Uns in Schlummer wiegen!
Unser Werk, wir müssen's tun,
Schatten dürfen niemals ruh'n.

Stürzen, steigen, stürmen,
Heben, senken, schleichen;
Versteckt in Ecken klagen;
Trennen, wühlen, weichen,
Schwinden, sammeln, ragen.

Scheint's euch auch Rast,
Stets sind wir in Hast,
Unser Werk, wir müssen's tun,
Schatten dürfen niemals ruh'n.
Flattern, flackern, fliegen, husch!
Schwingen, schwanken, schweben, wusch!‹

›Wie groß die Schatten sind!‹ sagte eines der Kinder – ein nachdenkliches kleines Mädchen.

›Ich frage mich, wo sie wohl herkommen‹, sagte ein verträumter kleiner Junge.

›Ich glaube, sie wachsen aus der Wand‹, antwortete das kleine Mädchen, ›ich habe nämlich gesehen, wie sie gekommen sind; zuerst einer und dann noch einer, und dann eine ganze Schar; ich glaube ganz bestimmt, daß sie aus den Wänden wachsen.‹

›Vielleicht haben sie Papas und Mamas‹, sagte ein älterer Junge lächelnd.

›Ja, ja; und der Doktor bringt sie in seiner Tasche mit‹, meinte ein anderes, sich wichtig tuendes kleines Mädchen.

›Nein; ich hab's‹, sagte der ältere Junge, ›es sind Gespenster.‹

›Aber Gespenster sind doch weiß.‹

›Oh! Aber die hier sind schwarz geworden, weil sie durch den Kamin gekommen sind.‹

›Nein‹, sagte ein neugierig aussehender, blaßgesichtiger, vierzehnjähriger Junge; er hatte beim Schein des Feuers gelesen und damit aufgehört, um den Kleinen

zuzuhören; ›es sind Körpergeister; es sind keine Seelengeister.‹
Sie schwiegen; der erste Junge, der mit den verträumten Augen, nahm das Gespräch wieder auf:
›Ich hoffe, sie haben mich nicht schwarz gemacht‹; woraufhin alle in Lachen ausbrachen.
Gerade in diesem Augenblick brachte das Kindermädchen den Tee, und als sie das Gaslicht anzündete, machten wir uns davon.«
»Ich habe einen Mord verhindert«, rief ein anderer.
»Wie denn? Wie denn? Wie denn?«
»Ich werde es euch erzählen. Ich schlich eine Zeitlang um ein Krankenzimmer, in dem ein Geizhals offensichtlich im Sterben lag. Ich mochte diesen Ort überhaupt nicht, aber mir war so, als würde ich dort gebraucht. Es gab eine Menge Plätze zum Verstecken, denn der Raum war über und über mit alten Möbeln vollgestellt, vor allem mit Vitrinen, Truhen und Schränken. Ich glaube, in diesem Zimmer war einfach alles, was er im Laufe eines langen Lebens an Besitztümern angesammelt hat.
Ich fand heraus, daß er darin Unmengen von Gold aufbewahrte; denn eines Abends, als die Krankenschwester ausgegangen war, kroch er murmelnd und wankend aus dem Bett, und es gelang ihm, eine der Truhen zu öffnen, obschon er vor Anstrengung fast zu Boden gefallen wäre. Ich spickte ihm über die Schultern, und ein solcher Goldglanz fiel auf mich, daß es mich fast das Leben gekostet hätte. Aber da hörte er die Schwester kommen, schlug den Deckel zu, und ich zog mich zurück.
Ich habe mir große Mühe gegeben, aber ich konnte ihm nicht helfen. In seinem Gehirn oder seinem Gewissen habe ich keinerlei Spuren hinterlassen, wenn ich auch

alle nur möglichen Finger an Wände und Decke geworfen und einst von ihm begangene böse Taten dargestellt habe, wovon es eine ganze Menge gab. Sein Sinn stand nach nichts anderem als Gold. Und so kam es, daß auch die Schwester für nichts anderes mehr Augen oder Sinn hatte.

Eines Tages, als sie neben dem Bett saß – aber so, daß er sie nicht sehen konnte – und in einer Schüssel mit Wassersuppe rührte, um sie abzukühlen, sah ich, wie sie eine kleine Phiole aus ihrem Busen nahm, und ihrem Gesichtsausdruck konnte ich entnehmen, was die Phiole enthielt und was sie damit vorhatte. Glücklicherweise war der Korken recht schwer zu ziehen, und das gab mir ein wenig Zeit zum Nachdenken.

Das Zimmer war mit allen möglichen Dingen vollgestopft, und obgleich am Himmelbett keine Vorhänge waren, die dem Geizhals die Sicht auf seine kostbaren Schätze hätten verwehren können, gab es doch nur eine einzige kleine Stelle an der Decke, die es mir erlaubte, in der Gestalt, die ich anzunehmen wünschte, zu erscheinen. Und dieser Fleck war schwierig genug zu erreichen. Nun hatte ich aber entdeckt, daß genau auf dieser Stelle der fahle Widerschein des Feuers lag, der von einem seltsamen, alten, staubigen, in irgendeiner Ecke herumstehenden Spiegel dorthin geworfen wurde, und so begab ich mich vor das Feuer, erkundete, wo der Spiegel stand, warf mich darauf, sprang von seiner Oberfläche auf das blasse Lichtoval und nahm im Vorbeihuschen die Gestalt einer alten, gebückten Hexe an, die aus einer Phiole etwas in eine Schüssel gießt. Den Griff des Löffels machte ich mit meiner eigenen Nase, ha! ha!«

Und die Schatten-Hand strich über die Schatten-Spitze der Schatten-Nase, ehe die Schatten-Zunge fortfuhr.

»Der alte Geizhals hatte mich gesehen: er wollte die Wassersuppe an diesem Abend nicht probieren, wenn auch die Schwester abwechselnd schmeichelte und schalt, bis schließlich beide genug hatten. Sie gab vor, die Suppe selbst zu probieren und tat so, als schmecke sie sehr gut; aber schließlich ging sie in eine Ecke, und nachdem sie so getan hatte, als hätte sie die Suppe aufgegessen, schüttete sie alles sorgsam in die Asche.«

»Es mußte ihr aber doch entweder gelingen, oder aber er mußte verhungern«, bemerkte ein Schatten.

»Ich werde es euch erzählen.«

»Außerdem«, warf ein anderer ein, »war er es ja nicht wert, gerettet zu werden.«

»Er könnte doch bereuen«, meinte ein dritter, der ein milderes Herz hatte.

»Da besteht wohl wenig Aussicht«, gab der erste zurück. »Geizhälse bereuen nie. Von jedem anderen Laster, auf das der armselige Mensch nur je verfallen kann, wird man eher kuriert als von der Liebe zum Geld. Was für ein Glück, als Schatten geboren zu sein! Kein Laster kann uns etwas anhaben. Was machen wir uns schon aus Gold! – Es ist doch nur Plunder!«

»Amen! Amen! Amen!« klang es aus hundert Schatten-Kehlen.

»Du hättest den Mord zulassen sollen, dann wärst du ihn losgewesen. Und außerdem, wie ist er schließlich davongekommen? Er konnte sich doch nicht von ihr befreien.«

»Ich wollte es euch ja erzählen«, meinte der Erzähler, »aber ihr mußtet ja so viele Schatten-Bemerkungen machen, daß ich gar nicht zu Wort gekommen bin.«

»Erzähl doch; erzähl doch.«

»Es gab da ein kleines Enkelkind, das ihn manchmal besuchte – das einzige Geschöpf, an dem dem Geizhals lag. Seine Mutter war seine Tochter; aber der alte Mann wollte sie nicht sehen, denn sie hatte gegen seinen Willen geheiratet. Ihr Gatte war schon tot, doch er hatte ihr immer noch nicht verziehen. Wie er aber nun die Nacht, nachdem er den Schatten gesehen hatte, wach lag, sagte er sich – ich las die Worte von seinem Gesicht ab –: ›Wie kann ich nur diesen alten Teufel loswerden? Wenn ich nicht esse, werde ich sterben; und wenn ich esse, werde ich vergiftet. Wenn doch nur die kleine Mary käme! Ach! Ihre Mutter hätte mir nicht so mitgespielt.‹ Er lag wach, überdachte alles ein ums andere Mal, die ganze Nacht hindurch, und ich gab von einer dunklen Ecke aus auf ihn acht, bis das Tageslicht kam und mich vertrieb. Als ich am nächsten Abend erneut zur Stelle war, fand ich das Zimmer sauber und aufgeräumt. Seine eigene Tochter, eine traurig aussehende, aber schöne Frau, saß bei ihm am Bett; und die kleine Mary spielte am Feuer auf dem Boden; sie ahmte uns nach, indem sie mit verdrehten Händen wunderliche Schatten an die Decke warf. Aber sie konnte sich nicht erklären, wie um alles in der Welt sie dorthin kamen. Und das war kein Wunder, ich habe ihr nämlich zu wirklich unerklärlichen Formen verholfen.«

»Ich kann auch eine Geschichte über eine Enkeltochter erzählen«, sagte ein anderer, sowie der Sprecher zum Ende gekommen war.

»Erzähl doch. Erzähl doch.«

»Am letzten Weihnachtstag«, begann er, »machte ich mich in der Dämmerung zusammen mit einer Schar der Unsrigen auf den Weg, um ein Haus zu finden, in dem wir etwas unternehmen könnten; denn wir hatten beschlossen, zusammen zu gehen. Wir versuchten es ein paarmal, trafen aber überall auf Hindernisse.

Schließlich machten wir ein großes, einsames Landhaus

aus, eilten hinzu und fanden alles mit den letzten Vorbereitungen für das Weihnachtsmahl sehr beschäftigt. Wir gingen schnell hinein, schauten uns überall um und beschlossen augenblicklich zu bleiben. Zunächst vergnügten wir uns im Kinderzimmer, wo man gerade dabei war, mehrere Kinder für das Mahl zu kleiden. Im allgemeinen gehen wir ja immer zuerst ins Kinderzimmer, Eure Majestät. Diesmal waren wir besonders von einem kleinen, etwa fünf Jahre alten Mädchen entzückt, das vor Freude über unsere Possen in die Hände klatschte und herumtanzte, und wir sagten uns, daß wir, falls sich eine Gelegenheit ergeben sollte, etwas für sie tun würden. Die ersten Gäste trafen ein; und bei jeder Ankunft eilten wir in die Halle und vollführten wunderschöne Kapriolen als Willkommensgruß. Von Zeit zu Zeit rannten wir hinauf, um zu sehen, wie weit die Kinder mit dem Anziehen waren. Ein etwa achtzehnjähriges Mädchen war reizend anzusehen. Sie zog sich zwar an, als läge ihr nicht besonders daran, konnte aber nicht anders als hübsch aussehen. Als sie einen letzten Blick auf ihr Spiegelbild warf, lächelte sie ihm ein wenig zu. – Aber *wir* mögen diese Wesen, die im Spiegel erscheinen, überhaupt nicht. Wir verstehen sie nicht. Auf uns wirken sie bedrohlich. – Sie sah ziemlich blaß und traurig aus, aber dennoch lieblich und voller Hoffnung. Also wollten wir alles über sie in Erfahrung bringen und hatten bald herausgefunden, daß sie eine entfernte Verwandte und bevorzugter Liebling des Hausherrn war, eines alten Mannes, in dessen Gesicht sich Gutmütigkeit mit Starrsinn und einem tiefen tyrannischen Zug verband. Unsere Bewunderung für ihn war keineswegs groß, aber wir wollten auch nicht von vornherein ein Urteil fällen: Schatten tun das niemals. Die Dinner-Glocke läutete und ab ging's nach unten.

Die Kinder sahen alle glücklich aus, und wir waren in freudiger Stimmung. Unter den Dienern gab es allerdings einen mürrischen Kerl, und wie wir den plagten! Und wie wir unsere Späße mit ihm trieben! Immer wenn er servierte, lauerten wir ihm an jeder Ecke auf und sprangen ihn vom Boden und übers Geländer hinweg und von den Simsen aus an. Pausenlos fuhr er zusammen und strauchelte und stolperte, so daß seine Diener-Kollegen dachten, er sei betrunken.
Einmal ließ er eine Schüssel fallen und mußte die Scherben auflesen und sie rasch wegschaffen; und wie setzten wir ihm nach! Glücklicherweise sah sein Herr nicht, wie er sich aufführte; aber wir achteten darauf, daß er nicht wirklich in die Klemme geriet, obwohl er durch dieses plötzliche Auftauchen unerklärlicher Schatten reichlich verwirrt war. Manchmal dachte er, die Wände wollten auf ihn herabstürzen; manchmal, der Boden wolle ihn verschlingen; manchmal, er würde von diesem Hin- und Hergeflitze in Stücke gerissen oder von dem schwarzen Haufen erstickt.
Als der flammende Plumpudding hereingetragen wurde, machten wir daraus den reinsten Schatten-Karneval, gleich toll gewordenen Dämonen vermummten wir uns und tanzten inmitten der blauen Flammen. Und wie die Kinder vor Freude juchzten! Der alte Herr, der in Kinder vernarrt war, lachte sein herzlichstes Lachen, als plötzlich von der Eingangstür ein lautes Klopfen zu vernehmen war. Die zarte Maid fuhr zusammen, wurde zunächst blaß und gleich darauf rot wie das Weihnachtsfeuer. Als ich das sah, breitete ich meine Hand über ihr Gesicht. Sie war sehr froh darüber, und sicher dachte sie in ihrem Herzen: ›Du freundlicher Schatten‹ – was mich reichlich belohnte. Woraufhin ich der restlichen Gesellschaft in die Halle folgte und dort einen

schönen, artigen, braungebrannten Matrosen vorfand, offensichtlich ein Sohn des Hauses. Der alte Mann hieß ihn mit Tränen in den Augen und die Kinder hießen ihn mit Freudenrufen willkommen. In der Verwirrung floh die Jungfer, gerade noch rechtzeitig, um nicht in Ohnmacht zu fallen. Wir versammelten uns um die Lampe, um ihren Rückzug verbergen zu können, und beinahe wäre das Licht erloschen; und erst als sie wieder auf ihren Platz geschlüpft war, erleichtert darüber, den Raum so dunkel vorzufinden, gelang es dem Butler, das Licht wieder aufzudrehen. Der Matrose hatte sie nur im Weggehen erblickt, setzte sich nun neben ihr nieder und nahm alsdann im Schutze der Dunkelheit wortlos ihre Hand. Als wir alle wieder zu den Wänden und in die Ecken flatterten und die Lampe erneut aufflammte, ließ er die Hand los.

Während des Essens beobachtete der alte Mann die beiden, erkannte, daß etwas zwischen ihnen war, und war äußerst verstimmt. Nach seinem Dafürhalten war er nämlich ein wichtiger Mann, und die beiden hatten ihn niemals zu Rate gezogen. Tatsache aber war, daß sie sich bis zur letzten Abreise des Matrosen ihrer Gefühle nicht bewußt gewesen waren und über die des anderen erst in diesem Augenblick Klarheit gewonnen hatten. – All das haben wir herausgefunden, indem wir sie beobachteten, und später haben wir auch darüber gesprochen. – Der alte Herr sah auch, daß sein Liebling, die doch so in seiner Schuld stand, weil er sie so sehr liebte, seinen Sohn mehr liebte als ihn; und allmählich wurde er so eifersüchtig, daß er die ganze Tischgesellschaft mit seinen verdrießlichen Blicken und seinen kurz angebundenen Antworten überschattete. Diese Art des Überschattens unterscheidet sich durchaus von der unsrigen; und das Einnehmen der weihnachtlichen Nachspeise

ging so trübsinnig vonstatten, daß wir Schatten es kaum ertragen konnten und erleichtert waren, als die Damen sich erhoben und sich in den Salon begaben. Die Herren standen nicht hinter den Damen zurück, nicht einmal um des berühmten Weines willen. Der mürrische Gastgeber blieb also ungeachtet seiner Gastfreundschaft allein an der Tafel im großen, still gewordenen Raum sitzen. Wir folgten der Gesellschaft in den Salon und darauf ins Kinderzimmer zum Schnapp-Drachen-Spiel; und noch während sie mit diesem schattenhaftesten aller Spiele beschäftigt waren, schlichen nahezu alle Schatten wieder hinunter ins Speisezimmer, wo der alte Mann immer noch saß und am harten Knochen seiner Selbstsucht nagte. Sie drängten sich ins Zimmer, und indem sie jede Möglichkeit zur Ausdehnung nutzten – gleich Seifenblasen bliesen sie sich auf –, gelang es ihnen schließlich, den gesamten Raum über und über mit Schatten zu bedecken. Zuhauf schwärmten sie um das Feuer und das Licht, bis sie sie beinahe in Bergen von Schwärze ertränkt hatten.
Ehe sie das vollbracht hatten, waren die Kinder, von all dem Spaß und all der Freude ermüdet, zu Bett gebracht worden. Doch das kleine fünfjährige Mädchen, das uns bei unserer Ankunft so entzückt hatte, konnte keinen Schlaf finden. Sie hatte ein kleines Zimmer für sich allein; und ich hatte sie beim Zubettgehen behütet und hielt sie nun dadurch wach, daß ich im Schein der Nachttischlampe umhertollte. Als ihr Blick dann einmal auf mich fiel, nahm ich die Gestalt ihres Großvaters an und zeigte ihr an der Wand, wie er mit gebeugtem Kopf und verdrossen herabhängenden Armen in seinem Stuhle saß. Und das Kind erinnerte sich, daß er gerade so dagesessen war, als sie ihn verlassen hatte; nachdem alle anderen schon oben gewesen waren, hatte

sie zufällig einen verstohlenen Blick ins Speisezimmer geworfen.
›Was, wenn er immer noch so dasitzt‹, dachte sie, ›so ganz allein im Dunkeln!‹ Sie kroch aus dem Bett und schlich hinunter.
Mittlerweile hatten die anderen das untere Zimmer dermaßen verdunkelt, daß man in dem schattigen Gewimmel nur noch das Gesicht und das weiße Haar des alten Mannes ausmachen konnte. Denn auch sein Gesicht war voller Schatten, welche wir Schatten ihm austreiben wollten. Diese Schatten sind ganz anderer Natur als wir, müßt Ihr wissen, Eure Majestät. Er dachte über all die Enttäuschungen nach, die ihm im Leben widerfahren waren, und über all die Undankbarkeit, die ihm begegnet war. Und seine Gedanken beschäftigten sich viel mehr mit dem Guten, das er getan hatte, als mit dem Guten, das andere empfangen hatten. ›Nach allem, was ich für sie getan habe‹, sagte er mit bitterem Seufzen, ›schert sich keiner auch nur einen Pfifferling um mich. Meine eigenen Kinder werden froh sein, wenn ich einmal nicht mehr bin!‹ In diesem Augenblick hob er seinen Blick und sah nahe bei der Tür eine winzige Gestalt im langen Nachtgewand stehen. Die Tür hinter ihr war geschlossen. Es war meine kleine Freundin, die lautlos hereingeschlüpft war. Wie ein Schlag durchfuhr des alten Mannes Brust eisige Furcht, die aber ganz schnell wieder verschwand, bildeten wir doch, damit ein einziger Lichtstrahl vom Feuer auf den kleinen Geist fallen konnte, eine Gasse; und er dachte, es sei seine eigene Tochter, die just in dem Alter gestorben war, in dem ihre Großnichte jetzt war und die nun dort zwischen den Schatten stand, um nach ihrem Großvater zu schauen. Er dachte, sie wäre in der kalten Dunkelheit aus ihrem Grabe hierher gekommen, zu fra-

gen, warum ihr Vater am Weihnachtstag allein sitze. Und er spürte, er wüßte keine Antwort, die er seinem kleinen Geist geben könne, außer einer, deren er sich vor ihr würde schämen müssen. Aber seine Enkelin sah ihn jetzt und ging mit kindlicher Würde auf ihn zu, ein- oder zweimal über das stolpernd, was ihr langes Totenhemd zu sein schien. Sie bahnte sich einen Weg durch die zusammengedrängten Schatten, gelangte zu ihm, kletterte auf seine Knie, legte ihren kleinen Kopf mit den langen Haaren an seine Schulter und sagte: ›Großpapa! Bist du traurig? Ist nicht dein Schmusetag heute, Opa?‹

Ein neuer Quell der Liebe schien aus des alten Mannes verkrustetem Herzen zu strömen. Er drückte das Kind an seine Brust und weinte. Sie immer noch in seinen Armen haltend, erhob er sich sodann ohne ein weiteres Wort, trug sie in ihr Zimmer, legte sie ins Bett, deckte sie zu, küßte ihren kleinen süßen Mund, der keinen Vorwurf kannte, und begab sich in den Salon. Bereits beim Eintreten sah er die Missetäter allein in einer stillen Ecke sitzen. Er ging hin zu ihnen, nahm jeden bei der Hand, legte sie ineinander und sagte: ›Gott segne euch!‹ Woraufhin er sich der restlichen Gesellschaft zuwandte und sagte: ›Nun laßt uns ein Weihnachtslied singen.‹ – Und das stand ihm gut zu Gesichte; denn obgleich ich diesem Hause noch viele Besuche abgestattet habe, habe ich ihn nie mehr in verdrießlicher Stimmung angetroffen; und ich bin sicher, daß ihn das große Mühe kostet.«

»Wir kommen gerade von einem großen Palast«, erzählte ein anderer, »von dem wir wußten, daß es viele Kinder darin gab und von dem wir glaubten, dort heitere Stimmen zu hören und königlich fröhliche Mienen zu sehen. Doch bereits beim Eintreten wurden wir gewahr, daß ein gewaltiger Schatten über dem Ganzen lag; und dieser Schatten wurde immer tiefer, bis er sich in all seiner Dunkelheit um die ruhende Gestalt eines weisen Fürsten sammelte. Wie wir ihn so sahen, konnten wir uns nicht mehr bewegen, klammerten uns vielmehr an die Wände und trugen so mit unserem Stillhalten unser Teil zur Trauer der Stunde bei. Und als wir die Mutter des Volkes sahen, wie sie mit gebeugtem Haupt den Verlust dessen beweinte, an den sie geglaubt hatte, befiel uns solch eine Sehnsucht, nicht länger Schatten, sondern Engel mit Flügeln, vom Himmel durch das Licht des Lichtes geworfene weiße Schatten zu sein, um uns bei ihr zu versammeln und tröstend verweilen zu können, daß wir von den Wänden ließen und uns hoch über die Türme des Palastes schwangen, wo wir den Engeln auf ihrem Weg begegneten und nun wußten, daß unser Dienst hier nicht länger benötigt wurde.«

Zu diesem Zeitpunkt war ein Schimmer des aufkommenden Mondlichts zu sehen, und der König erkannte nun einige jener noch seltsameren, mit menschlichem Gesicht und menschlichen Augen ausgestatteten Schatten, die in der Menge umhergingen. Augenblicklich wurde ihm klar, daß sie nicht seiner Herrschaft unterstanden. Sie schauten ihn an und kamen näher und gingen langsam vorbei, jedoch ohne sich zu verbeugen oder ihm sonst ein Zeichen der Huldigung zu entbieten. Und nur der König könnte erzählen, was ihre Blicke ihm gesagt haben. Und er hat es nie erzählt.

»Was sind das für andere Schatten, die in der Menge umhergehen?« sagte er zu einem neben ihm stehenden Untertan.

Der Schatten fuhr zusammen, blickte um sich, erzitterte leicht und legte den Finger an die Lippen. Dann zog er den König ein wenig beiseite und schaute sich noch einmal vorsichtig um. »Ich weiß nicht«, sagte er mit leiser Stimme, »wer sie sind. Ich habe oft von ihnen gehört, habe aber bisher nur einmal einen von ihnen zu Gesicht bekommen. Das war in einer Nacht, als ein paar von uns einem Mann einen Besuch abstatteten, der ganz und gar allein war und von dem es hieß, er denke viel. Zwei von ihnen sahen wir mit ihm im Zimmer sitzen, und er war ebenso bleich wie diese. Wir kamen nicht über die Schwelle, wir schauderten und zitterten und fühlten uns beinah dahinschwinden. Haben Eure Majestät nicht auch Angst vor ihnen?«

Aber der König antwortete nicht sogleich; und ehe er wieder sprechen konnte, war der Mond die mächtigen Pfeiler der Schatten-Kirche emporgeklettert und schaute durch das große Himmelsfenster herein. Die Gestalten waren alle verschwunden; und wieder hob der König seinen Blick und sah nur die Wand seines eigenen Zimmers, auf der der Schatten eines kleinen Kindes flackerte. Er senkte den Blick, und dort, auf einem Stuhl beim Feuer sitzend, sah er eines seiner eigenen Kinder, das darauf wartete, dem Vater eine gute Nacht zu wünschen; es wollte früh zu Bett, damit es auch recht früh aufstehen und den ganzen Weihnachtstag über glücklich und guter Dinge sein konnte.

Und Ralph Rinkelmann freute sich, daß er ein Mensch und nicht ein Schatten war.

Aber als die Schatten verschwanden, hinterließen sie dem König einen Sinn für Lieder. Und die Worte ihres Liedes müssen etwa so gelautet haben:

»Schatten, Schatten, Schatten, seht!
Werdet geboren und verweht!
Schatten-Monde am Himmel steh'n;

Übers Schatten-Grab wir geh'n.
Schatten-Hoffnung lebt, wächst und stirbt.
Schatten-Aug' um Liebe wirbt.
Schatten-Reiche uns verlocken
Zu Schatten-Wort auf Schatten-Brocken,
Und so schließen Schatten-Tage
Mit der Schatten-Schatten-Klage.«

»Schatten-Mann, ein düst'rer Schein,
Fällst auf Schatten-Grabes Stein.
Durch des Schatten-Raumes Weiten,
Wo der Schatten, seit Urzeiten,
Sitzt auf starren Schatten-Thronen,
Schimmert ewig durch Äonen;
Nord und Süd und hier und dort,
Ost und West, an jedem Ort,
Schatten eilen hin und her
In der Luft ein Schatten-Heer.
Schatten-Mann in ew'ger Nacht;
Nichts bleibt dir als Schatten-Pracht.«

Aber Ralph Rinkelmann sagte sich:
»Nur die Schatten singen so; denn ein Schatten kann nur Schatten sehen. Ein Mensch sieht Menschen, wo ein Schatten nur einen Schatten sieht.«
Und das tröstete ihn.

Carasoyn

Der Bergbach

Es war einmal ein Junge, der lebte in einem Tal in Schottland. Er war der Sohn eines Hirten und ungefähr zwölf Jahre alt. Seine Mutter war tot, und er hatte weder Bruder noch Schwester. Sein Vater war den ganzen Tag über draußen auf den Hügeln bei seinen Schafen. Aber wenn er nachts nach Hause kam, wußte er, daß das Bauernhaus ordentlich und sauber sein würde, daß der Fußboden gefegt und ein leuchtendes Feuer angezündet wäre und daß sein Abendessen schon auf ihn wartete. Er war sich dessen so sicher, wie wenn er Frau und Tochter statt nur des Jungen gehabt hätte, um nach seinem Haushalt zu sehen. Deshalb war Colin, obwohl er nur lesen und schreiben konnte, vom Rechnen aber nichts verstand, zehnmal klüger und pfiffiger, als wenn er tagtäglich in der Schule gewesen wäre. Er war nie um Lösungen verlegen, wenn es etwas zu tun galt. Irgendwie stolperte er immer zufällig geradewegs auf sein Ziel los, während ein anderer erst einmal seine Schuhe anziehen würde, um es zu suchen. Und doch baute er gerade zuzeiten, wo er am eifrigsten arbeitete, am eifrigsten Luftschlösser. Beides sollte eigentlich immer einhergehen.

Und darum war Colin auch nie überarbeitet, vielmehr hatte er genügend Zeit für sich selbst. Im Winter las er am Feuer oder schnitzte Holzfiguren mit seinem Taschenmesser; und im Sommer machte er fortwährend Streifzüge durch die Gegend. Sein großes Vergnügen war ein Bach, der von den Bergen droben ins Tal hinabfloß. Jeden Nachmittag wanderte er, die Hände in den Hosentaschen, zu diesem Bach hinauf. Er kam jedoch nie weit – so sehr versank er in der Betrachtung des bizarren Schauspiels, das ihm der Bach bot. Manchmal saß er auf einem Felsen und starrte das Wasser an, wie es zwischen den Steinen dahineilte, scheltend, murrend, protestierend und immer eigensinnig. Manchmal verweilte er an einer tieferen Bachstelle und beobachtete die karmesinrot gefleckten Forellen, die im Wasser hin- und herschnellten, als seien es ihre Gedanken und nicht ihre Schwänze, die sie antrieben. Und selten kam er weiter, wenn er sich an dem kleinen Wasserfall aufhielt, der sanft über einen glitzernden, ausgewaschenen Felsen hinabpurzelte.

Eins aber störte ihn immer wieder, und zwar daß der Bach dort, wo er sich dem Bauernhaus näherte, keinen anderen Weg finden konnte als durch den kleinen Hof, wo Kuh- und Schweinestall standen.

Und da der Bach dort kein passendes Bett hatte, uferte er in trostloser Weise aus, so daß er eigentlich eher einer großen Pfütze glich, vom Getrampel der Kühe und Schweine völlig verdreckt. Es war wirklich ein jämmerlicher Anblick, den Bach schien es gar nicht mehr zu geben. Selbst nachdem er den Hof mit viel Mühe überwunden hatte, braucht er lange Zeit, um sich wieder zu sammeln. Und da es ihm nicht so recht gelingen wollte, stahl er sich, seiner Kräfte beraubt, mit armseliger Geschwindigkeit wie vor Scham davon; bis er, mit der freundlichen Unterstützung eines direkt von den Hügeln kommenden Flüßchens, sich endlich wieder ein Herz faßte und von neuem lebhaft weiterhüpfte.

»Der Unterschied rührt gewiß nicht nur daher, daß die Kuh aus dem Bach trinkt«, sagte sich Colin. »Den Schweinen liegt nichts am Bach. Und ich glaube, der

Bach ist beleidigt, weil man ihn so herumschubst. Die Kuh ist zwar nicht schmutzig, eher dumm und rücksichtslos. Die Schweine aber sind schmutzig. Es muß etwas geschehen. Ich will mal sehen.«

Er erkundete das Gelände. Auf der anderen Seite des Hauses war alles Felsen. Da ließ sich nichts machen. Und somit blieb nur ein einziger Ausweg, nämlich den Bach durch das Bauernhäuschen hindurchzuleiten.

Gerade dieser Weg hätte in den Augen der meisten Ingenieure unbedingt vermieden werden müssen; aber Colins Herz tanzte vor Freude bei dem Gedanken, seinen geliebten Bach mitten durchs Haus fließen zu lassen. Wie schön kühl würde es den ganzen Sommer sein! Wie praktisch beim Kochen; und wie bequem beim Essen! Und dann diese Musik! Der Bach würde ihm Geschichten erzählen und ihn nachts in den Schlaf singen! Welch einen Gefährten würde er haben, wenn sein Vater weg war! Und dann könnte er im Bach baden, wann immer er mochte. Im Winter – o ja! – sicherlich. Aber der Winter war noch lange hin.

Am darauffolgenden Tag begab sich sein Vater auf den Jahrmarkt und Colin machte sich sogleich an die Arbeit.

Es war nicht unbedingt ein sehr schwieriges Unterfangen; denn die Wände wie auch der Fußboden des Bauernhauses waren aus Lehm – erstere fast backsteinhart getrocknet von der Sonne, letztere durchweg festgetreten. Aber mit Pickel und Spaten ließ sich alles noch leicht in Angriff nehmen. Colin arbeitete sich durch die Wände und grub am Boden entlang einen Kanal, den er zusätzlich mit Steinen befestigte. Dort wo der Bach dann das Haus und den kleinen Garten davor hinter sich ließ, sollte er selbst einen Weg zum unteren Bett finden, da der Hügel an dieser Stelle sehr abschüssig war.

Am selben Abend kam sein Vater nach Hause.

»Was hast du denn gemacht, Colin?« fragte er in großer Überraschung, als er den Graben im Fußboden entdeckte.

»Warte einen Augenblick, Vater«, sagte Colin, »bis ich dir dein Abendessen gebracht habe, dann werde ich dir alles erzählen.«

Als sein Vater dann am Tisch saß, stürzte Colin nach draußen, eilte zum Bach hinauf und riß genau an der Stelle, wo eine natürliche Vertiefung im Gelände geradewegs zum Haus führte, den Damm ein. Der Bach stürmte wie ein wildes Tier aus dem Käfig hinaus, schneller als Colin ihm folgen konnte, und schoß durch die Wand ins Haus. Der Vater stieß einen Schrei aus; und als Colin hereinkam, fand er ihn am Tisch sitzend, den Löffel vor dem geöffneten Mund und den Blick auf das schmutzig-trübe Wasser gerichtet, das schäumend über seinen Fußboden jagte.

»Gleich wird das Wasser klar sein, Vater«, sagte Colin, »und dann ist es wunderschön!«

Sein Vater gab keine Antwort, sondern starrte weiter. Colin fuhr fort mit einer langen Liste von Vorteilen, die ein Bach im Haus habe. Schließlich lächelte sein Vater und sagte:

»Du bist schon ein seltsamer Bursche, Colin. Aber warum solltest du nicht, wie die Erwachsenen auch, deine Einfälle haben. Wir werden es mit dem Bach eine Weile versuchen und sehen dann weiter.«

Tatsache war, daß Colins Vater oft daran gedacht hatte, wie einsam das Leben des Jungen doch war. Und es fiel schwer, ihm ein mögliches Vergnügen zu untersagen.

So stürmte denn Colin aus dem Haus, um zu sehen, wie der Bach, kopfüber den Hügel hinunter, den kürzesten Weg zu seinem alten Bett fand. Zu sehen, wie er hinunterstürzte, war ein Anblick, für den es sich zu leben lohnte.

»Es ist ein Glück«, sagte sich Colin, »daß er kein Genick hat, sonst würde er es sich bestimmt zwanzigmal in der Minute brechen. Er purzelt von Felsen zu Felsen in die Tiefe, geradeso wie ich es gern täte, wenn ich eben kein Genick hätte.«

Den ganzen Abend über war Colin mal drinnen, mal draußen, ohne auch nur einen Augenblick auszuruhen. Bald war er oben an der neuen Abzweigung, bald folgte er dem Bach zum Haus. Kaum war er im Haus, war er schwupp! wieder zur Eingangstür hinaus, um zu sehen, wie der Bach durch den Garten hüpfte und sich anschließend den Hügel hinunterstürzte.

Schließlich aber sagte ihm sein Vater, daß es Zeit zum Schlafen sei. Colin warf noch einmal einen Blick aufs Wasser, das jetzt fast klar war, und gehorchte. Sein Vater folgte ihm augenblicklich.

Die Elfenflotte

Das Bett stand kaum zwei Schritt vom Bach entfernt. Und da Colin morgens immer als erster auf war, schlief er am vorderen Ende des Bettes. So lag er denn eine Weile da, betrachtete das im schwachroten Schein des grasbedeckten Feuers matt schimmernde Wasser und lauschte seiner sanften, durch die Nacht dahinplätschernden Musik, bis das leise Murmeln des Wassers sich in ein Wiegenlied verwandelte und Colin im Nu in den Schlaf sang.

Bald darauf bemerkte Colin, daß er wieder aufgewacht war. Und wieder lauschte er den Geräuschen des geschäftigen Baches. Aber im Unterschied zu vorhin, als er sich schlafen legte, waren da jetzt auf einmal mehr Geräusche. Eines darunter klang wie knarrende Bretter; ein anderes wie leises Getuschel und süßes Lachen, so hell wie das Klingen von Heideglöckchen. Colin schlug die Augen auf. Der Mond schien auf den Bach herab, und vom Wasser reflektiert, fiel das Licht auf die rauchgrauen Deckenbalken. Wegen eines Rückstaus am Abflußloch in der Wand reichte das Wasser nun bis zur Höhe des Fußbodens heran. Die Wasseroberfläche war jedoch, abgesehen von gelegentlichem Aufschimmern, kaum zu erkennen – wegen der überfüllten Boote einer Elfenflotte, die gerade angekommen war. Die Seeleute waren überaus beschäftigt. Sie machten ihre Boote am Ufer fest oder zogen sie aufs Trockene hinauf. Manche Boote hatten kleine Segel, die auf Halbmast gesetzt waren oder in der leichten Brise, die den Bach entlangkroch, flatterten. Manche ruderten das letzte Stück, wobei vereinzelt Ruderblätter aufblitzten. Winzige Stimmen ertönten, winzige Füße liefen, winzige Hände zogen an Tauen, die durch Blöcke aus leuchtendem Elfenbein liefen. Am Ufer standen Gruppen von Elfendamen, in allen Farben des Regenbogens gekleidet, wobei Grün vorherrschte, sie wurden von Herren begleitet, ganz in Grün, aber mit roten und gelben Federn an ihren Kappen. Die Königin war unmittelbar neben Colin gelandet, und wenige Minuten später wurden entlang den Ufern des Elfenbaches zwanzig Tänze gleichzeitig aufgeführt. Und da lag nun Colins Gesicht auf dem Bett und blickte sie finster an, wie ein Ungeheuer.

Nach ein paar Tänzen hörte Colin schließlich eine klare, sanft klingende Stimme sagen:
»Jetzt habe ich aber genug davon. Ich mag nicht mehr wie die großen Leute tun. Laßt uns ›Häschen hüpf‹ spielen!«
In diesem Augenblick sprangen alle auseinander, und die Elfen begannen, unabhängig voneinander ihre Scherze zu treiben. Sie zerstreuten sich über das ganze Bauernhäuschen, und Colin verlor die meisten von ihnen aus den Augen.
Während er dalag und in seiner Nähe zwei beobachtete, die sich bei ihren Possen eher wie Clowns auf dem Jahrmarkt als wie Gentlemen benahmen, die sie eben noch gewesen waren, hörte er plötzlich eine Stimme an seinem Ohr. Aber obwohl er auf seinem Kopfkissen genauestens nachschaute, konnte er niemanden entdekken. Die Stimme hatte in dem Augenblick, wo Colin sich umzusehen begann, innegehalten, fuhr aber fort, sobald er's aufgab.
»Du kannst mich nicht sehen. Ich spreche zu dir durch ein Loch am Kopfende deines Bettes.«
Colin kannte das Astloch sehr gut.
»Sieh nicht hin«, sagte die Stimme, »wenn die Königin mich sieht, wird sie mich bestrafen. Oh, bitte nicht.«
Die Stimme klang, wie wenn die- oder derjenige gerade weinte. Deshalb achtete Colin darauf, sich nicht umzuschauen. Die Stimme fuhr fort:
»Sieh, ich bin ein kleines Mädchen, keine Elfe. Die Königin hat mich bei meiner Geburt gestohlen, vor sieben Jahren, und ich kann nicht weg. Ich mag die Elfen nicht. Sie sind so dumm. Und sie werden nie klüger. Ich werde mit jedem Jahr klüger. Ich will zurück zu meinesgleichen. Aber sie lassen mich nicht. Sie zwingen mich, in ihren Spielen die ganze Nacht lang jemand

anders zu sein und dann tagsüber zu schlafen. Und selbst tun sie das gleiche. Ich würde so gerne ich selbst sein. Auf diese Weise würde man überhaupt nicht glücklich, sagt die Königin. Aber ich möchte doch so gerne ein kleines Mädchen sein. Bitte, nimm mich zu dir.«

»Wie kann ich dich befreien?« fragte Colin flüsternd, und sein Flüstern klang im Vergleich zu der sanften Stimme des Mädchens wie der Wind in einem Feld von vertrockneten Bohnen.

»Die Königin ist so zufrieden mit dir, daß sie dir sicher etwas schenken wird. Wünsch dir mich. – Da kommt sie.«

Unversehens hörte Colin vor sich eine andere Stimme, schriller und kräftiger. Und umherblickend, sah er auf der Bettkante ein entzückendes kleines Wesen stehen, mit glitzernder Juwelenkrone und einer granatrot blühenden Binse als Zepter in der Hand.

»Du großes glotzendes Wesen!« sagte sie. »Deine Augen sind viel zu groß, als daß man damit sehen könnte. Was seid ihr großes Volk doch für dumme, schwerfällige Kobolde!«

Während sie so redete, legte sie ihren Zauberstab auf Colins Augen.

»Nun denn, du Dummkopf!« sagte sie; und im gleichen Augenblick erschien Colin das Zimmer als eine riesige Scheune, die von etwa zwei Fuß großen Wesen überfüllt war. In den Balken oben wimmelte es von Elfen, die sich alle möglichen Streiche spielten, überall herumkletterten, sich gegenseitig umstießen, sich Staub und Ruß ins Gesicht schleuderten, aus den Ecken hervorgrinsten, sich gegenseitig ins Genick sprangen und einander ein Bein stellten. Zwei hatten eine leere Eierschale erobert und schlichen sich von hinten an einen anderen heran, der auf der Tischkante saß und jemandem am Boden zulachte. Dann stülpten sie ihm die Schale über, so daß er gänzlich darunter verschwand. Die Elfendamen hielten sich von solch üblen Späßen fern. Ihre Scherze waren immer taktvoll, und sie hatten mehr zu reden als zu tun.

Als aber die Königin ihren Zauberstab auf Colins Augen gelegt hatte, fuhr sie fort:

»Wisse, Sohn eines sterblichen Menschen, daß du das Gefallen einer Elfenkönigin gefunden hast. Herrin, die ich bin über die Elemente, kann ich doch nicht alles haben, was ich begehre. Einen großen Wunsch aber hast du mir erfüllt. Jahrelang habe ich mich danach gesehnt, über dieses Bächlein zum Meer zu gelangen. Euer gräßlicher Bauernhof war, seit dein Urgroßvater dieses Haus baute, das einzige Hindernis. Denn wir Elfen hassen Schmutz, nicht nur in Häusern, sondern auch in Feldern und Wäldern – vor allem aber in Flüssen und Bächen. Jetzt aber genug davon. Ich wollte dir sagen: du bist ein lieber, guter Junge, und du sollst haben, was dir gefällt. Du darfst dir irgend etwas von mir wünschen.«

»Mit Verlaub, Eure Majestät«, sagte Colin sehr überlegt, »ich möchte das kleine Mädchen, das Ihr vor etwa sieben Jahren bei seiner Geburt entführt habt. Wenn Ihr nichts dagegen habt, Eure Majestät, möchte ich sie gern haben.«

»Ich habe sehr wohl etwas dagegen«, schrie die Königin, und ihre Gesichtszüge verfinsterten sich mehr und mehr.

»Nun, ob Eure Majestät etwas dagegen haben oder nicht«, sagte Colin tapfer, »ich nehme Eure Majestät beim Wort. Ich will das kleine Mädchen, und also werde ich das kleine Mädchen haben und nichts anderes.«

»Du wagst es, so mit mir zu reden, du Hohlkopf!«

»Ja, Eure Majestät.«
»Dann wirst du sie nicht bekommen.«
»Dann werde ich den Bach mitten durch den Misthaufen leiten«, sagte Colin. »Denkt Ihr, ich lasse Euch hier in meinem Haus herumtoben, wenn Ihr Euch mir gegenüber in dieser Weise benehmt?«
Colin setzte sich im Bett auf und sah der Königin ins Gesicht. Dabei bemerkte er am Fußende des Bettes ein entzückendes kleines Geschöpf, das verstohlen um die Ecke guckte. Und er wußte, daß es das kleine Mädchen war, weil es so still war und so erschrocken aussah und weil es am Daumen lutschte.
Nun, da die Königin sah, mit wem sie es hier zu tun hatte, und da sie wußte, daß Königinnen in Elfenland sich an ihre Versprechen halten müssen, änderte sie ihren Schlachtplan. Sie zeigte sich auf einmal in Ausdruck und Verhalten von ausgesprochener Sanftheit, während in dem kleinen Gesicht am Fußende des Bettes sich zunehmende Besorgtheit abzeichnete; der kleine Kopf schüttelte sich, und der kleine Daumen glitt aus dem kleinen Mund.
»Lieber Colin«, sagte die Königin, »du sollst das Mädchen haben. Vorher aber mußt du etwas für mich tun.«
Das kleine Mädchen schüttelte den Kopf, so heftig es nur konnte. Colins Aufmerksamkeit aber war ganz von der Königin in Anspruch genommen.
»Sicher werde ich das. Was ist es denn?« sagte er. Und so war er durch ein neues Abkommen gebunden und stand in der Macht der Königin.
»Du mußt mir eine Flasche Carasoyn besorgen«, sagte sie.
»Was ist das denn?« fragte Colin.
»Eine Art Wein, der die Leute glücklich macht.«

»Wieso, seid Ihr denn nicht schon glücklich?«
»Nein, Colin«, antwortete die Königin seufzend.
»Ihr habt alles, was Ihr wollt.«
»Außer Carasoyn«, erwiderte die Königin.
»Ihr tut, was immer Euch beliebt, und Ihr geht, wohin es gefällt.«
»Das ist es ja gerade. Ich will etwas, was mir nicht beliebt – etwas, was mir nicht gefällt. Ich will eine Flasche Carasoyn.«
Und dabei jammerte sie wie ein verwöhntes Kind und nicht wie eine kummergeplagte Frau.
»Aber woher bekomme ich das?«
»Ich weiß es nicht. Das mußt du selbst herausfinden.«
»Oh, das ist nicht fair«, empörte sich Colin. Die Königin aber brach in ein Gelächter aus, das sich anhörte wie die Glocken von hundert herumtollenden Schafen, sprang zum Ufer hinüber und hüpfte an Bord ihres Bootes. Und wie ein Bienenschwarm sammelten sich die Höflinge und Seeleute. Zwei krochen aus den Blasebälgen, einer aus dem Mundstück, ein anderer aus der Ventilklappe; drei aus der Scheide des Breitschwertes, das an der Wand hing; sechs aus dem Mehlbottich, ganz weiß. Aus allen Winkeln des Hauses strömten sie zusammen ans Bachufer. Und unter ihnen entdeckte Colin das kleine Mädchen. Es schlich sich auf das Boot der Königin. Das Gesicht verbarg es hinter seinem Schürzchen. Und die Königin drohte ihm mit der Faust. Nach fünf Minuten hatten sich alle in die Boote gedrängt, und die ganze Flotte setzte sich stromabwärts in Bewegung. Im nächsten Augenblick war das Bauernhaus leer, und alles hatte wieder seine gewöhnliche Größe.
»Sie werden sich auf den Felsen zu Tode stürzen«, entfuhr es Colin, und er sprang auf und lief in den Garten.

Als er den Wasserfall erreichte, war im Mondlicht nichts weiter zu sehen als das jähe Hinabstürzen des Wassers. Colin glaubte, aus der Tiefe Rufe und Schreie zu hören, und er bildete sich ein, er könne darunter das Schluchzen des kleinen Mädchens erkennen, das er auf so dumme Weise verloren hatte. Aber die Geräusche waren vielleicht nur die des Wassers; denn die Stimmenvielfalt eines Baches ist unendlich groß. Colin folgte dem Bach zu seinem alten Bett hinunter, sah aber nichts, was auf ein Unglück hindeutete. Dann kroch er in sein Bett zurück, wo er sich überlegte, wie dumm er doch gewesen sei – bis er sich in den Schlaf weinte bei dem Gedanken an das kleine Mädchen, das niemals zur Frau heranwachsen würde.

Die alte Frau und ihre Henne

Am nächsten Morgen war er jedoch wieder guten Mutes; denn das Wort Carasoyn ging ihm nicht mehr aus dem Kopf.
»In Märchen«, sagte sich Colin, »finden die Leute immer, was sie suchen. Warum sollte ich nicht dieses Carasoyn finden? Es scheint zwar nicht sehr wahrscheinlich, aber was heißt das schon? Deshalb werde ich es zumindest versuchen.«
Aber wie sollte er es anfangen?
Wenn Colin nicht wußte, was tun, tat er immer irgend etwas. Daher wanderte er, sobald sein Vater zu den Schafen gegangen war, bachaufwärts, von wo die Elfen gekommen waren.
»Im Grunde brauchte ich nicht weiterzugehen«, sagte er sich, »denn wenn das Carasoyn im Land der Elfen

wachsen würde, wüßte die Königin doch, wie sie es bekommen könnte.«

Urplötzlich erinnerte sich Colin daran, wie er sich einmal als kleiner Junge im Heideland verirrt hatte; und ihm fiel ein, wie er dann eine Hütte betreten hatte und daß er dort eine alte Frau beim Spinnen vorgefunden hatte. Und was hatte sie ihm für Geschichten erzählt! Und sie hatte ihm den Weg nach Hause gezeigt. So dachte er denn, sie könnte ihm vielleicht auch jetzt helfen. Denn er erinnerte sich, daß sie damals schon sehr alt war und jetzt noch älter und noch weiser sein müßte. Und er beschloß, sich auf den Weg zu machen, die Hütte zu suchen und die alte Frau um Rat zu fragen.

So verließ er denn den Bach, stieg den Hügel hinauf und kam bald in ein menschenverlassenes Heideland. Der Himmel war verhangen, der Wind kalt, und alles sah furchtbar düster aus. Und nirgendwo war eine Hütte zu sehen. Colin setzte seine Wanderung fort und hielt Ausschau; und plötzlich merkte er, daß er vergessen hatte, aus welcher Richtung er gekommen war. Im selben Augenblick sah er die Hütte unmittelbar vor sich. Und daraufhin erinnerte er sich, daß er auch damals die Hütte erst entdeckt hatte, nachdem er sich verirrt hatte.

»Manche Dinge findet man anscheinend nur, wenn man sich verirrt«, sagte Colin zu sich selbst.

Er ging auf die Hütte zu, die, aus Torf errichtet, wie ein großer Bienenstock aussah, und klopfte an die Tür.

»Komm herein, Colin«, sagte eine Stimme. Er bückte sich und trat ein.

Die alte Frau saß an einem kleinen Feuer und spann nach alter Weise mit Spinnrocken und Spindel. Sie unterbrach ihre Arbeit, sobald er hereinkam.

»Komm und setz dich ans Feuer«, sagte sie, »und sag mir, was du willst.«
Nun sah Colin, daß sie keine Augen hatte.
»Es tut mir sehr leid, daß Ihr blind seid«, sagte er.
»Das braucht dich nicht zu kümmern, mein Lieber. Ich sehe mehr als du, trotz meiner Blindheit. Sag mir, was du willst, und ich werde zumindest sehen, was ich für dich tun kann.«
»Woher weißt du, daß ich etwas von dir will?« fragte Colin.
»Nun, das ist etwas, was ich gar nicht mag«, sagte die alte Frau. »Warum vergeudest du Worte? Worte sollten so wenig vergeudet werden wie Brotkrumen.«
»Ich bitte um Verzeihung«, entgegnete Colin. »Ich werde Euch alles erzählen.«
Und er erzählte die ganze Geschichte.
»Oh, diese Kinder! Diese Kinder!« sagte die alte Frau. »Immer müssen sie Unheil anrichten. Sie können sich einfach nicht vergnügen, ohne irgendwem weh zu tun. Ich sollte dieser Königin wirklich einmal die Meinung sagen. Nun, mein Lieber, du gefällst mir, und ich werde dir sagen, was zu tun ist. Du wirst dieser dummen Königin ihre Flasche Carasoyn bringen. Aber sie wird keine Freude daran haben, wenn sie es bekommt, das kann ich ihr versprechen. Aber das ist meine Angelegenheit. – Zunächst einmal, Colin, mußt du drei Tage lang träumen, ohne zu schlafen. Anschließend mußt du drei Tage lang arbeiten, ohne zu träumen. Und zuletzt mußt du drei Tage lang sowohl arbeiten als auch träumen.«
»Wie soll ich das alles bewerkstelligen?«
»Ich will dir helfen, so gut ich kann, aber viel wird von dir selbst abhängen. In der Zwischenzeit mußt du etwas essen.«
Bei diesen Worten erhob sie sich, begab sich in eine Ecke

hinter ihrem Bett und kehrte mit einem großen, goldfarbenen Ei in Händen zurück. Dieses legte sie auf den Herd und bedeckte es mit glühender Asche. Dann plauderte sie mit Colin über seinen Vater, die Schafe, die Kühe und den Haushalt und zeigte ihm so, daß sie alles über ihn wußte. Schließlich nahm sie das Ei aus der Asche und legte es auf einen Teller. »Jetzt glänzt es silbern«, sagte Colin.
»Das bedeutet, daß es gar ist«, sagte sie und stellte ihm den Teller hin.
Colin hatte noch nie auch nur etwas halb so Wundervolles gekostet. Und er hatte noch nie Fleisch in solcher Fülle in einem Ei gesehen. Es war eine überaus reichliche und herzhafte Mahlzeit. Zwischendurch fragte die alte Frau:
»Soll ich dir eine Geschichte erzählen, während du ißt?«
»O ja, bitte«, antwortete Colin. »Ihr habt mir ja damals solche Geschichten erzählt!«
»Jenny«, sagte die alte Frau, »meine Wolle ist aufgebraucht. Bringt mir neue.«
Und hinter dem Bett kam eine Henne hervor. Ihr Federkleid war zwar schlicht, doch war sie groß und ausgesprochen schön anzusehen. Sie schritt gelassen und zierlichen Fußes durch den Raum, und an der Tür angekommen, machte sie Gluck! Gluck!
»Ach, die Tür ist wohl zu!« sagte die alte Frau.
»Ich mach schon auf«, sagte Colin.
»Tu das, mein Lieber.«
»Was ist all das weiße Zeug?« fragte Colin, denn das Haus stand inmitten einer Wiese, deren Halme weiße Spitzen hatten.
»Das sind meine Schafe«, sagte die alte Frau. »Du wirst sehen.«

Jenny ging hinaus ins Gras und, ihren Hals reckend, sammelte sie das weiße, wollige Zeug in ihrem Schnabel. Als sie soviel zusammen hatte, wie sie eben festhalten konnte, kam sie zurück und ließ es auf den Boden fallen. Dann pickte sie die Samen heraus, schluckte sie hinunter und ging wieder zurück, um mehr davon zu holen. Die alte Frau nahm die Wolle, befestigte sie am Spinnrocken und begann zu spinnen, wobei sie zunächst die Spindel in Bewegung setzte, dann losließ und die Faser vom Spinnrocken zupfte. Aber sobald die Spindel sich zu drehen begann, funkelte sie in allen Farben des Regenbogens, und es war ein Vergnügen, hinzuschauen. Und die Hände der Frau waren keineswegs alt oder runzelig, sondern jung und schön. Die langen Finger zupften die Wollfasern, die Spindel drehte sich und funkelte, die Henne ging hinaus und kam herein, brachte Wolle und schluckte die Samen, und die alte Frau erzählte Colin eine Geschichte nach der anderen, so daß er schließlich dachte, er könnte sein Leben lang dort sitzen und zuhören. Manchmal schien es Colin, als sei es die Spindel, die diese Geschichten in Bewegung brachte, manchmal, als spännen die langen Finger sie weiter, und manchmal, als pflücke die Henne sie von den Spitzen des langen, trockenen Grases, trüge sie in ihrem Schnabel herein und breitete sie auf dem Boden aus.

Plötzlich aber wurde die Spindel langsamer, und allmählich hörte sie ganz auf, sich zu drehen. Die Finger zupften nicht mehr die Faser, die Henne zog sich hinter das Bett zurück, und die Stimme der blinden Frau verstummte.

»Ich denke, es ist Zeit für mich zu gehen«, sagte Colin.

»Ja, das ist es«, antwortete seine Gastgeberin.

»Bitte, sagt mir dann, wie ich drei Tage lang träumen soll, ohne zu schlafen.«
»Das ist vorbei«, sagte die alte Frau. »Diesen Teil hast du gerade hinter dich gebracht. Ich sagte dir ja, ich würde dir helfen, so gut ich kann.«
»War ich denn drei Tage hier?« fragte Colin ganz erstaunt.
»Und drei Nächte. Und ich und Jenny und die Spindel sind ziemlich müde und wollen schlafen. Außerdem muß Jenny drei Eier legen. Beeil dich, mein Junge.«
»Bitte, dann sagt mir, was ich als nächstes tun soll.«
»Jenny wird dir den Weg zeigen. Bist du dort, wo du jetzt gleich hingehen wirst, sagst du ihnen, daß die alte Frau mit der Spindel wünscht, daß sie den Cumberbone-Fels um einen Klafter anheben und heiße Luft unter das Stonestarvit-Moor leiten. Jenny, zeig Colin den Weg.«
Jenny kam mit einem mürrischen Gluck aus ihrem Versteck und führte ihn ein gutes Stück durch die Heide, auf einem Pfad, den nur eine Henne hatte finden können. Aber plötzlich drehte sie sich um und machte sich wieder auf den Heimweg.

Der Koboldschmied

Colin konnte den einzuschlagenden Weg nur ungefähr ahnen. Nach Sonnenuntergang sah er vor sich in der Ferne ein schwaches Licht, auf das er zuhielt. Und so kam er schließlich an eine Schmiede. Als er dort durch die offene Tür hineinschaute, sah er einen großen, buckligen Schmied arbeiten, in jeder Hand einen Schmiedehammer.
Der grinste über das ganze Gesicht, als er Colin sah,

und sagte: »Komm herein, komm herein! Meine Jungs werden sich freuen!«

Er sah furchtbar aus mit seiner Hasenscharte und einem roten Klumpen als Nase. Was er auch tat – ob sprechen, lachen oder niesen –, nicht einen Augenblick unterbrach er seine Arbeit. Sooft ihm die Funken ins Gesicht stoben, schnappte er nach ihnen mit den Augen (die die Farbe halb erloschener Kohle hatten), mal mit dem einen, mal mit dem anderen. Und je mehr Funken er auf diese Weise erhaschte, desto heller leuchteten seine Augen. Als Colin eintrat, nahm er eine riesige Eisenstange aus dem Feuer und begann, mit seinen beiden Hämmern so heftig auf sie einzuschlagen, daß er in einer Wolke von Funken verschwand und Colin gerade noch seine Augen schließen und froh sein konnte, daß er mit nur leichten Verbrennungen im Gesicht und an den Händen davonkam. Als der Schmied das Eisen gehämmert hatte, bis es fast schwarz war, schob er es wieder ins Feuer zurück und rief hundert seltsame Namen aus:

»Hierher, Klump, Zottel, Schnäpper, Lecker, Freistein, Mausefall, Graulich, Kartoffeltopf, Fleck, Klecks, Pustel –«

Und mit jedem Namen, den er rief, purzelte ein Zwerg aus dem Kaminschacht über dem lodernden Feuer. Sie drängten sich um Colin und fingen an, abscheuliche Grimassen zu schneiden und Feuer auf ihn zu speien. Unerschrocken bewahrte Colin Haltung. Als ihn aber schließlich einer zwickte, was Colin nicht ausstehen konnte, schlug er ihn feste auf den Kopf. Dabei knackte es, daß Colin dachte, seine Hand sei zersplittert; und der Kopf klang wie ein eiserner Topf.

»Was denn, was denn?« schrie der Schmied. »Laß deine Hände von meinen Kindern.«

»Dann sagt ihnen, daß sie ihre Hände von mir lassen sollen«, erwiderte Colin.

Und als sie sich mit jetzt noch gehässigeren Blicken wieder an ihn herandrängten, rief er sich seine Botschaft ins Gedächtnis und fügte hinzu:

»Nun, ihr Kobolde! Schluß jetzt damit! Macht euch sofort an die Arbeit. Die alte Frau mit der Spindel sagt, ihr sollt den Cumberbone-Fels um einen Klafter anheben und heiße Luft unter das Stonestarvit-Moor leiten.«

Im Nu waren sie im Kamin verschwunden. Und im nächsten Augenblick wurde die Schmiede bis in die Grundmauern erschüttert. Der Schmied aber nahm keine Notiz davon, sondern arbeitete noch wütender als zuvor. Und dann tat es einen lauten Schlag, und ein gewaltiger Stoß warf Colin zu Boden. Der Schmied wankte zwar, verlor aber weder einen Hammer, noch verfehlte er mit seinen Schlägen den Amboß.

»Diese Jungen werden sich noch selbst ins Unglück stürzen«, sagte er, und dann zu Colin gewandt: »Hier, mein Lieber, nimm diesen Hammer. Dies ist kein sicherer Ort für Müßiggänger. Wer nicht arbeitet, wird sofort in Stücke geschlagen.«

Im gleichen Augenblick blies ein Windstoß aus dem Kaminschacht das Feuer mitten in die Schmiede hinein. Der Schmied sprang auf die Esse und war nicht mehr zu sehen. Gleich darauf aber kehrte er mit einem schreienden und strampelnden Kobold unter dem Arm zurück. Dessen häßlichen Kopf legte er auf den Amboß, hielt ihn am Genick fest und traf ihn mit einem gewaltigen Hammerschlag über dem Ohr. Der Hammer federte zurück, der Kobold stieß einen schrillen Schrei aus, und der Schmied schleuderte ihn in den Kamin mit den Worten:

»Anders kann man es ihm nicht beibringen. Ich nehme an, du wirst jetzt eine Weile vorsichtiger sein, Schlabberkinn.«

Daraufhin nahm er den zweiten Hammer zur Hand und fing wieder an zu arbeiten. Zu Colin sagte er: »Nun, junger Mann, solange du einen Hammerschlag für jeden von meinen tust, bist du in Sicherheit. Aber wenn du aufhören oder den Takt verlieren solltest, werde ich bei der alten Frau mit der Spindel für die Folgen keinerlei Verantwortung tragen.«

Colin nahm seinen Hammer und gab sein Bestes. Schon bald stellte er fest, daß er nie gewußt hatte, was Arbeit bedeutete. Der Schmied arbeitete mit einem Hammer in jeder Hand und alles, was Colin tun konnte, war, sein kleines Hämmerchen mit beiden Händen zu schwingen. Es war eine fürchterliche Anstrengung, Schlag auf Schlag mit dem Schmied mitzuhalten. Einmal, als er den rechten Zeitpunkt verpaßte, traf der Hammer des Schmieds den seinen und schlug ihn auf dem Amboß platt; der Stiel wurde gar ans andere Ende der Schmiede geschleudert, wo er in die Wand einschlug wie eine Kanonenkugel.

»Ich hab's dir gesagt«, meinte der Schmied. »Da ist ein anderer. Beeil dich. Die Jungs brauchen deine und meine Hilfe, bevor sie den Comberbone-Fels auch nur um einen halben Fuß anheben können.«

Bald darauf kam der mit dem dicksten Kopf in der Familie aus dem Kamin geschossen.

»Sechs-Fuß-Keile und ein Drei-Klafter-Stemmeisen!« sagte er, »sonst wird Cumberbone gleich unsere Knochen beschweren.«

Der Schmied eilte hinter die Blasebälge, brachte eine Eisenstange, die ungefähr drei Zoll dick war, und sägte davon drei Klafter ab. Ein Ende der Stange schob er dann in die Esse und blies mit äußerster Kraft, um das Feuer anzufachen. Nachdem er die Stange, nun weiß wie Papier, aus dem Feuer genommen hatte, schlugen er und Colin auf sie ein, bis das Endstück flachkantig war. Als der Schmied dieses dann noch ein wenig nach oben gebogen hatte, überreichte er das fertige Werkzeug dem Kobold.

»Hier, Klump«, sagte er, »lauf schnell damit hin, und wenn du zurückkommst, sind die Keile fertig.«

Dann machten sie sich an die Keile. Und Colin arbeitete für drei. Nie hatte er geahnt, daß er so arbeiten könnte. Keinen Augenblick Ruhepause, außer dann, wenn der Schmied an der Esse auf das Glühen des Eisens wartete! Und trotzdem: je mehr Colin arbeitete, desto stärker schien er zu seinem eigenen Erstaunen zu werden. Statt in den Momenten der Ruhe einfach nur müde und erschöpft zu sein, wartete er ungeduldig darauf, weiterarbeiten zu können. Er hatte das Gefühl, doppelt so groß und stark geworden zu sein, seit er einen Hammer in der Hand hatte. Die Kobolde stürzten weiter herein und wieder hinaus, mal um dieses, mal um jenes zu holen. Colin dachte, daß sie ja wirklich hart arbeiten mußten, wenn sie alle Werkzeuge, die sie abholten, auch benutzten. Und die Erschütterungen, die man in der Schmiede fühlte, waren eigentlich Beweis genug für ihre Anstrengungen irgendwo in der Nähe.

Je länger sie zusammen arbeiteten, desto freundlicher wurde der Schmied. Schließlich fragte er Colin – und seine Worte verliehen seinen Schlägen nur noch mehr Kraft:

»Warum will die alte Frau das Stonestarvit-Moor urbar machen?«

»Ich wußte nicht, daß sie es urbar machen will«, entgegnete Colin.

»Nein? Aber das ist doch offensichtlich. Zuerst will sie den Cumberbone-Fels um einen Klafter anheben – gerade genug, um den Nordost-Wind über das Stonestarvit-Moor wehen zu lassen. Dann will sie heiße Luft darunter hindurchleiten. Klarer Fall! – Um was hast du sie denn gebeten? Sie tut immer irgend etwas für andere Leute, und dabei tut sie nur meinen Knochen weh.«

»Es scheint Euch aber nicht sehr viel auszumachen, Sir«, sagte Colin.

»Nicht mehr«, erwiderte der Schmied und trieb mit einem Schlag den Amboß bis zur Hälfte in die Erde, aus der er ihn dann nur mit Mühe herausziehen konnte. »Ich würde aber gerne wissen, was sie nun wieder vorhat.«

So erzählte Colin ihm denn alles, was er wußte, und das war nichts anderes und nicht mehr als seine eigene Geschichte.

»Ich verstehe, ich verstehe«, sagte der Schmied. »Alles fauler Zauber! Aber wir müssen trotzdem tun, was sie sagt. Und ich bin jetzt an der Reihe, dir zu helfen, da du gute Arbeit geleistet hast. – Sobald du die Schmiede verlassen hast, gehst du geradewegs zum Stonestarvit-Moor. Dort begibst du dich auf den höchsten Punkt. Um einen Kreis mit einem Durchmesser von drei Klaftern hebst du einen Graben aus. Ich werde dir einen Spaten geben. Bis zum Abend des ersten Tages wirst du Weinreben aus der Erde sprießen sehen. Bis zum Abend des zweiten Tages werden sie sich über den ganzen Kreis ranken. Und bis zum Abend des dritten Tages werden die Trauben reif sein. Die Trauben preßt du in eine Flasche, die ich dir mitgeben werde, bis sie voll ist. Verkorke sodann die Flasche sehr sorgfältig. Und bis zu dem Tag, an dem die Königin zurückkommt, um danach zu fragen, wird es Carasoyn sein.«

»Oh, ich danke Euch, ich danke Euch«, jubelte Colin. »Wann soll ich losgehen?«

»Sobald die Jungs den Cumberbone-Fels angehoben und heiße Luft unter das Moor geleitet haben. Vorher hat's keinen Sinn.«

»Gut, dann werde ich mich wieder an meine Arbeit machen«, sagte Colin und schlug wieder auf den Amboß los.

Nach einer Weile kam der Kobold herein, dessen Kopf von seinem Vater mit dem Hammer bearbeitet worden war, und berichtete respektvoll:

»Alles in Ordnung, Sir. Die Jungen sammeln ihr Werkzeug ein und werden gleich zum Abendessen zu Hause sein.«

»Bist du sicher, daß ihr den Cumberbone-Fels um einen Klafter angehoben habt?« fragte der Schmied.

»Schmutzkinn sagt, es sei ein halber Zoll mehr als ein Klafter. Grunzel sagt, es sind dreiviertel Zoll. Aber das ist doch nicht so wichtig, oder?«

»Ich glaube nicht. Aber es ist immer besser, genau zu arbeiten. Hat das mit der heißen Luft geklappt?«

»Ja, wir haben das Problem teilweise durch das Anheben des Felsens gelöst.«

»Sehr gut. Wie geht's deinem Kopf?«

»Er brummt noch ein bißchen.«

»Dann laß es dir in Zukunft eine Lehre sein, Schlabberkinn.«

»Ja, Sir.«

»Nun, Meister, wenn du willst, kannst du jetzt gehen«, sagte der Schmied zu Colin. »Wir haben leider nichts zu essen für dich da.«

»Oh, das macht nichts. Ich bin nicht sehr hungrig. Aber die alte Frau mit der Spindel sagte, ich sollte drei Tage lang arbeiten, ohne zu träumen.«

»Nun, du hast doch nicht geträumt, oder?«
Und der Schmied blickte Colin zornig an, als er die Frage stellte, und holte mit dem Hammer zum Schlag aus, so als wollte er ihm das gleiche wie Schlabberkinn antun.
»Nein«, antwortete Colin. »Dafür habt Ihr ja wohl gesorgt, Sir.«
Der Schmied lächelte tatsächlich.
»Dann mach dich jetzt auf den Weg«, sagte er. »Es ist in Ordnung.«
»Aber ich habe doch nur – –«
»Drei ganze Tage und Nächte gearbeitet«, unterbrach ihn der Schmied. »Verschwinde jetzt. Andernfalls werden die Jungs dich ärgern. Hier sind dein Spaten und deine Flasche.«

Der Weinberg im Moor

Die letzte Andeutung des Schmiedes blieb nicht ohne Wirkung. Im nächsten Augenblick war Colin aus der Tür. Er drehte sich jedoch noch einmal um, um nach dem Weg zu fragen; denn nichts war zu sehen außer einem großen Haufen Torf, der offensichtlich aus dem Moor ausgehoben worden war und nun zum Trocknen dalag. War er vielleicht schon im Stonestarvit-Moor? Gerade ging die Sonne unter. Sofort wollte er nach dem höchsten Punkt Ausschau halten. Deshalb stieg er weiter bergauf, bis er zuletzt an einen Fleck kam, von dem aus er alles weithin übersehen konnte. Der Fels dort, der zu ihm herunterschaute, das war gewiß der Cumberbone-Fels! Und da zu seinen Füßen lag eines von Jennys Eiern, leuchtend wie Silber. Und da war ein schmaler Pfad, von Jenny ausgetreten und aufgekratzt, und der beschrieb einen Kreis, der genau so groß war, wie es der Schmied Colin aufgetragen hatte. Er machte sich sofort an die Arbeit, aß Jennys Ei und hob den Graben aus.

Diese drei Tage waren die glücklichsten, die Colin je erlebt hatte. Denn er verstand alles, was er tat, und alles, was um ihn herum geschah. Er betrachtete die Binsen und verstand, warum die Blüte nicht oben, sondern seitlich am Stiel wuchs, warum sie rostbraun war, warum das Mark weiß und die Rinde des Stiels grün war. Und er sagte zu sich selbst: »Wenn ich jetzt eine Binse wäre, würde ich es genauso machen und nicht anders wachsen wollen.« Und er verstand die Gefühle des Heidekrautes mit seinen kalten Wurzeln und purpurroten Glöckchen und das klug ausschauende Wollgras, das die alte Frau ihre Schafe nannte und dessen weißen Bart sie zu Faden verdrillte. Und Colin erkannte, warum die alte Frau spann: um die Wolle nämlich in schönes weißes Tuch zu weben, aus dem dann Nachtgewänder gefertigt wurden für alle guten Leute, die im Sterben lagen. Denn jemand, der ein solches Nachthemd trug, starb nicht. Vielmehr wurde er in ein wunderschönes weißes Bett gelegt, und die Tür wurde hinter ihm geschlossen, und kein Lärm drang zu ihm, und er lag da und träumte süße, kühle Träume, bis die Welt sich weitergedreht hatte und wieder bereit für ihn war, so daß er wieder aufstehen und etwas tun konnte.

Colin fühlte den Wind, der mit jedem einzelnen Grashalm in seinem verzauberten Kreis spielte. Er spürte die Hitze, die aus dem Moorboden heraufstieg. Er ahnte den Augenblick voraus, wie sich die Säfte sammelten und aus den Wurzeln in die Trauben strömten. Und die ganze Zeit über hatte er den Eindruck, zu Hause zu sein, die Kühe zu hüten, das Abendessen für seinen Vater zuzubereiten oder ein Märchen zu lesen, während er auf ihn wartete. Schließlich kam der Abend des dritten Tages. Colin preßte die reifen roten Trauben in seine Flasche, verkorkte sie, nahm seinen Spaten auf die Schulter und machte sich auf den Heimweg, geleitet von einem entfernten Berggipfel, den er erkannte. Im Mondschein wanderte er die ganze Nacht hindurch und kam zuletzt an eine Stelle, die ihm vertraut war. Von da gelangte er zum Bach, und dem folgte er nach Hause.

Dort begegnete er seinem Vater, der gerade mit den Schafen den Hof verließ. Wie groß war seine Freude, Colin wiederzusehen! Denn er hatte sich schreckliche Sorgen gemacht. Colin erzählte ihm die ganze Geschichte. Und da man zu jener Zeit viel eher als heute bereit war, an Wunder zu glauben, lachte sein Vater ihn keineswegs aus. Nachdenklich machte er sich auf den Weg zu den Hügeln. Unterdessen ging Colin ins Haus, wo es genug zu tun gab, nachdem er neun Tage lang unterwegs gewesen war. Er verstaute die Flasche vorsichtig bei seinen Sonntagskleidern und ging nun wieder seinen alltäglichen Beschäftigungen nach.

Aber obwohl der Elfenbach fidel wie immer das Haus durchquerte und obwohl Colin ihn bis spät in die Nacht hinein – besonders dann, wenn der Mond schien – nicht aus den Augen ließ, kam keine glitzernde Elfenflotte über den Bach hereingetanzt. Schließlich wurde es Herbst, und kalte Nebel zogen durch das Haus. Colin leitete den Bach deshalb wieder in sein altes Bett um. Er stopfte die Löcher in der Wand und füllte den Kanal im Fußboden auf, um das Haus gegen die Winterstürme abzudichten. Aber noch nie hatte er einen so langweiligen, ermüdenden Winter erlebt. Immer wieder mußte er an das kleine Mädchen denken – daß sie gewiß fror und zu sich selbst wohl sagte: »Ich wünschte, Colin wäre nicht so töricht gewesen und hätte mich nicht verloren.«

Die Folgen

Endlich kam der Frühling, und nach dem Frühling kam der Sommer. Und am ersten warmen Tag nahm Colin Pickel und Spaten, und wieder hüpfte der Bach fröhlich singend ins Haus. Die Begeisterung Colins war diesmal sogar noch größer als beim ersten Mal. Und wieder lag er bis spät in die Nacht wach, aber es kam kein Mond und keine Elfenflotte. Und so verging mehr als eine Woche.

In der neunten Nacht aber, als er gerade eingeschlafen war, öffnete Colin – plötzlich hellwach – die Augen, und siehe da, der ganze Raum schimmerte im Mondschein und im Glanz der Elfen. Die Boote schaukelten auf dem Wasser, die Königin und ihr Hof waren an Land gegangen und tanzten vergnügt auf dem irdenen Fußboden. Colin vergeudete keine Zeit.

»Königin! Königin!« sagte er, »ich habe Eure Flasche Carasoyn.«

Augenblicklich hörte der Tanz auf, und die Königin sprang auf den Bettrand.

»Ich kann den Anblick deiner großen, stierenden, häßlichen Augen nicht ertragen«, sagte sie. »Ich muß dich kleiner werden lassen, bevor ich mit dir reden kann.«

So legte sie ihm denn wieder ihren Zauberstab auf die Augen, worauf Colin alles sechsmal größer sah als zuvor. Und die Königin fuhr fort:

»Wo ist das Carasoyn? Gib es mir.«

»Es ist in meiner Truhe unter dem Bett. Wenn Eure

Majestät bitte schon zur Seite treten wollen, werde ich es Euch geben.«

Die Königin sprang auf den Fußboden. Colin lehnte sich über den Bettrand und zog eine kleine Kiste unter dem Bett hervor. Er nahm die Flasche heraus.

»Hier ist es«, sagte er, reichte ihr die Flasche aber nicht.

»Gib sie mir sofort«, sprach die Königin und streckte die Hand danach aus.

»Zuerst gebt Ihr mir mein kleines Mädchen«, entgegnete Colin mutig.

»Du wagst es, mit mir zu handeln?« fragte die Königin zornig.

»Eure Majestät beliebten zuerst, mit mir zu handeln«, erwiderte Colin.

»Du aber hast seitdem versucht, uns allen das Genick zu brechen. Du hast einen bösartigen Wasserfall da draußen auf der anderen Seite des Gartens angelegt. Alle unsere Boote sind dort zerschellt, und wir mußten warten, bis unsere Pferde herbeigeholt waren. Wenn ich umgekommen wäre, hätte ich mein Versprechen nicht halten können, und deshalb werde ich es jetzt auch nicht halten.«

»Wenn Ihr Euch auch unbedingt meinen Wasserfall hinunterstürzen müßt – –«, begann Colin.

»Deinen Wasserfall!« schrie die Königin. »Alles Wasser, das von Loch Lonely bis zum Meer hinunterfließt, gehört mir. Merk dir das.«

»Außer dort, wo es über Bauernhöfe fließt, Eure Majestät.«

»Ich werde dich aus unserem Land verjagen«, sagte die Königin.

»Und in der Zwischenzeit werde ich die Flasche wieder in der Truhe verstauen«, erwiderte Colin.

Die Königin biß sich vor Wut auf die Lippen.
»Komm her, Wechselbalg«, rief sie schließlich in schmeichelhaftem Ton.
Das kleine Mädchen kam langsam auf sie zu und stand da und starrte, mit Tränen in den Augen, zu Colin herüber.
»Gib mir deine Hand, kleines Mädchen«, sagte er, seine Hand ausstreckend. Sie reichte sie ihm. Sie war kalt wie Eis.
»Laß ihre Hand los«, sagte die Königin.
»Nein«, widersprach Colin. »Sie gehört mir.«
»Dann gib mir die Flasche«, sprach die Königin.
»Tu's nicht«, sagte das Kind.
Aber es war zu spät. Die Königin hatte sie bereits. »Behalte dein Mädchen«, schrie sie mit häßlichem Lachen.
»Ja, behalte mich«, flehte das Kind.
Ihr Flehen endete in einem Zischeln.
Colin fühlte etwas Glitschiges, Zappeliges in seiner Hand, und als er hinsah, hielt er statt des kleinen Mädchens einen großen, sich windenden Wurm. Beinahe hätte er ihn von sich geschleudert, faßte sich aber sogleich und packte statt dessen fester zu.
»Wenn es eine Schlange ist, werde ich sie erwürgen«, sagte er. »Wenn es das kleine Mädchen ist, werde ich sie behalten.«
Im gleichen Augenblick verwandelte sich der Wurm in ein kleines weißes Kaninchen, das Colin mitleiderregend anschaute und versuchte, seine kleinen Vorderpfoten aus seiner Hand zu befreien. Colin achtete zwar darauf, das Kaninchen nicht zu verletzen, ließ es aber nicht los. Alsbald verwandelte sich das Kaninchen in eine große, schwarze Katze, aus deren Augen grünes Feuer blitzte. Sie zischte, spie und stellte ihren

Schwanz, alles ohne Erfolg. Colin hielt sie fest. Dann wurde aus der Katze eine Ringeltaube, die ganz wild und verschreckt in Colins Hand herumflatterte, um ihre Flügel freizubekommen. Aber Colin ließ nicht los.
Unterdessen hatte die Königin versucht, die Flasche zu entkorken. In dem Augenblick aber, wo der Korken nachgab, stieß sie einen Schrei aus und ließ die Flasche fallen. Das Carasoyn lief aus und ein seltsamer Geruch erfüllte das Haus. Die Königin stand zitternd und schluchzend neben der Flasche, und ihr ganzer Hof eilte herbei. Und alle zitterten und schluchzten, und ihre Gesichter wurden alt und runzlig. Die Königin machte sich dann, gebeugt und wankend wie eine alte Frau, zu den Booten auf, gefolgt von ihren hinkenden, kriechenden und entstellten Höflingen. Colin starrte ihnen fassungslos nach. Er sah ihnen zu, wie sie an Bord gingen, und hörte ihre Stimmen, die klangen wie von einer Gesellschaft bitterlich weinender Männer und Frauen, irgendwo weit draußen. Und dann entfernten sich die Boote. Die Ruderer aber tauchten nicht ein einziges Ruder ins Wasser, sondern lehnten gekrümmt und weinend über ihnen und ließen die Boote den Bach hinuntertreiben. Colin verlor sie aus den Augen. Lauter als je zuvor trug der Nachtwind das Brausen des Wasserfalls zu Colin herauf. – Aber o weh! Als Colin wieder zu sich kam, stellte er fest, daß er seine Hand geöffnet hatte und die Taube ihm entflogen war. Wieder einmal blieb ihm nichts anderes übrig, als sich selbst in den Schlaf zu weinen, wozu er auch allen Grund hatte.
Am Morgen stand er auf und fühlte sich ganz elend. Als er aber den Kuhstall betrat, saß da neben der Kuh auf dem Melkstuhl ein süßes kleines Mädchen, nur mit

einem weißen Hemdchen bekleidet, und weinte herzzerreißend.
»Mir ist so kalt«, sagte es und schluchzte.
Colin hob es auf, lief mit ihm ins Haus, legte es ins Bett und rannte zurück zur Kuh, um eine Schale voll warmer Milch zu holen. Die trank das Mädchen gierig, legte dann den Kopf zurück und schlief sofort ein. Obwohl das Mädchen nach seinen eigenen Worten acht Jahre alt sein mußte, hatte Colin den Eindruck, daß sein Gesicht kaum älter als das eines Säuglings von ebensoviel Monaten war.
Als Colins Vater nach Hause kam, war er selbstverständlich überrascht, ein Kind im Bett zu sehen. Colin erzählte ihm, was geschehen war. Sein Vater meinte dazu nur, er habe an diesem Morgen eine Zigeunertruppe auf den Hügeln getroffen.
»Und du warst schon immer ein Träumer, Colin, schon bevor du sprechen konntest.«
»Aber riechst du denn nicht das Carasoyn?« fragte Colin.
»Ich rieche etwas sehr Angenehmes, ja«, antwortete sein Vater. »Aber ich denke, es ist der Goldlack, der auf der Gartenmauer wächst. Und wie der dieses Jahr blüht! Ich bin sicher, es gibt nichts Süßeres in ganz Elfenland, Colin.«
Colin ließ das gelten.
Das kleine Mädchen schlief ganze drei Tage lang. Und weitere drei Tage lang sagte es nichts anderes als: »Mir ist so kalt!« Danach aber lebte es ein wenig auf und fing an, von den Dingen um sich herum Notiz zu nehmen. Drei Wochen lang nahm es nichts anderes zu sich als warme Kuhmilch und verließ nicht ein einziges Mal die Kaminecke. Nach und nach jedoch half es Colin ein bißchen bei der Hausarbeit, und während es das tat, ge-

wann sein Gesicht mehr und mehr an Ausdruck. Und es machte solche Fortschritte, daß es nach drei Monaten alles so gut machen konnte wie Colin selbst, und sicherlich ordentlicher. Daraufhin überließ Colin ihm seine alltäglichen Pflichten ganz und begleitete seinen Vater, um den Beruf eines Hirten zu erlernen.

So vergingen drei Jahre. Und Elfe, wie sie das Mädchen nannten, wurde mit jedem Tag hübscher und bewunderte Colin mit jedem Tag mehr.

Nach drei Jahren wurde Colin von seinem Vater zu einem alten Freund, einem Lehrer, geschickt. Bevor er den Hof verließ, mußte Elfe ihm versprechen, sich niemals nach Sonnenuntergang dem Bach zu nähern. Colin hatte ihn noch am selben Tag, an dem sie zu ihnen kam, in sein altes Bett umgeleitet. Und Colin bat seinen Vater, sich besonders um Elfe zu kümmern, wenn der Mond schien, da Elfe immer dann sehr unruhig und seltsam wurde und ihre Augen ausschauten, als sähe sie Dinge, die andere nicht sehen konnten.

Nachdem noch einmal drei Jahre vergangen waren, ließ der Lehrer Colin nicht nach Hause, sondern bestand darauf, ihn aufs College zu schicken. Und da verbrachte Colin wiederum drei Jahre.

Als er nach Ablauf dieser Zeit nach Hause zurückkehrte, fand er Elfe so schön und klug, daß er sich bis über beide Ohren in sie verliebte. Und Elfe stellte fest, daß auch sie seit jeher – wie lange, wußte sie nicht – in Colin verliebt war. Colins Vater war damit einverstanden, daß sie heirateten, sobald Colin ein Haus hatte, wohin er mit Elfe ziehen konnte. Daher ging Colin nach London und arbeitete sehr hart, bis es ihm schließlich gelang, ein kleines Haus in Devonshire zu erwerben. Dann fuhr er nach Schottland zurück und heiratete

Elfe. Und er war überaus glücklich darüber, daß Elfe nicht mehr in der Nachbarschaft einer Königin leben würde, mit der man besser nichts zu schaffen hatte.

Die verbannten Elfen

Seit langer Zeit schon hatten die Elfen nur Böses im Sinn und hatten den Menschen viele üble Streiche gespielt. Sie hatten Kinder gestohlen, wozu sie kein Recht hatten. Und sie hatten sich geweigert, die Kinder zurückzugeben, wenn sie darum gebeten wurden. Sie hatten Säuglinge in ihren Wiegen erschreckt. Und zum endgültigen Beweis für den sittlichen Verfall der Elfen wurde ihr Versuch, sich durch allerlei hinterhältige und listige Tricks den Verpflichtungen zu entziehen, die ihnen aus gegebenen Versprechen erwachsen waren.

Erst nachdem die Elfen so tief gesunken waren, begann ihre Königin, sich nach dem Carasoyn zu sehnen. Wäre sie eine Tochter Adams gewesen, hätte sie angesichts der Entwicklung ihres Volkes nicht unglücklicher sein können, als sie es tatsächlich war. Sie dachte nun, nachdem sie von der Wunderkraft des Carasoyns gehört hatte, daß dieses ihre wachsende Not vielleicht beseitigen könnte, und versuchte mit aller Macht, es sich zu verschaffen. Hundert Jahre lang blieb dieser Versuch vergeblich. Erst mit Hilfe Colins gelang es ihr. Aber das Carasoyn tat seine Wunderwirkung nur bei wirklich guten Leuten. So kam es, daß in dem Augenblick, wo die eiserne Flasche mit dem Carasoyn darin entkorkt war, die Königin und ihr Gefolge durch die ausströmenden Dämpfe in Elfengreise und -greisinnen verwandelt wurden. Weinend und wehklagend machten sie sich davon, und Colin hatte sie seitdem nicht mehr gesehen.

Denn wenn die Verruchtheit eines Elfenvolkes ihr Höchstmaß erreicht hat, besteht die Bestrafung, die dann über ihre Häupter hereinbricht, darin, daß sie gezwungen werden, das Land ihrer Vorfahren, in dem sie unzählige Jahre gelebt haben, zu verlassen. Sie wandern umher, von innerer Ruhelosigkeit getrieben, und sehnen sich ewig zurück nach dem Land, das sie verlassen haben. Sie sind aber nicht in der Lage, kehrtzumachen und zurückzugehen. Immer denken sie, daß sie es »morgen« tun werden, wenn aber »morgen« kommt, sagen sie wieder »morgen«, bis sie schließlich nicht ihre alte Heimat, dafür aber den Ort gefunden haben, an dem sich ihr Schicksal erfüllt. An diesem Ort nämlich verläßt sie ihre Unruhe, und sie glauben, daß sie dort bleiben können. Diese scheinbare Ruhe entsteht jedoch nicht aus Zufriedenheit mit ihrer neuen Bleibe. Es ist nur so, daß ihre innere Bestimmung sie nicht weitertreibt. Die Elfen lassen sich nieder, um zu weinen und sich zu sehnen nach dem Land, das sie verlassen haben.

Der Grund dafür liegt nun keineswegs darin, daß das Land, in das sie vertrieben worden sind, häßlich oder ungastlich wäre. Das kann, muß aber nicht so sein. Es liegt einfach daran, daß es nicht ihr eigenes Land ist. Wenn es für die Elfe einer Glockenblume eine Qual ist – und das ist es ganz gewiß –, plötzlich in einer Hyazinthe leben zu müssen, eine Qual ähnlich der, die viele Menschen von der Geburt bis zum Tode und manche, soviel ich weiß, noch länger erleiden müssen, stelle man sich nur vor, welche Qual es für ein Elfenvolk bedeutet, sein Land zu verlassen und in einem anderen zu leben, das ganz anders ist als das, in dem sie und für das sie gebo-

ren sind. Einem ganzen Volk bedeutet das Land, was der einzelnen Elfe die Blume bedeutet. Und wenn eine Elfe geboren wird, der das ganze Land bedeutet, was die einzelne Blume der einzelnen Elfe bedeutet, dann wird diese Elfe Königin oder König der Elfen und dichtet einen Kinderreim für die jungen Elfen, den sie niemals vergessen. Deshalb ist es so schwierig für ein verbanntes Elfenvolk, sich in einer neuen Umgebung einzuleben. Ihre neuen Kleider passen ihnen nicht wie die alten. Sie winden sich ununterbrochen, wollen sich den neuen Umständen – was nur ein anderes Wort für Kleider ist – anpassen, aber nie will es ihnen richtig gelingen. Das ist ein Teil ihrer Strafe. Folglich ist ihr Temperament nicht immer das ausgeglichenste. Mit einem Wort: sie ähneln, ohne die Unterschiede übersehen zu wollen, vielen sterblichen Menschen.
In unserem Fall könnte man meinen, daß es doch sicherlich keine große Härte bedeutet, aus dem schottischen Heideland mit seinen nackten Felsen und seinen winzig-kleinen Bächlein in das südliche Devonshire mit seinen fruchtbaren Tälern, seinen großen Flüssen, dem Meer und den bewaldeten Küsten verbannt zu werden. Der Leser könnte glauben, daß die Elfen ja wohl nicht sehr bösartig gewesen sein können, wenn das ihre ganze Strafe war. Glaubt er das, hat er den Menschen gewiß nicht sehr gründlich studiert. Er meint also nicht, daß ein Mensch mit Reichtum bestraft werden kann? Ich meine es. Die Elfen jedenfalls waren nicht der Meinung des Lesers, denn sie waren reich. Und in der Pracht ihres Verbannungsortes, in Devonshire, sehnten sie sich nach der Kargheit Schottlands. Im Blätterwald der Devonshire-Täler, das grüne und dann wieder purpurrote Meer mit so mannigfaltigen Schiffen vor Augen, oder an den mit Muscheln und bunten Geschöpfen

übersäten Stränden sehnten sie sich nach ihrer kalten, nachdenklich stimmenden Heimat, nach dem klaren, offenen Horizont des weit sich hinstreckenden Heidelandes; nach dem Klagen einer grauen, wilden, aufgewühlten See, in der die Erinnerung an Nordländer, Wale und Seejungfrauen lebte. Beim Anblick der breiten Flüsse, auf denen riesige, abgetakelte Schiffsrümpfe lagen, verlangte es die Elfen nach Felsen und Steinen, nach Ebereschen und Birken, nach einsamen Bächen. Das Land, das sie verlassen hatten, mochte nicht sehr schön sein, aber es war ihr eigenes.

Was aber nun das Land angeht, das die Elfen verlassen haben, so begegnet man dort in der Folge einer Art Leblosigkeit, die sich überall bemerkbar macht. Der Reisende spürt zwar den Wind wie zuvor, aber der Wind scheint ihn nicht mehr zu erfrischen. Das Kind seufzt über seinem Sträußchen Gänseblümchen, weil es unter allen, die es gepflückt hat, kein einziges rotes finden kann. Die Schlüsselblumen haben nicht halb soviel Nektar wie sonst. Es gibt mehr Wespen als Bienen. Die Pferde kommen abends vom Pflügen und sind ungewöhnlich müde. Sie lassen den Kopf fast bis zu den Hufen hinunter hängen und schleppen sich nur mühsam nach Hause. Wenn der junge Mann und die junge Frau sich zu ihrem Stelldichein begeben oder wenn sie anschließend nach Hause gehen, kommt ihnen der Weg endlos lang und trostlos vor, obwohl sie eigentlich glücklich sind, einander zu sehen. Die Weißdorn-Blüte ist nicht so weiß und die Rotdorn-Blüte ist nicht so rot wie gewohnt. Und die dunkle, rauhe Rinde scheint durch die Blätter hindurch und läßt die Sträucher verwildert ausschauen. Weder ist der Tag so warm, noch ist die Nacht so mild wie früher. Kurz, es fehlt etwas, was jemand weder beschreiben noch entbehren könnte.

Alles ist uninteressant. Alles bleibt hinter den Erwartungen zurück.
Aber daraus folgt nicht, daß das Land, in das die Elfen verbannt werden, durch ihre Gegenwart um soviel schöner und fruchtbarer wird. Wenn das Land selbst Elfen hat, braucht es keine weiteren. Und gerade Devonshire war schon seit der Zeit der Phönizier, und geraume Zeit davor, stets ausgesprochen reich an Elfen. Aber selbst angenommen, es sind keine einheimischen Elfen da, mit denen man sich zanken könnte, so dauert es doch Jahrhunderte, bevor die Neuankömmlinge sich an ihre neue Heimat gewöhnen. Bis dahin aber geschehen immer wieder die seltsamsten Dinge. Wie könnte denn auch zum Beispiel eine Winde mit der Seele einer Glockenblume richtig gedeihen? Die verbannten Elfen sind gezwungen, das ihnen Mögliche zu tun, und nehmen die erstbesten Blumen, die sie finden.

Ihre Rache

Als Colin und seine Frau sich in ihrem Bauernhaus niederließen, war besagtes Elfenvolk schon in ihrer Nachbarschaft, und es dauerte nicht lange, bis die Elfen herausgefunden hatten, wer ihnen gefolgt war. Sofort wurde eine Versammlung einberufen. Es mußte etwas unternommen werden; was aber, war umstritten. Die meisten dachten nur daran, sich zu rächen – an den Kindern. Die Königin aber zögerte. Vielleicht war sie durch ihr Leiden klüger geworden. Sie schlug jedenfalls vor, daß man vor einer endgültigen Entscheidung zunächst einmal abwarten und das häusliche Leben der Familie beobachten sollte.
Diesem Beschluß entsprechend, besuchten die Elfen

regelmäßig, manchmal in großer Zahl, das Haus. Aber lange Zeit fanden sie keine Möglichkeit, den Kindern etwas Böses anzutun. Was immer sie versuchten, verkehrte sich am Ende in ein Vergnügen für die Kinder. Es waren drei, zwei Mädchen und ein Junge. Die Mädchen waren neun und acht, der Junge drei Jahre alt.

Gelang es den Elfen, die Kinder vom Haus wegzulokken, wurden diese mal von einer unerklärlichen Panik ergriffen, machten kehrt und trippelten nach Hause, ohne zu wissen, warum; ein andermal flog ein großer Schmetterling, eine Libelle oder sonst ein niedliches Geschöpf mit Flügeln an ihnen vorbei in Richtung ihres Elternhauses, und die Kinder hasteten sofort hinterher; und mal hörten sie die Stimme ihrer Mutter, die sie von der Haustür aus zurückrief. Schließlich aber bot sich den Elfen doch eine Gelegenheit.

Die Kinder hatten sich eines Tages ein vergnügliches Spiel ausgedacht! Die Schwestern hatten ihrem Brüderchen die Augen verbunden und trugen ihn auf dem Rücken oder auf dem Arm überall herum. Erst trugen sie ihn die Treppen hinauf und erzählten ihm, sie kraxelten auf einem holprigen Bergpfad herum; dann die Treppe wieder hinunter, wobei sie ihm vorgaukelten, sie stiegen in ein enges Tal hinab. Anschließend drehten sie den Absperrhahn der Regenwassertonne auf und behaupteten, sie wanderten das Ufer eines Baches entlang. Dann wieder drangen sie angeblich in das Dikkicht eines großen Waldes vor. Und wenn sie von einer nahen Weide her das Muhen einer Kuh hörten, verwandelte es sich in der Phantasie der Mädchen in das Brüllen eines Löwen oder Tigers. Schließlich erzählten sie ihrem Bruder, sie kämen an einen See, in den der Bach mündete. Dort sei es notwendig, ihm Schuhe und

Strümpfe auszuziehen, damit er barfuß über das Wasser gehen könnte. Sie hielten seine Füße mal in diesen, mal in jenen Kübel – welche zu Zwecken der Haus- oder Landwirtschaft neben der Regentonne standen – und bespritzten den Kleinen mit Wasser. Die Schwestern trugen ihren Bruder an die unmöglichsten Stellen innerhalb und außerhalb des Hauses, um so immer wieder ihre Phantasie anzuregen. Wenn sie ihm erzählten, sie stiegen einen Steilhang hinauf, erkletterten sie in Wirklichkeit auf einer wackeligen Leiter den Heuboden. Wenn sie ihm erzählten, daß sie eine Wüste durchquerten, in der es keine Wege gab, waren sie in Wirklichkeit in einem unbenutzten, leeren Raum, der manchmal als Kornspeicher diente. Die Dachbalken reichten seitlich bis zum Boden herab. Es war ein Raum, der in den Augen der Mädchen durchaus geeignet war, in ihrem kleinen Bruder das Gefühl zu wekken, sich in einer Wüste zu befinden. Und wenn sie durch einen unwegsamen Wald wanderten, schlängelten sie sich in Wirklichkeit an den Bäumen eines Obstgartens vorbei, der im Mondschein nun allerdings für die Phantasie eines Kindes ungeheuerlich genug war. Hätten sie ihm in diesem Augenblick die Augenbinde abgenommen, wäre er statt dessen nur von einem Wunder anderer Art, einem neuen Schrecken ergriffen worden; einem Wunder, das überwältigender war, weil es wirklicher war, und seltsamer, weil nichts daran auf die Einbildungskraft des Kindes zurückzuführen war.

Während nämlich die Mädchen den Jungen im Verlauf des Spiels barfuß durch den Obstgarten trugen, erzählten sie ihm, sie sähen überall in den Bäumen Elfen herumhuschen. Sie dachten aber nicht, daß der Junge ihnen jedes Wort, das sie sagten, glaubte, und setzten

ihn auf den Boden. Und plötzlich öffnete das Kind die Augen. Seine Schwestern waren gegangen. Vom Himmel her starrte durch die moosüberwucherten Zweige der Apfelbäume hindurch der Mond auf ihn herab. Diese waren so dünn und knochig, daß sie bei dem Jungen den Eindruck erzeugten, rundherum von alten Frauen umgeben zu sein.
Seine Schwestern hatten sich nur einen Augenblick lang hinter Bäumen versteckt, um ihn noch mehr in Staunen zu versetzen. Als sie nun zurückkehrten, war ihr kleiner Bruder nicht mehr da. Zu Hause war der Jammer groß. Aber sein Vater und seine Mutter, die ja in solchen Dingen erfahren waren, wußten, daß die Elfen etwas damit zu tun hatten. Und obwohl all ihre Bemühungen, ihren Sohn zu finden, erfolglos blieben, hegten sie doch die Hoffnung, daß er ihnen zurückgegeben würde.

Der Elfenfiedler

Der Vater überdachte tausend Pläne, aber es wollte ihm nichts Rechtes einfallen. Er wußte nicht, daß es sich um dasselbe Elfenvolk handelte, das damals seine Frau als Säugling entführt hatte. Hätte er es gewußt, hätten sie sicher eher etwas unternommen.
Eines Nachts schließlich, nachdem schon beinahe sieben Jahre vergangen waren, wachte Colin um Mitternacht herum aus seinen Träumen auf und öffnete die Augen. Da sah er zwischen sich und dem fast erloschenen Feuer ein paar absonderliche Gestalten auf dem Fußboden herumtanzen, und er meinte, sie früher schon einmal gesehen zu haben. Einer von ihnen hatte eine Violine, aber als Colin ihn zum erstenmal erblick-

te, spielte er nicht. Ein anderer von ihnen sang und begleitete so den Tanz. Das sang er, und es war offensichtlich an den Fiedler gerichtet, der im Mittelpunkt des Tanzes stand:

»Peterchen, Peterchen, groß und dünn,
Was hast du getan mit Wang' und Kinn?
Was hast du getan mit Aug' und Ohr?
Horch, steigt dort nicht sein Weinen empor?«

Nun aber klemmte Peterchen sich seine Fiedel unters Kinn und spielte ein Klagelied, das nur mit dem Schreien eines Kindes zu vergleichen war. Und der Tanz wurde ungestümer. Peterchen setzte sein Spiel fort und begleitete seine Erwiderung mit der Melodie, die der andere gerade gesungen hatte:

»Silberschnauz, Silberschnauz alter Kauz,
Raus riß ich sie, schnitt sie ab und pardauz,
Drunten in des Wassergeists Teich ich sie schmor,
Denn Papa Colin ist solch ein Tor.«

Dann schrie die Fiedel wieder auf wie ein Kind, und es wurde noch wilder getanzt als zuvor.
Obwohl Colin nur die Hälfte von dem glaubte, was sie da sagten, setzte er sich, von Entsetzen gepackt, im Bett auf, blickte sie wütend an und wartete darauf, zu hören, was sie als nächstes sagen würden. Silberschnauz nahm nun seinen Part wieder auf:

»O weh! O weh! und wenn er's nicht weiß
Und sie 'rausfischt aus dem Teich mit großem Fleiß«

– und an dieser Stelle taten alle beim Tanzen so, als zerrten sie an einem Netz –

»Eh die sieben langen Jahr vergangen sind,
hat's nicht mehr Aug noch Ohr, das süße Kind.«

Und Peterchen ergänzte:

»Keine Wange, kein Kinn mehr, der süße Knilch;
Nur ein Loch für Haferbrei und Milch,
Für Haferbrei, Kuchen und Schafsinnereien?
Die Magenschmerzen braucht's nicht zu leihen.«

Aus dem letzten Vers konnte Colin schließen, daß es sich um schottische Elfen handeln mußte, und er erinnerte sich auf einmal an ihre Gesichter. Sie gehörten zu der Meute, die er einst im Haus seines Vaters hatte herumtoben sehen. Nun war wieder Silberschnauz an der Reihe und begann:

»Aber niemals mehr wird sehn' Colin
Das süße Kind auf seinen Knien,
Mit oder ohne Wang' und Kinn,
Außer –«

In diesem Moment erblickte Silberschnauz Colins Gesicht, das ihn vom Bett aus anstarrte, und mit kreischendem Lachen verschwanden sie alle. Die Klänge von Peterchens Fiedel folgten ihnen durch die Dunkelheit wie der Schweif einer Sternschnuppe.

Die alte Frau und ihre Henne

Nun, einmal hatte Colin diese Elfen schon besiegt, nicht durch eigene Geschicklichkeit, sondern mit der Hilfe, die ihm andere Mächte gewährt hatten. Wer waren diese Mächte? Zunächst war da die alte Frau in der

Heide. Eigentlich hatte er ihr alles zu verdanken. Er würde nach Schottland zurückgehen, sie suchen und sie finden. Aber die alte Frau war nicht einfach zu finden, es sei denn, der Suchende verirrte sich. Anders war es nicht möglich. Sie würde aufhören, die alte Frau zu sein, und sich in ihre eigene Henne verwandeln, falls jemand sie je finden würde, ohne sich gleichzeitig verirrt zu haben. Und Colin war seit jener Zeit so oft in dem großen Moor oberhalb des Hauses seines Vaters herumgewandert, daß er nicht glaubte, sich dort jemals wieder verirren zu können. Noch fehlte ihm die Erfahrung, daß es nicht so sehr darauf ankam, wo er sich verirrte, sondern darauf, daß er sich überhaupt verirrte.

Zu dieser Zeit war gerade Ebbe in Colins Geldbörse, und so machte er sich auf den Weg zu einem Freund, der auf der anderen Seite des Dartmoors lebte, um von ihm Geld zu borgen. Als er dort ankam, stellte er fest, daß sein Freund nicht zu Hause war. Ungeduldig machte er sich gleich wieder auf den Heimweg.

Die Nacht brach eben herein, als Colin losging, und nachdem er ein paar Meilen im Moor zurückgelegt hatte, war es stockdunkel. Denn es schien kein Mond, und da der Himmel bewölkt war, konnte er auch die Sterne nicht sehen. Colin war der Meinung, den Weg sehr gut zu kennen. Da dieser aber selbst bei Tageslicht an manchen Stelle nur schwer auszumachen war, muß es nicht verwundern, daß Colin vom rechten Weg abkam und feststellte, daß er sich verirrt hatte. In dem Augenblick aber, wo er sich dessen bewußt wurde, sah er zu seiner Linken in der Ferne ein Licht. Er ging darauf zu, und als er näherkam, sah er, daß das Licht von einer bienenstockartigen Hütte ausging, deren Tür offen stand. Nur noch wenige Schritte davon entfernt,

hörte er eine Stimme sagen: »Komm herein, Colin. Ich habe dich erwartet.«
Colin gehorchte sofort und sah sich im nächsten Moment der alten Frau gegenüber, die mit Spindel und Spinnrocken auf ihrem Stuhl saß, genauso wie er sie damals, als er noch ein Junge war, oben im Moor hinter dem Haus seines Vaters gesehen hatte.
»Wie geht es Euch, Mütterchen?« fragte er.
»Mir geht es immer gut. Stell mir nie diese Frage.«
»Gut, dann werde ich es nicht mehr tun«, antwortete Colin. »Aber ich dachte, Ihr lebt in Schottland?«
»Ich lebe nirgendwo. Aber diejenigen, die tun, was ich ihnen sage, werden mich immer finden, wenn sie mich brauchen.«
»Könnt Ihr noch sehen, Mütterchen?«
»Sehen! Ich sehe so gut, daß es eine Verschwendung wäre, dafür Augenlicht zu verbrennen. Deshalb ließ ich sie verlöschen. Es war zu teuer.«
Da, wo sie eigentlich hätte Augen haben müssen, waren nur Fältchen zu sehen.
»Was willst du?« fuhr sie fort.
»Ich will mein Kind. Die Elfen halten es fest.«
»Das weiß ich.«
»Und sie haben ihm die Augen herausgerissen.«
»Ich kann es sehend machen, auch ohne Augen.«
»Und sie haben ihm die Ohren abgeschnitten«, sagte Colin.
»Es kann hören, auch ohne sie.«
»Und sie haben seine Wangen und sein Kinn gepökelt.«
»Nun, das glaube ich nicht«, sagte die alte Frau.
»Ich habe selbst gehört, wie sie es sagten«, erwiderte Colin.
»Diese Elfen sind die größten Lügner, die ich kenne.

Trotzdem aber muß etwas geschehen. Setz dich, ich erzähle dir eine Geschichte.«

»Es sind aber doch nur noch neun Tage bis zum Ende der sieben Jahre«, sagte Colin protestierend.

»Das weiß ich so gut wie du«, antwortete die alte Frau. »Deshalb, sage ich, dürfen wir keine Zeit verlieren. Setz dich und hör dir meine Geschichte an. Komm her, Jenny.«

Würdevoll und erhaben kam unter dem Bett die Henne hervorgeschritten.

»Hinaus zur Schafschur, Jenny, und beeile dich; denn ich muß schneller spinnen als sonst. Es bleiben nur neun Tage.«

Jenny stürzte zur Tür hinaus, Kopf und Schwanz auf gleicher Höhe, als sei die Gabelweihe hinter ihr her. Nach wenigen Augenblicken kehrte sie zurück und hatte in ihrem Schnabel ein Büschel Wolle, wie sie das Wollgras nannten, das überall um das Haus herum wuchs und fast höher war als Jenny selbst, die gleich wieder hinaushuschte, um noch mehr zu holen.

Die alte Frau befestigte die Wolle am Spinnrocken, zupfte eine Faser für ihre Spindel und begann zu spinnen. Und während sie spann, erzählte sie – geschwind, geschwind ihre Geschichte. Und Jenny hastete in einem fort hinaus und wieder herein. Als Colin dachte, es müßte nun wohl Mitternacht sein, war die Geschichte zu Ende erzählt, und sieben der neun Tage waren vergangen.

»Colin«, sagte die alte Frau, »nun, da du alles darüber weißt, mußt du dich sofort aufmachen.«

»Ich bin bereit«, antwortete Colin und erhob sich.

»Bleib auf dem Weg, den dir Jenny zeigen wird, bis du zu dem Haus des Schusters kommst. Sag ihm, die alte Frau mit dem Spinnrocken bitte ihn, dir einen Klumpen von seinem Wachs zu geben.«

»Und was soll ich damit tun?«

»Der Schuster weiß, wozu sein Wachs dient.«

Und mit diesen Worten wandte die alte Frau ihr Gesicht dem Feuer zu, denn obwohl es Sommer war, war es nachts kalt im Moor. Anstatt aber, wie befohlen, Jenny nach draußen zu folgen, schlich Colin, von plötzlicher Neugierde ergriffen, an der Wand entlang, um sich heimlich das Gesicht der alten Frau anzuschauen. Was er da sah, war nicht runzlige Blindheit, sondern zwei so leuchtende und funkelnde Augäpfel, daß man den Eindruck hatte, sie spiegelten sich im Feuer wider und nicht das Feuer in ihnen. Im gleichen Augenblick jedoch war die Hütte und alles in ihr verschwunden. Colin fühlte, wie der kalte, neblige Moorwind ihm entgegenblies, und fiel schwer zu Boden.

Der Koboldschuster

Als er aus seiner Ohnmacht erwachte, lag er noch immer im Moor. Er stand auf und schaute sich um. Der Mond schien. Eine Hütte aber war nicht zu sehen. Jetzt tat es ihm leid, daß er so töricht gewesen war. »Jenny, Jenny«, rief er, aber vergebens. Was sollte er nun machen? Morgen war schon der achte der neun verbliebenen Tage, und wenn er seinen Sohn nicht bis Mitternacht des darauffolgenden Tages befreit hatte, war nichts mehr zu machen, zumindest weitere sieben Jahre lang nicht. Zwar war das Jahr eigentlich erst einen Tag später, um sieben Uhr abends, vorüber, aber eine Gnadenfrist würden die Elfen ihm niemals gewähren. Colin blieb nichts anderes übrig, als einfach loszumarschieren. Dadurch war die Wahrscheinlichkeit, den Schuster zu finden, zumindest ein kleines bißchen größer, als wenn er nur so dasaß. Willkürlich aber war seine Entscheidung, in die eine statt in eine andere Richtung zu gehen.

Die ganze Nacht und auch den nächsten Tag wanderte Colin umher. Es war ihm unmöglich, nach Hause zurückzukehren, solange es für die Hilfe des Schusters noch nicht zu spät war. Und seine Besorgnis war so groß, daß er, obwohl er nichts gegessen und nichts getrunken hatte, keinen Moment lang auf die Idee gekommen wäre, nach den Gründen für seine zunehmende Erschöpfung zu fragen.

Bei Anbruch der Dunkelheit wurde er sich ihrer jedoch schmerzlich bewußt. Und als er sich gerade völlig entkräftet auf einen großen, weißen Stein niederließ, bemerkte er vor sich in einiger Entfernung einen schwachen Lichtschein. Sofort war er wieder auf den Beinen und eilte darauf zu. Im Näherkommen wurde Colin auf einen Lärm aufmerksam, der sich, als käme er von einer Fabrik her, aus vielen einzelnen Geräuschen zusammensetzte. Erst als er schon in unmittelbarer Nähe war, konnte Colin die lange, niedrige Hütte erkennen, die eine Tür, aber keine Fenster hatte. Das Licht schien aus der Tür, die weit offenstand. Colin trat heran und warf einen verstohlenen Blick hinein. Drinnen saß eine Unmenge von Schustern. Sie saßen auf ihren Schemeln, an denen eine Kerze angebracht war, und flickten Schuhe. Eigentlich sahen sie wie Wichtel aus, obwohl sie nicht so winzig wie Elfen waren. Besonders ungewöhnlich aber war, daß sie alle zu jedem Zeitpunkt genau das gleiche taten, so als wären sie nur Teil einer großen Maschine. Sobald einer beim Nähen die Fäden zusammenzog, taten es alle ebenso. Wenn Colin einen sah, der seinen

Faden mit Wachs einschmierte, und dann aufschaute, bemerkte er, daß alle ihren Faden einschmierten. Wenn einer einen Schuh über den Leisten schlug, ahmten die anderen ihn nicht nach, sondern sie hatten alle zusammen gleichzeitig ihre Leisten ergriffen und hämmerten drauflos, als sei es ganz undenkbar, daß je etwas anderes als Hämmern von ihnen verlangt würde. Als Colin sie sich dann etwas näher anschaute, fiel ihm auf, daß sie alle einäugig waren und ihre Nase wie eine Ahle nach oben gebogen war. Aber trotz dieser gemeinsamen Merkmale waren sie doch sehr verschieden voneinander.

In dem Moment, wo sie Colin erblickten, standen sie alle miteinander wie ein Mann auf, richteten ihre Ahlen auf ihn und kamen auf ihn zu wie eine sich schließende, dornenglitzernde Aloe-Rosette.

»Feines Oberleder«, sagte einer und sagten alle, mit einmütiger Grimasse.

»Sein Schädel – ein guter Leimtopf«, war die nächste allgemeine Bemerkung.

»Dickes Haar – guter Pechdraht«, hieß es dann.

»Die Sehnen – guter Faden.«

»Knochen und Blut – guter Leim für Siebenmeilenstiefel.«

»Die Ohren – schöne Schlaufen. Dann kann man sie besser anziehen. Es fehlt gerade ein Paar.«

»Die Sohlen – solche brauchen wir für die Pantoffel der Königin.«

Und so ging das weiter. In der unverschämtesten Weise begutachteten sie seinen Körper hinsichtlich seiner möglichen Verwendung in ihrem Gewerbe. Schließlich kamen sie auf seine Zähne zu sprechen und meinten: »Die Zähne – gute Schuhzwecken.« Und alle stießen plötzlich einen Schrei aus, der sich anhörte wie der ein-

gewachste Faden, wenn er durch das Leder huscht. Und dann zückten sie ihre Ahlen wie Dolche und sprangen ihm entgegen. Es war nun keine Zeit mehr zu verlieren.
»Die alte Frau mit der Spindel – –«, sagte Colin.
»Kennen wir nicht«, kreischten die Schuster.
»Die alte Frau mit dem Spinnrocken«, sagte Colin, und schon begaben sich alle eiligst auf ihre Stühle zurück und fingen eifrigst zu hämmern an.
»Sie möchte«, fuhr Colin fort, »daß ich den Schuster um einen Klumpen von seinem Wachs bitte.«
Jeder von ihnen ergriff seinen Harzklumpen und hielt ihn Colin hin. Er nahm den erstbesten und stellte fest, daß alle anderen Klumpen augenblicklich verschwunden waren. Anschließend saßen die Schuster regungslos auf ihren Schemeln und starrten Colin an.
»Aber was soll ich damit?« fragte er.
»Ich werde Euch ein Stück begleiten«, sagte der, der ihm seinen Klumpen Wachs gegeben hatte, »und Euch alles erklären. Die alte Frau ist meine Großmutter, eine gute alte Seele.«
Colin trat aus der Tür der Werkstatt. Der Schuster folgte ihm. Sich umschauend, bemerkte Colin, daß alle Schemel verlassen waren. Und es herrschte eine Ruhe wie auf einem alten Kirchhof. Der Schuster wirkte nun beim Sprechen, in seinen Gesten und in seinem ganzen Benehmen sehr respektvoll, um nicht zu sagen förmlich, und gab Colin alle gewünschten Auskünfte. Gleichzeitig machte er Colin eine seiner Lieblingsahlen zum Geschenk.
Zusammen legten sie einen weiten Weg zurück, und Colin war ganz erstaunt zu sehen, wieviel Kraft er noch besaß. Schließlich aber meinte der Schuster: »Sir, die Sonne wird gleich aufgehen. Ich muß zurück an meine

Arbeit. Steht aber die Sonne erst einmal am Himmel, werdet Ihr schon sehen, wo Ihr seid.«

Er wandte sich vom Pfad ab und trat, ein paar Schritte entfernt, durch die offene Tür eines Bauernhauses. Unmittelbar darauf ertönte das leise Hämmern von dreihundertdreizehn Schustern, jeder mit einer Kerze in einer Vertiefung in dem Schemel, auf dem er saß. Während Colin noch ganz verblüfft herumstand, kroch das Sonnenrad den Horizont herauf. Und da war das Bauernhaus, weiß und schlafend, derweil die Schuster, ihre Kerzenlichter, ihre Schemel und all ihr Werkzeug verschwunden waren. Nur die Hämmer dröhnten noch in Colins Kopf. Und dort schien das Dröhnen sich zu Worten zu formen, von denen ein Gutteil sich dem Reim unterordnen mußte, denn mit ihren Reimen nehmen sie es genauer als mit der Bedeutung. Das ganze klang dann etwa so:

»Kling klang, kling klang,
Schustermann,
Hämmert und näht,
So schnell er nur kann.
Er will seine Stiefel,
Der Werktagsries';
Die Tripp-trapp-Elfe
Hat kalte Füß'.
Traumtochter stieß wund
Ihre Hacken und Zeh'n,
Hat keine Pantoffeln,
Über Nasen zu geh'n.
Funkenaug' der Schmied
Beschuht den Nachtmahr,
Den Seegeist, den Troll,
Den neunfüß'gen Ar.
Wir schustern für die Nixen,

Ihren Flossen die Spitzen;
Auch auf ihren Schuppen,
Muß das Leder sitzen.
Machen Schuh' für den Wichtel,
Plump und ohne Zeh,
Wie ein Maulwurf zufrieden,
Kann er geh'n ohne Weh.
Nur ein Wesen gibt's,
Für das kein Schuh ist gedacht,
Das ist Der Ohne Knochen,
Ganz aus Leim gemacht.«

Eine ganze Menge Unsinn dieser Art ging Colin durch den Kopf, bis das Dröhnen schließlich aufhörte. Dann aber stellte er fest, daß er sich auf einem Acker gleich neben seinem eigenen Obstgarten befand.

Das Wachs und die Ahle

Es wurde Abend. Als Colin, nicht weit von seinem Haus entfernt, an den Strand kam, ging über dem Meer gerade die Sonne unter. Der Himmel war wolkenlos, und alles war in einen verschwenderischen goldenen Glanz gehüllt. Die Flut ging zurück. Und so lag der Sandstrand weithin unberührt vom Meer glitzernd in der Abendsonne. Landeinwärts umsäumten Felsen den Strand. Bei Ebbe flossen von diesen Felsen herab unzählige Rinnsale und suchten sich eilig einen Weg zu ihrer Mutter, dem Meer. Gelegentlich ergossen sie sich in kleine, seichte Seen und ruhten sich im Sand aus. Wegen dieser Bächlein aber, die sie durchflossen, kräuselten sich die Seen beständig, und wo die Sonne auf diese kleinen Wellen schien, glitzerte der sandige Grund wie braune, gold-durchwirkte Seide; nur daß

die goldenen Fäden herumflitzten wie lebendige Geschöpfe und keinen Augenblick stillstanden.
Nun, Colin brauchte, um die Elfen sehen zu können, keine Elfensalbe für seine Augen. Die meisten Menschen benötigen sie; Colin aber hatte eine natürliche Begabung. Auf dem Weg zu einem hohen, ihm wohlbekannten Felsen, von dem aus viele Bäche ins Meer zurückflossen, sah er deshalb sofort, daß es in den kleinen Seen um den Felsen herum von Elfen wimmelte. Sie trieben ihre Possen im Wasser. Und es war ein wunderschöner Anblick, die ausgelassenen Elfen im Licht der Abendsonne, in ihren prächtigen Gewändern, an denen Juwelen – oder was eben so aussah – in allen Farben funkelten, wenn die Elfen im Wasser herumtollten. Nicht lange aber war Colin dieser Anblick vergönnt. Denn da die Elfen wußten, daß er der Mann war, dem sie durch den Diebstahl seines Kindes Unrecht zugefügt hatten, flohen sie in dem Augenblick, wo sie ihn sahen, sofort auf den Felsen hinauf und verschwanden. Genau das war es, was Colin wollte. Er ging rundherum um den Felsen, schaute in jedem Tümpel nach und fand hier und da immer wieder Elfen, die dann wie die anderen die Flucht zum Felsen ergriffen und fortan nicht mehr zu sehen waren. Als Colin auf diese Weise alle vom Strand vertrieben hatte, näherte er sich dem Felsen. Unterwegs nahm er den Klumpen Wachs, den ihm der Schuster gegeben hatte, aus seiner Hosentasche. Dann kletterte er den Felsen hinauf. Und ohne sein Gesicht zu zeigen, zog er oben auf dem Felsen, längs des Randes, mit dem Wachs eine Linie. Er krabbelte rundherum und rieb das Wachs in den Fels, bis der Ring vollständig war. Dann erst schaute er über den Felsrand.
Im Innern dieses Felsens nun war eine große Mulde, in

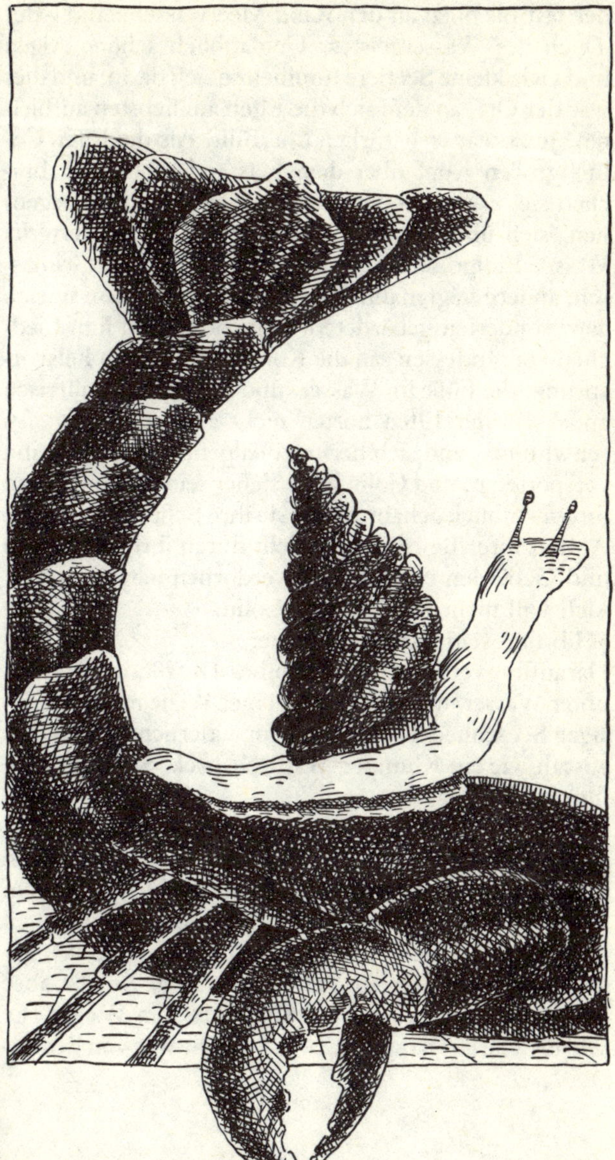

der fast bis oben an den Rand Meerwasser stand – der Teich des Wassergeistes. Unglaublich schöne Algen und viele kleine Seetiere tummelten sich darin; und dies war der Ort, an dem sich die Elfen am liebsten aufhielten. Jetzt war er natürlich überfüllt. Als die Elfen Colins großen Kopf über dem Felsrand erblickten, brachen sie in schallendes Gelächter aus. Und sie begannen, sich über ihn lustig zu machen, in hunderterlei Weise. Einige schnitten ihm die häßlichsten Grimassen, andere zeigten ihm ihre Verachtung, indem sie sich ganz sonderbar gebärdeten. Manche sangen ihm Liedchen vor. Indessen saß die Königin auf einem Felsvorsprung, die Füße im Wasser, und schaute ihn mürrisch an. Viele der Elfen hörten nicht auf zu tauchen, zu schwimmen und sich herumzubalgen, während sie ihn verspotteten, und Colin hätte sicher sein Vergnügen an ihrem Anblick gehabt, wenn sie ihre Schönheit und die Anmut ihrer Bewegungen nicht durch ihre Grimassen und Gebärden entstellt und verdorben hätten.
»Ich will mein Kind«, sagte Colin.
»Gib ihm sein Kind«, rief einer.
Daraufhin verschwand ein halbes Dutzend von ihnen unter Wasser und kehrte nach einer Weile mit einer riesigen Seeschnecke zurück, einem widerlichen Vieh, das aussah wie ein Klumpen Walfischspeck. Sie hielten sie ihm hin und sagten:
»Da ist er. Komm herunter und hol ihn dir.«
Andere boten ihm einen blauen, widerspenstigen Hummer an. Und wiederum andere schleppten einen Spinnenkrebs und eine Wellhornschnecke an. Derweil sangen einige von ihnen Spottlieder, wobei sie sich gegenseitig, von Vers zu Vers, übertrafen. Zuletzt aber hielten sie ein scheußliches Ding aus dem Wasser. Es sah aus wie ein Säugling. Sein Gesicht war von den Fi-

schen halb weggefressen. Er hatte nur noch eine riesige Nase, die aussah wie der große Zeh eines Hummers. Aber Colin fiel nicht darauf herein.
»Sehr gut, ihr Lieben«, sagte er, »dann will ich einmal etwas anderes versuchen.«
Er krabbelte nun den Felsen wieder hinunter, nahm die kleine Schusterahle heraus und fing an, ein Loch zu bohren. Die Ahle drang in den Felsen, als sei er aus Butter, und als Colin sie wieder herauszog, spritzte das Wasser in hohem Bogen aus dem Loch. Er bohrte noch eines und noch eines; er bohrte so lange, bis das Wasser aus genau dreihundertdreizehn Löchern aus dem Felsen herausströmte. Danach hockte er sich am Fuß des Felsens auf einen Stein und wartete.
Ein Weilchen später vernahm er dann aus der Felsmulde das zornige Geschrei der Elfen. Sie hatten bemerkt, daß das Wasser in ihrem Teich immer weniger wurde. Als sie aber nun die Löcher entdeckten, durch die es abfloß, schrien sie alle ganz entsetzt: »Er hat Dobblecobs Ahle! Er hat Dobblecobs Ahle!« Geschwind kletterte Colin wieder auf den Felsen, um sich an ihrer Bestürzung gütlich zu tun. Diese muß ich dem Leser nun aber ein wenig erläutern.
Im ersten Teil dieser Geschichte haben wir bereits gesehen, wie sehr die Elfen das Wasser mochten. Tatsächlich aber mochten sie es viel zu sehr. Aus ihrer Liebe war eine gefährliche Leidenschaft geworden. Ihre eigentliche Aufgabe war gewesen, die Blumen, in denen sie wohnten, zu pflegen und zu hegen und all dem, was irgendwie Leben in sich hatte, gute Dienste zu erweisen. Daher ihr Name »Gute Geister«. Als die Elfen aber herausfanden, wie gut das Wasser den Blumen tat, wenn es über winzige Kanäle

in die Blattnerven hineinströmte, und da auch sie an der Erfrischung, die das Wasser den Blumen brachte, teilhatten, verliebten sie sich um seiner selbst willen in das Wasser; das heißt: sie verliebten sich in das Vergnügen, das ihnen das Wasser bereitete, und vergaßen, daß das Wasser lebenswichtige Bedeutung für die Blumen hatte. So vernachlässigten sie denn ihre Aufgaben, segelten statt dessen auf den Bächen herum und stürzten sich in jeden Tümpel, den sie nur finden konnten. Daher die Schnelligkeit ihres Niedergangs und Verfalls.

Als die Elfen dann ans Meer kamen, stellten sie fest, daß das Salzwasser viel dazu beitrug, ihre durch das Carasoyn verlorene Schönheit wieder zurückzugewinnen. Deshalb hielten sie sich ununterbrochen an der Küste auf, badeten endlos lange im Wasser – und besonders gerne in diesem Teich, den das Meer bei Ebbe zurückließ. Zuletzt waren sie vollkommen abhängig vom Luxus des Meerwassers. Ja, sie konnten sich ihr Leben ohne diesen Luxus gar nicht mehr vorstellen.

Und daher packte sie die Wut, als sie nun wieder Colins großes Gesicht über dem Felsrand erblickten. Einer Armee wildgewordener Käfer gleich stürmten sie auf Colin los. Colin wich zurück und ließ sie herankommen. Als der erste seinen Fuß auf die Linie setzte, die Colin um den Felsen herum gezogen hatte, glitt er aus und stürzte schreiend kopfüber in den Teich:

»Er hat Dobblecobs Wachs!«

»Er hat Dobblecobs Wachs!« schrie auch der nächste, während es ihm nicht anders erging als seinem Vorgänger. Und das Schauspiel wiederholte sich so lange, bis die Elfen den Versuch aufgaben, die Linie zu überqueren. Zudem aber war es unmöglich, einfach darüberzuspringen. Denn nachdem Colin das Wachs auf den Fels gerieben hatte, war es geschmolzen und die Linie beträchtlich breiter geworden. Schließlich erhob sich die Königin:

»Was willst du Colin?« fragte sie.

»Ich will mein Kind, wie Ihr sehr wohl wißt«, gab Colin zur Antwort.

»Komm und hol es dir«, erwiderte die Königin und setzte sich wieder hin. Ihre Füße konnte sie dabei allerdings nicht mehr ins Wasser strecken, so hoch stand das Wasser längst nicht mehr.

Colin aber durchschaute ihre List und ließ sich oben auf dem Felsen nieder. Unglücklicherweise berührte sein Mantel dabei die Wachslinie – und schon waren ein halb Dutzend Elfen entkommen. Colin sprang sofort auf, so daß der Schaden nur geringfügig war. Denn noch waren fast alle Elfen gefangen. Und im Teich war nun kaum mehr Wasser. Nach und nach wurde der Pflanzenwirrwarr bis zu den Wurzeln sichtbar. Und schließlich konnte die Königin es nicht mehr länger ertragen.

»Sieh mal, Colin«, sagte sie, »ich will dir ja nichts Böses.«

Und während sie so sprach, erhob sie sich wieder und stieg am Felsen entlang zum Wasser hinab. Dabei mußte sie sehr vorsichtig sein, denn die Steine waren auch ohne Dobblecobs Wachs ausgesprochen glitschig. Etwa auf halbem Weg machte sie halt und rollte einen Stein beiseite. Was Colin dann sah, schien der Eingang zu einer Höhle im Innern des Felsens zu sein. Die Königin ging hinein. Nach nur wenigen Augenblicken kehrte sie händeringend zurück.

»Ach, du liebe Zeit! Was soll ich bloß machen?« rief sie aus. »Ihr seid schreckliche Leute! Warum müßt ihr denn auch so dick werden? Er ist so groß geworden, daß ich ihn nicht mehr herausbekomme.«

»Werdet Ihr ihn freilassen, wenn ich ihn heraushole?« fragte Colin.
»Gewiß, gewiß. Wenn ich es nicht tue, verhungern wir doch alle – ohne Meerwasser«, antwortete sie.
»Schwört es mir, bei der Ahle und dem Wachs des Schusters«, sagte Colin.
»Ich schwöre«, sagte die Königin.
»Bei der Ahle und dem Wachs des Schusters«, beharrte Colin.
»Ich schwöre bei der Ahle und dem Wachs des Schusters«, erwiderte die Königin.
»Im Namen deines Volkes?«
»Im Namen meines Volkes«, sagte die Königin, »schwöre ich, daß keiner der hier Anwesenden dich oder deine Familie jemals wieder belästigen wird.«
»Gut, dann komme ich jetzt nach unten«, sagte Colin und sprang in das leere Teichbecken. Mit der Schusterahle, die sich in den Felsen bohrte wie in ein Stück Butter, hatte Colin geschwind die Öffnung der Höhle vergrößert. Dort heraus und hinein in die Arme seines Vaters kroch ein hübscher kleiner Junge von ungefähr zehn Jahren, mit Augen und Ohren, mit Wangen und Kinn, heil und gesund. Und Colin trug ihn nach Hause zu seiner Mutter.
Ein bißchen enttäuschend war allerdings, daß der Junge in seinem Alter noch so viel Ähnlichkeiten mit einem Säugling hatte. Das aber änderte sich bald. Und im Haus war die Freude groß. Und Klein Colin erzählte ihnen die ganze Geschichte seines Aufenthaltes bei den Elfen, was weniger Zeit in Anspruch nahm, als man meinen könnte; denn er bildete sich ein, nur etwa eine Woche dort verbracht zu haben.

Klein Taglicht

Kein Haus, das den Anspruch erhebt, ein Palast zu sein, ist dieses Namens auch nur im geringsten würdig, wenn es keinen Wald in der Nähe hat – und zwar ganz in der Nähe –, je näher, desto besser. Nicht ganz darumherum – das meine ich nicht, denn ein Palast sollte offen sein für Sonne und Wind und aufrecht und tapfer dastehen, mit glitzernden Wetterhähnen und fliegenden Fahnen, aber zu irgendeiner Seite eines jeden Palastes muß es einen Wald geben. Und es gab tatsächlich einen prächtigen Wald neben dem Palast des Königs, der Taglichts Vater werden sollte; einen so prächtigen Wald, daß noch niemand jemals an sein anderes Ende gelangt war. In der Nähe des Hauses wurde er recht gepflegt und in Ordnung gehalten und war weit hinein frei von Unterholz; aber dann wurde er allmählich wilder, und er wuchs wilder und wilder und wilder, bis – wie einige behaupteten – wilde Tiere endlich darin taten, was ihnen gefiel. Der König und seine Höflinge gingen jedoch oft auf die Jagd, und das hielt die wilden Tiere weit vom Palast entfernt.

Eines herrlichen Sommermorgens, als Wind und Sonne gemeinsam unterwegs waren, als die Wetterhähne blitzten und die Fahnen mit dem blauen Himmel ihre Possen trieben, erschien die kleine Taglicht von irgendwoher – niemand konnte sagen, woher –, ein wunderschönes winziges Kind, mit so strahlenden Augen, daß sie von der Sonne hätte kommen mögen, nur zeigte sie nach und nach eine solch lebhafte Art, daß sie ebensogut vom Winde hätte herkommen können. Da war ein großes Jubeln im Palast, denn dies war das erste Kind,

das die Königin bekommen hatte, und ein neugeborenes Kind löst ebensoviel Freude in einem Palast aus wie in einer Hütte.
Aber das Leben in der Nähe eines Waldes bringt einen Nachteil mit sich: man weiß nie so genau, wer die Nachbarn sein könnten. Jedermann wußte, daß in dem Wald mehrere Feen lebten, die innerhalb weniger Meilen um den Palast wohnten und die immer etwas mit jedem Neugeborenen, das zur Welt kam, zu tun gehabt hatten; denn Feen leben so viel länger als wir, daß sie mit sehr vielen Generationen von menschlichen Sterblichen zu tun haben können. Auch die seltsamen Häuser, in denen sie wohnten, waren wohlbekannt – das eine eine hohle Eiche, das andere eine Birke, auch wenn niemand jemals herausgefunden hat, wie die Fee daraus ein Haus machte –, wieder ein anderes eine Hütte aus zusammenwachsenden Bäumen, die mit Torf und Moos ausgebessert war. Aber es gab eine andere Fee, die erst vor kurzem an diesen Ort gekommen war und von der niemand wußte, daß sie eine Fee war – außer den anderen Feen. Ein böses altes Ding war sie, die ihre Macht stets verbarg und so garstig war, wie sie nur konnte, um dadurch die Leute in Versuchung zu führen, sie zu kränken, damit sie das Vergnügen habe, an ihnen Rache üben zu können. Die Leute in der Gegend dachten, daß sie eine Hexe sei, und diejenigen, die sie vom Sehen kannten, vermieden es sorgfältig, sie zu kränken. Sie lebte in einem Schlammhaus, in einem sumpfigen Teil des Waldes.
Überall in der Geschichte heißt es, daß Feen ihre bemerkenswerten Geschenke den Prinzen und Prinzessinnen oder einem Kind, das in ihren Augen wichtig genug ist, stets zu deren Taufe überreichen. Dies nun ist verständlich, denn es ist auch unter den Menschen

ein uralter Brauch, und es ist nicht schwer zu erklären, warum böse Feen den gleichen Zeitpunkt wählen sollten, um unerfreuliche Dinge zu tun; aber es ist schwer zu verstehen, wieso sie überhaupt fähig sein sollten, so etwas zu tun, denn man könnte sich vorstellen, daß alle bösen Geschöpfe bei einem solchen Anlaß machtlos wären. Aber noch nie habe ich gehört, daß die Einmischung durch eine böse Fee sich nicht schließlich als eine gute Sache herausgestellt hätte. Was für eine gute Sache, zum Beispiel, war es doch, daß eine Prinzessin hundert Jahre schlafen mußte! Wurde sie nicht von all der Plage junger Männer, die ihrer nicht würdig waren, gerettet? Und wachte sie nicht genau im rechten Augenblick auf, als der richtige Prinz sie küßte? Was mich angeht, so kann ich nicht umhin, mir zu wünschen, daß eine ganze Menge junger Mädchen schlafen mögen, bis genau dasselbe Schicksal sie träfe. Es würde sie glücklicher machen und wäre viel angenehmer für ihre Freunde.

Natürlich wurden alle bekannten Feen zur Taufe geladen. Aber der König und die Königin hätten nie daran gedacht, eine alte Hexe einzuladen. Denn die Feen haben ihre Macht natürlicherweise, die Hexe jedoch erhält ihre Macht durch Bösartigkeit. Da die anderen Feen nun die Gefahr kannten, der sich das Königspaar dadurch aussetzte, so sorgten sie, so gut sie konnten, gegen etwaiges Unglück von jener Seite vor. Doch konnten sie die böse Fee weder entmachten, noch konnten sie ihre eigenen Geschenke von vornherein auf die ihrigen abstimmen, denn sie wußten nicht, was diese sein könnten.

Natürlich war die alte Vettel anwesend, obwohl man sie nicht eingeladen hatte. Nicht eingeladen zu sein war genau das, was sie wollte, damit sie einen Grund hatte, genau das zu tun, was sie tun wollte. Denn irgendwie hat selbst das boshafteste Geschöpf gern einen Vorwand, etwas Böses zu tun.

Fünf Feen hatten eine nach der anderen dem Kind die Geschenke überreicht, die jede für die besten hielt, und die fünfte war gerade auf ihren Platz in der Reihe der umstehenden prächtigen Damen und Herren zurückgetreten, als die böse Fee, ein Lachen zwischen ihren zahnlosen Kiefern, in die Mitte des Kreises humpelte und den Erzbischof in dem Augenblick, als er das Kind der Dame überreichte, die dem Ministerium fürs Kinderhüten des Hofes vorstand, folgendermaßen ansprach, indem sie in jedes Wort erst ein-, zweimal hineinbiß, bevor sie es ausstieß:

»Bitte, Euer Gnaden, ich bin arg taub: Würde es Euer Gnaden etwas ausmachen, den Namen der Prinzessin zu wiederholen?«

»Mit Vergnügen, gute Frau«, sagte der Erzbischof, indem er sich herabbeugte, um in ihr Ohr zu schreien, »der Name des Kindes lautet *Klein Taglicht.*«

»Und kein Taglicht soll es sein«, rief die Fee, und es klang wie eine ungeschmierte Achse, »und wenig Gutes sollen all die Geschenke ihr bringen. Denn ich verleihe ihr die Gabe, den ganzen Tag hindurch zu schlafen, ob sie will oder nicht. Ha, ha! He, he! Hi, hi!«

Da stand die sechste Fee auf, die natürlich, denn so hatten die anderen es geplant, nach der bösen Fee kommen sollte, um so viel wiedergutzumachen, wie sie könne.

»Wenn sie den ganzen Tag schläft«, sagte sie traurig, »so soll sie wenigstens die ganze Nacht wach sein.«

»Das sind ja schöne Aussichten für ihre Mutter und mich!« dachte der arme König, denn sie liebten sie viel zu sehr, um sie den Kindermädchen zu überlassen, vor

allem nachts, wie es die meisten Könige und Königinnen tun – was sie dann hinterher sehr bereuen.
»Ihr spracht, bevor ich fertig war«, sagte die böse Fee. »Das gilt nicht. Jetzt darf ich noch einmal.«
»Wie bitte?« sagten alle anderen Feen wie aus einem Munde.
»Doch, doch. Ich war noch nicht fertig mit Lachen«, sagte das alte Weib. »Ich war erst bei Hi, hi! und ich muß erst noch Ho, ho und Hu, hu! machen. Und so bestimme ich, daß sie – wenn sie schon die ganze Nacht über wach ist – mit deren Herrn, dem Mond, zunehmen und abnehmen soll. Und wie das dann aussieht, das, hoffe ich, werden ihre königlichen Eltern noch erleben. Ho, ho! Hu, hu!«
Aber da trat noch eine Fee vor, denn sie waren weise gewesen, gleich zwei von ihnen in Reserve zu halten, denn jede Fee kannte die Schliche der anderen.
»Bis«, sprach die siebte Fee, »bis ein Prinz kommt, der sie küßt, ohne es zu wissen.«
Die böse Fee machte ein furchtbares Geräusch wie eine zornige Katze und humpelte fort. Diesmal konnte sie nicht so tun, als hätte sie noch nicht zu Ende gesprochen, denn sie hatte schon ihr Ho, ho! Hu, hu! gelacht.
»Ich weiß nicht, was das bedeutet«, sagte der arme König zur siebten Fee.
»Fürchtet Euch nicht. Der Sinn der Sache wird mit der Sache selbst kommen«, sagte sie.
Die Gesellschaft ging recht unglücklich auseinander – die Königin zumindest war auf ziemlich viele schlaflose Nächte gefaßt, und die Dame, die dem Ministerium fürs Kinderhüten vorstand, sah diesen Aussichten alles andere als freudig entgegen, denn natürlich konnte die Königin nicht alles allein übernehmen. Was den König

betraf, so hatte er sich mit allem Mut, den er aufbringen konnte, dazu entschlossen, sich den Anforderungen des Falles zu stellen, aber er fragte sich dennoch, ob es so ganz gegen jede Schicklichkeit wäre, vom Ersten Schatzmeister zu verlangen, einen Teil der Bürde, die ihm auferlegt war, mitzutragen.

Ich will nicht versuchen zu beschreiben, was sie eine Zeitlang alles durchmachen mußten. Doch schließlich lebte sich der Haushalt in einen regelmäßigen Ablauf ein – der in einiger Hinsicht recht unregelmäßig war. Denn zu bestimmten Zeiten hallte der Palast die ganze Nacht wider von den Lachsalven der kleinen Taglicht, deren Herz der Fluch der alten Fee nicht hatte treffen können; sie war immer noch Taglicht, nur ein wenig am falschen Platz, denn immer schlief sie beim ersten Anzeichen des Morgengrauens im Osten sofort ein. Aber ihre Fröhlichkeit dauerte nur kurz. Wenn der volle Mond am Himmel stand, war sie in herrlicher Stimmung und so schön, wie es für ein Kind in ihrem Alter nur möglich war. Doch wenn der Mond abnahm, wurde sie blasser, bis sie endlich so matt und welk war wie das ärmste, kränklichste Kind, das man in den Straßen einer großen Stadt in den Armen einer heimatlosen Mutter finden könnte. Dann war die Nacht so still wie der Tag, denn das kleine Geschöpf lag Tag und Nacht in seiner prächtigen Wiege, bewegte sich kaum und gab zuletzt nicht einmal mehr einen klagenden Ton von sich, geradeso als wäre sie tot. Zuerst dachten sie oft, daß sie gestorben sei, doch schließlich gewöhnten sie sich daran und zogen nur noch den Kalender zu Rate ob des Zeitpunkts, an welchem sie sich wieder zu beleben begann, was natürlich beim ersten Erscheinen des silbernen Fadens vom zunehmenden Mond geschah. Dann bewegte sie die Lippen, und sie verabreichten ihr ein wenig Nahrung; und dann ging es ihr besser und besser und besser, bis es ihr einige Tage lang ganz wunderbar gut ging. Wenn sie wohlauf war, dann war sie immer draußen im Mondlicht am fröhlichsten, aber selbst wenn es ihr fast am schlechtesten ging, so schien es ihr doch besser zu gehen, wenn man ihre Wiege, in warmen Sommernächten, hinaus in das Licht des abnehmenden Mondes trug. Dann lächelte sie im Schlaf ein ganz schwaches, ganz mitleiderregendes Lächeln.

Lange Zeit hindurch waren es nur sehr wenige Menschen, die sie jemals wach sahen. Als sie jedoch älter wurde, ward sie in einem solchen Maße zum Liebling aller, daß immer mehr Menschen im Palast die Nacht über wach blieben, um in ihrer Nähe sein zu können. Aber bald schon nutzte sie jede Gelegenheit, sich von ihren Kindermädchen zu entfernen und das Mondlicht allein zu genießen. Und so ging die Zeit dahin, bis sie fast siebzehn Jahre alt war. Ihr Vater und ihre Mutter hatten sich inzwischen derart an den seltsamen Zustand der Dinge gewöhnt, daß sie aufgehört hatten, sich darüber zu verwundern. All ihre gesamten Einteilungen waren auf den Zustand der Prinzessin Taglicht abgestimmt, und es ist doch erstaunlich, wie die Dinge es verstehen, sich in Einklang bringen zu lassen. Doch wie jemals ein Prinz die Prinzessin finden und erlösen könnte, erschien unvorstellbar.

Als sie älter wurde, war sie auch schöner und schöner geworden, mit dem sonnigsten Haar und den lieblichsten himmelblauen Augen, so strahlend und so tief wie das Himmelszelt an einem Junitag. Doch um so schmerzhafter und trauriger war die Verwandlung, wenn ihre schlechte Zeit näher kam. Je schöner sie während des vollen Mondes war, desto welker und matter wurde sie bei abnehmendem Mond. Zu dem Zeit-

punkt, an welchem meine Geschichte nun angelangt ist, sah sie, wenn der Mond klein oder gar verschwunden war, wie eine vom Leid erschöpfte alte Frau aus. Dies war um so schmerzhafter, als ihre Erscheinung eine ganz unnatürliche war; denn weder ihr Haar noch ihre Augen veränderten sich. Ihr fahles Gesicht war verzerrt und faltig und hatte einen begierigen, hungrigen Ausdruck. Ihre mageren Hände bewegten sich, als wollte sie, ohne dazu fähig zu sein, etwas greifen. Ihre Schultern waren nach vorn gebeugt, ihre Brust eingefallen, und sie hielt sich gebückt, als wäre sie achtzig Jahre alt. Endlich mußte man sie zu Bett bringen, damit sie dort die Gezeiten des Lebens erwartete. Doch in ihr wuchs immer mehr die Abneigung dagegen, in dieser Zeit gesehen oder gar von Händen berührt zu werden. Eines lieblichen Sommerabends, als der Mond, schon fast zur Gänze zurückgegangen, auf dem Rand des Horizontes lag, entschwand sie ihrem Gefolge, und erst nachdem man sie lange Zeit in großer Angst gesucht hatte, fand man sie tief schlafend im Walde, am Fuße einer Silberbirke, und trug sie nach Haus.
Ein kurzes Stück vom Palast entfernt lag eine große, offene Lichtung, die mit ganz besonders grünem und weichem Gras bedeckt war. Dies war ihr der liebste Aufenthalt, denn hier schien der volle Mond frei und herrlich, während sie den sterbenden Mond mehr oder weniger durch eine Öffnung zwischen den Bäumen hindurch sehen konnte, wenn er dort entlangglitt. Hier ließ sie sich ein kleines, grobgefügtes Haus errichten, und hier wohnte sie meistens. Niemand vom Hofe durfte ohne Erlaubnis dorthin gehen, und ihr eigenes Gefolge hatte inzwischen gelernt, nicht übertrieben diensteifrig zu sein, wenn es ihr aufwartete, so daß ihr viel Freiheit blieb. Ob die guten Feen etwas damit zu

tun hatten oder nicht, kann ich nicht sagen, aber schließlich begann sie sich in jeder Nacht, die der Mond abnahm, tiefer in den Wald zurückzuziehen, so daß ihr Gefolge manchmal große Mühe hatte, sie zu finden; da sie jedoch immer sehr zornig wurde, wenn sie entdeckte, daß man sie beobachtete, so wagte man kaum, es zu tun. Eines Nachts endlich dachte man, man hätte sie gänzlich verloren. Es war Morgen, bevor man sie fand. Trotz ihrer Schwäche war sie in ein Dickicht weit von der Lichtung gewandert, und dort lag sie – in tiefem Schlaf natürlich. Obwohl der Ruhm ihrer Schönheit und Lieblichkeit über die Grenzen des Königreichs hinausgedrungen war, so hatte doch kein König in der Nachbarschaft den Wunsch, sie zur Schwiegertochter zu bekommen, da jedermann wußte, daß sie unter einem bösen Zauber stand. Es gab ernsthafte Einwände gegen eine solche Verbindung.

Zu ungefähr derselben Zeit trug es sich zu, daß in einem angrenzenden Königreich, als Folge der Bösartigkeit des Adels, nach dem Tode des alten Königs ein Aufstand ausbrach und der größte Teil des Adels niedergemetzelt wurde, so daß der junge Prinz gezwungen war, als Bauer verkleidet zu fliehen. Einige Zeit, bis er sein eigenes Land verlassen hatte, litt er sehr unter Hunger und Erschöpfung; doch als er in das Land kam, über das der Vater der Prinzessin herrschte, und er nicht mehr fürchten mußte, erkannt zu werden, widerfuhren ihm bessere Zeiten, denn die Menschen waren freundlich. Dennoch gab er seine Verkleidung nicht auf. Ein Grund dafür war, daß er keine anderen Kleider zum Anziehen hatte, der andere, daß er sehr wenig Geld hatte und nicht wußte, woher welches nehmen. Es hatte keinen Sinn, jedermann, dem er begegnete, zu erzählen, daß er ein Prinz war, denn er meinte, daß ein Prinz fähig sein müßte, sich wie jeder andere Mensch durchs Leben zu schlagen, ansonsten machte seine hohe Stellung nur einen Narren aus ihm. Er hatte von Prinzen gelesen, die auf Abenteuer auszogen, und nun befand er sich in einer ähnlichen Lage, nur daß er keine Wahl gehabt hatte. Er würde weiterziehen und sehen, was dabei herauskäme.

Er war bereits ein oder zwei Tage durch den Palastwald gelaufen und hatte so gut wie nichts zu sich genommen, als er auf das seltsamste kleine Haus traf, das von einer sehr netten, ordentlichen, mütterlichen alten Frau bewohnt war. Dies war eine der guten Feen.

Sobald sie ihn erblickte, wußte sie sehr wohl, wer er war und was daraus werden sollte, aber es war ihr nicht gestattet, sich in den ordentlichen Ablauf des Geschehens einzumischen. Sie nahm ihn mit der Freundlichkeit, die sie jedem anderen Reisenden hätte zukommen lassen, bei sich auf und gab ihm Brot und Milch, was er für das köstlichste Essen hielt, das er je zu sich genommen hatte, und er war ganz verwundert darüber, daß man es nicht ab und zu im Palast zum Abendessen serviert hatte. Die alte Frau bedrängte ihn, die ganze Nacht über bei ihr zu bleiben. Als er erwachte, war er erstaunt, wie gut und stark er sich fühlte. Sie wollte das Geld, das er ihr bot, nicht annehmen, sondern bat ihn, sollte er Gelegenheit haben, sich länger in der Nachbarschaft aufzuhalten, doch wiederzukommen und das gleiche Quartier zu nehmen.

»Recht herzlichen Dank, gutes Mütterchen«, antwortete der Prinz, »doch das wird wohl kaum der Fall sein. Je schneller ich aus diesem Wald herauskomme, desto besser.«

»Da bin ich aber gar nicht so sicher«, sagte die Fee.

»Was meint Ihr damit?« fragte der Prinz.

»Wieso, warum sollte *ich* das wissen?« gab sie zurück.
»Das weiß ich auch nicht«, sagte der Prinz.
»Ausgezeichnet«, sagte die Fee.
»Wie seltsam Ihr sprecht!« sagte der Prinz.
»Tue ich das?« sagte die Fee.
»Ja, das tut Ihr«, sagte der Prinz.
»Ausgezeichnet«, sagte die Fee.
Der Prinz war es nicht gewohnt, daß man in dieser Weise mit ihm sprach, und so wurde er ein wenig ärgerlich und wandte sich um und ging fort. Aber das kränkte die Fee gar nicht. Sie stand in der Tür ihres kleinen Hauses und sah ihm nach, bis die Bäume ihn ganz verschluckt hatten. Dann sagte sie: »Endlich«, und ging hinein.
Der Prinz wanderte und wanderte und kam nirgendwo an. Die Sonne sank und sank und verschwand völlig, und er schien dem Ende des Waldes nicht näher als zuvor. Er setzte sich auf einen Baumstamm, aß ein wenig von dem Brot, das die alte Frau ihm mitgegeben hatte, und wartete auf den Mond, denn obwohl er kein großer Astronom war, so wußte er doch, daß der Mond irgendwann einmal aufgehen würde, denn er war die Nacht zuvor auch aufgegangen. Da stieg er auf, langsam, ganz langsam, aber recht groß, tatsächlich fast ganz voll; worauf der Prinz, sehr erfrischt von dem Stück Brot, aufstand und weiterging – er wußte nicht, wohin.
Nachdem er eine ziemlich weite Strecke gelaufen war, dachte er, er nähere sich dem Waldesrande, doch als er dort ankam, wo dieser aufhören sollte, fand er sich nur am Rande einer großen Lichtung, die mit Gras bedeckt war. Der Mond schien sehr hell und ihn dünkte, er habe nie zuvor einen so lieblichen Ort gesehen. Auch wenn dieser ob seiner Einsamkeit ein wenig trostlos aussah, denn er konnte das Haus auf der anderen Seite nicht sehen. Erschöpft setzte er sich noch einmal nieder und

schaute auf die Lichtung. Solch eine Weite hatte er seit mehreren Tagen nicht mehr gesehen.

Ganz plötzlich erblickte er etwas in der Mitte des Grases. Was könnte das sein? Es bewegte sich; es kam näher. War es ein menschliches Geschöpf, das dahinglitt – ein Mädchen, ganz in Weiß gekleidet, das im Mondlicht leuchtete? Es kam näher und näher. Er kroch hinter einen Baum und beobachtete es, voll Verwunderung. Es mußte wohl ein seltsames Geschöpf des Waldes sein – eine Nymphe, die der Mondschein und die warme Luft von ihrem Baum gelockt hatten. Als sie ganz nah an den Ort kam, an dem er stand, zweifelte er nicht länger daran, daß sie menschlich war – denn er hatte ihr sonniges Haar, ihre klaren blauen Augen und das lieblichste Gesicht und die lieblichste Gestalt, die er je gesehen hatte, erkannt. Da begann sie zu singen wie eine Nachtigall und zu ihrer eigenen Musik zu tanzen, ihre Augen unverwandt auf den Mond gerichtet. Sie kam ganz nah an ihm vorbei, tanzte am Waldrand entlang und immer weiter in einem großen Kreis hinüber auf die andere Seite, bis er nur noch einen weißen Fleck im gelbgrünen Schimmer des mondbeschienenen Grases ausmachen konnte. Aber sobald er befürchtete, der Fleck würde gänzlich verschwinden, wurde er größer und wieder zu einer Gestalt. Wieder kam sie ihm näher, singend und tanzend und ihre Arme über dem Kopf schwingend, bis sie den Kreis wieder geschlossen hatte. Sie blieb genau gegenüber seinem Baum stehen, brach ihr Lied ab, ließ die Arme sinken und begann lang und klar zu lachen, daß es klang wie die Musik eines Baches. Dann warf sie sich aufs Gras, als wäre sie müde, und blickte zum Mond empor. Der Prinz wagte kaum zu atmen aus Furcht, er könne sie erschrecken und sie würde seinen Blicken

entschwinden. Sich aber in ihre Nähe zu wagen, dieser Gedanke kam ihm nie.
Sie hatte schon eine lange Stunde oder länger so gelegen, als dem Prinzen wieder Zweifel über sie kamen. Vielleicht war sie nur eine Vision seiner eigenen Vorstellungskraft. Oder war sie nicht vielleicht doch ein Waldgeist? Wenn dem so wäre, so wollte auch er durch den Wald geistern, froh darüber, sein Königreich und alles verloren zu haben für die Hoffnung, ihr nahe sein zu können. Er würde sich eine Hütte im Wald errichten und dort würde er leben in der Hoffnung, sie wiedersehen zu können. Zumindest in solchen Nächten wie dieser würde sie hervorkommen und sich im Mondlicht baden und seine Seele erfreuen. Doch während er derart in Träumereien versunken war, sprang sie auf, wandte ihr Gesicht ganz dem Monde zu und begann zu singen, als ob sie ihn vom Himmel holen wollte durch die Macht ihrer bezaubernden Stimme. Sie sah schöner aus als je zuvor. Wieder begann sie zu ihrer eigenen Musik zu tanzen und tanzend sich zu entfernen. Wieder kam sie zurück wie zuvor. Doch obwohl er genauso eifrig Ausschau hielt wie vorher, so fiel er doch – durch seine Müdigkeit und durch das viele Schauen – in tiefen Schlaf, bevor sie sich ihm wieder genähert hatte. Als er erwachte, war es Tag und die Prinzessin nirgendwo zu sehen.
Es war ihm unmöglich, den Ort zu verlassen. Was wäre, wenn sie in der nächsten Nacht wiederkommen würde! Gern würde er einen Tag hungern, um sie noch einmal zu sehen: Er würde seinen Gürtel ganz eng schnallen. Er ging um die Lichtung herum, um zu sehen, ob er Spuren ihrer Füße entdecken könnte. Doch das Gras war kurz und ihre Schritte waren so leicht gewesen, daß sie nicht eine einzige Spur hinterlassen hatte.

Er wanderte den halben Weg entlang, ohne irgend etwas zu entdecken, das auf ihre Anwesenheit hätte schließen lassen. Dann entdeckte er ein wunderhübsches kleines Häuschen, das strohgedeckt war und einen tiefgezogenen Giebel hatte, umgeben von einem herrlichen Garten, in dem Tauben und Pfauen spazierten. Natürlich mußte es hier sein, wo die huldvolle Dame lebte, die das Mondlicht liebte. Er vergaß ganz seine äußere Erscheinung und ging auf die Tür zu, fest entschlossen, Erkundigungen einzuziehen, doch als er an einem kleinen, mit goldenen und silbernen Fischen gefüllten Teich vorüberkam, erblickte er sein Spiegelbild darin und wandte sich um, die Küchentür zu finden.

Dort klopfte er an und bat um ein Stück Brot. Die gutmütige Köchin ließ ihn ein und gab ihm ein vortreffliches Frühstück, das der Prinz nicht schlechter fand, weil es in der Küche aufgetragen wurde. Während er aß, sprach er mit seiner Gastgeberin und erfuhr, daß dies der Ort sei, an den sich die Prinzessin Taglicht am liebsten zurückzog. Aber darüber hinaus erfuhr er nichts, sowohl weil er selbst fürchtete, zu neugierig zu erscheinen, als auch weil die Köchin nicht dabei ertappt werden wollte, wie sie über ihre Herrin zu einem Bauernjungen sprach, der sich sein Frühstück erbettelt hatte.

Als er sich erhob, um Abschied zu nehmen, kam ihm der Gedanke, er sei vielleicht gar nicht so weit von dem Häuschen der alten Frau entfernt, wie er gedacht hatte, und er fragte die Köchin, ob sie etwas von diesem Orte wisse, und beschrieb ihn, so gut er konnte. Sie sagte, daß sie ihn recht gut kenne und fügte mit einem Lächeln hinzu:

»Du bist auf dem Wege dorthin, nicht wahr?«

»Ja, wenn es nicht zu weit weg ist.«

»Es ist nur drei Meilen entfernt. Aber überlege dir gut, was du vorhast.«

»Warum sagt Ihr das?«

»Wenn du vorhast, etwas anzustellen, dann wird sie es dich büßen lassen.«

»Das ist das Beste, was unter diesen Umständen geschehen könnte«, bemerkte der Prinz.

«Was meinst du damit?« fragte die Köchin.

»Nun, es ist doch klar«, antwortete der Prinz, »wenn man etwas Unrechtes tun möchte, ist es das Beste für einen, daß man es büßen muß.«

»Ach so«, sagte die Köchin. »Nun, ich denke, du darfst es wagen. Sie ist eine gute Seele.«

»In welcher Richtung liegt es denn?« fragte der Prinz.

Sie erklärte es ihm genau, und er verließ sie mit herzlichem Dank.

Da er aber nun so erfrischt war, kehrte der Prinz an diesem Tage nicht in das Häuschen zurück, sondern blieb den ganzen Tag über im Wald und vertrieb sich die Zeit, so gut er konnte, während er unruhig auf die Nacht wartete, in der Hoffnung, daß die Prinzessin wieder erscheinen möchte. Und er wurde nicht enttäuscht, denn kaum war der Mond aufgegangen, als er am anderen Ende der Lichtung eine schimmernde Gestalt ausmachen konnte. Als diese näher kam, sah er, daß sie es tatsächlich war – doch nicht wie zuvor in Weiß gekleidet: Ganz in blassem Blau wie der Himmel, sah sie noch lieblicher aus. Er dachte, es läge daran, daß ihr Blau besser stand als Weiß, denn er wußte nicht, daß sie in Wirklichkeit schöner war, weil der Mond näher daran war, voll zu sein. In der Tat war in der kommenden Nacht Vollmond, und die Prinzessin würde dann den Zenit ihrer Lieblichkeit erreicht haben.

Eine Zeitlang befürchtete der Prinz, daß sie sich in dieser Nacht nicht seinem Versteck nähern würde, doch die Kreise ihres Tanzes wurden immer weiter, je höher der Mond stieg, bis sie schließlich um die ganze Lichtung führten und sie den Bäumen, hinter denen er sich versteckte, noch näher kam, als sie es die Nacht zuvor getan hatte. Er war wie gebannt von ihrer Lieblichkeit, denn diese war wahrhaftig recht wunderbar. Die ganze Nacht über schaute er ihr zu, doch wagte er nicht, sich ihr zu nähern. Auch hätte er sich sicherlich geschämt, ihr so zuzusehen, wäre er nicht fast völlig unfähig gewesen, an etwas anderes zu denken als daran, wie schön sie war. Er schaute die ganze Nacht hindurch zu und sah, daß sie mit dem untergehenden Mond sich in immer kleinere Kreise zurückzog, bis er sie schließlich nicht mehr sehen konnte.

So müde er war, machte er sich auf den Weg zum Häuschen der alten Frau, wo er gerade rechtzeitig zum Frühstück ankam, das sie mit ihm teilte. Dann ging er zu Bett und schlief viele Stunden. Als er erwachte, war die Sonne untergegangen, und er ging fort in großer Sorge, ja nicht einen Blick auf diese wunderschöne Vision zu versäumen. Doch er verirrte sich – sei es durch die Machenschaften der Sumpf-Fee, sei es, weil es zweierlei ist, einen Weg zu gehen und auf einem Weg zurückzukehren. Ich will nicht versuchen, seinen Jammer zu beschreiben, als der Mond aufging und er nichts sah außer Bäumen, Bäumen, Bäumen. Jener stand hoch am Himmel, bevor der Prinz die Lichtung erreichte. Dann allerdings verschwand sein Kummer, denn dort war die Prinzessin, die auf ihn zutanzte in einem Kleid, das wie Gold glänzte, und in Schuhen, die wie Glühwürmchen durchs Gras leuchteten. Sie war natürlich noch schöner als zuvor. Wie die Verkörperung eines Sonnenstrahls zog sie an ihm vorüber und tanzte fort in die Ferne.

Doch bevor sie in der Vollendung ihres Kreises zurückkehrte, hatten Wolken begonnen, sich um den Mond zu scharen. Der Wind fuhr auf, die Bäume ächzten, und unter ihm beugten sich die dünneren Äste alle in eine Richtung. Der Prinz befürchtete, daß die Prinzessin heimkehren könne und er sie in dieser Nacht nicht mehr sehen würde. Doch da kam sie angetanzt, noch frohlokkender als je zuvor, ihr goldenes Kleid und ihr sonniges Haar fluteten im Sturm, und sie hob ihre Arme immer wieder dem Mond entgegen und befahl im Überschwang ihres Entzückens die Wolken fort von seinem Gesicht. Der Prinz konnte kaum glauben, daß sie nicht doch ein Geschöpf der Elemente war, nach alledem.

Als sie einen weiteren Kreis vollendet hatte, hatten die Wolken sich fest zusammengeballt, und man hörte das Rollen fernen Donners. Gerade als sie an dem Baum, hinter dem er stand, vorüberzog, blendete ihn ein Blitz für einen Moment, und als er wieder sehen konnte, lag die Prinzessin zu seinem Entsetzen auf der Erde. Er sprang auf sie zu in der Meinung, daß sie vom Blitz getroffen worden sei, doch als sie ihn kommen hörte, war sie augenblicklich wieder auf den Beinen.

»Was wollt Ihr!« fragte sie.

»Ich bitte um Verzeihung. Ich dachte – der Blitz –«, sagte der Prinz zögernd.

»Es ist nichts passiert«, sagte die Prinzessin und winkte ihn recht hochmütig fort.

Der arme Prinz wandte sich um und ging auf den Wald zu.

»Kommt zurück«, sagte Taglicht, »ich mag Euch. Tut, was ich Euch sage. Seid Ihr brav?«

»Nicht so brav, wie ich gern sein möchte«, sagte der Prinz.

»Dann geht und bessert Euch«, sagte die Prinzessin.

Wieder wandte der enttäuschte Prinz sich ab und ging.

»Kommt zurück«, sagte die Prinzessin.

Er gehorchte und stand wartend vor ihr.

»Könnt Ihr mir sagen, wie die Sonne aussieht?« fragte sie.

»Nein«, antwortete er. »Doch was nützt es, etwas zu fragen, was Ihr wißt?«

»Aber ich weiß es nicht«, gab sie zurück.

»Wieso, jeder weiß das.«

»Das ist ja die Sache: Ich bin nicht jeder. Ich habe noch nie die Sonne gesehen.«

»Dann könnt Ihr nicht wissen, wie sie aussieht, bis Ihr sie gesehen habt.«

»Ich denke, daß Ihr ein Prinz sein müßt«, sagte die Prinzessin.

»Sehe ich aus wie einer?« sagte der Prinz.

»Das kann ich nicht behaupten.«

»Warum denkt Ihr es dann?«

»Weil Ihr sowohl tut, was man Euch sagt, als auch die Wahrheit sprecht. – Strahlt die Sonne wirklich so hell?«

»So hell wie der Blitz.«

»Aber sie verlöscht nicht wie dieser, oder doch?«

»O nein. Sie scheint wie der Mond, geht auf und geht unter wie der Mond, sie ist von der Form her dem Mond sehr ähnlich, nur daß sie so hell ist, daß man sie nicht einen Augenblick lang ansehen kann.«

»Aber *ich* würde sie ansehen«, sagte die Prinzessin.

»Aber Ihr könntet es nicht«, sagte der Prinz.

»Ich könnte es doch«, sagte die Prinzessin.

»Warum tut Ihr es dann nicht?«

»Weil ich es nicht kann.«

»Warum könnt Ihr es nicht?«

»Weil ich nicht wach bleiben kann. Und weil ich nie werde wach bleiben können, bis –«

Hier barg sie ihr Gesicht in den Händen, wandte sich ab und schritt auf die langsamste und würdevollste Weise auf das Haus zu. Der Prinz wagte es, ihr in kurzer Entfernung zu folgen, doch sie drehte sich um und machte eine zurückweisende Geste, der er, ganz der wohlerzogene Prinz, sofort gehorchte. Er wartete lange, doch da sie sich ihm nicht mehr näherte und die Nacht nun aufgeklart hatte, machte er sich schließlich auf den Weg zum Häuschen der alten Frau.

Es war lange nach Mitternacht, als er es erreichte, doch zu seiner Überraschung saß die alte Frau in der Tür und schälte Kartoffeln. Feen lieben es, ungewöhnliche Dinge zu tun. In der Tat ist die Nacht immer, so sehr sie sich auch voneinander unterscheiden mögen, der Tag für sie. Und so ist es mit allen, die Feenblut in sich haben.

»Nanu, was tut Ihr hier so spät in der Nacht, Mütterchen?« sagte der Prinz, denn das war die nette Art, in der jeder junge Mann in diesem Lande eine Frau ansprach, die viel älter war als er.

»Ich bereite dein Abendessen, mein Sohn«, antwortete sie.

»Oh! Ich mag gar kein Abendessen«, sagte der Prinz.

»Ah! Du hast Taglicht gesehen«, sagte sie.

»Ich habe eine Prinzessin gesehen, die es noch nie gesehen hat«, sagte der Prinz.

»Hat sie dir gefallen?« fragte die Fee.

»Oh, und wie!« sagte der Prinz. »Mehr als du glauben würdest, Mütterchen.«

»Eine Fee kann alles glauben, was je war oder je sein könnte«, sagte die alte Frau.

»Dann seid Ihr eine Fee?« fragte der Prinz.

»Ja«, sagte sie.
»Was macht Ihr dann mit den Dingen, die man nicht glauben kann?« fragte der Prinz.
»Davon gibt es viele – alles, was nie geschah noch je geschehen könntc.«
»Viele, das versichere ich Euch«, sagte der Prinz. »Aber glaubt Ihr, daß es eine Prinzessin geben könnte, die noch nie das Tageslicht gesehen hat? Nun, glaubt Ihr das?«
Dies sagte der Prinz nicht, weil er der Prinzessin keinen Glauben schenkte, sondern weil er wollte, daß die Fee ihm mehr darüber erzählte. Sie jedoch war eine zu alte Fee, als daß sie so leicht hereingefallen wäre.
»Von allen Leuten dürfen Feen am wenigsten Geheimnisse verraten. Außerdem ist sie eine Prinzessin.«
»Nun, dann sage ich *Euch* ein Geheimnis. Ich bin ein Prinz.«
»Das weiß ich.«
»Wieso wißt Ihr das?«
»Durch die Krümmung der dritten Wimper an deinem linken Augenlid.«
»Von welcher Seite aus zählt Ihr?«
»Das ist das Geheimnis.«
»Noch ein Geheimnis? Nun, zumindest kann es, wenn ich ein Prinz bin, nicht schaden, mir etwas über die Prinzessin zu erzählen.«
»Nur den Prinzen darf ich nichts erzählen.«
»Es gibt doch nicht noch mehr davon, oder doch?« sagte der Prinz.
»Was, du denkst doch wohl nicht, daß du der einzige Prinz auf dieser Welt bist?«
»Ach du meine Güte, nein! Überhaupt nicht. Aber ich weiß, daß es im Augenblick einen zuviel gibt, es sei denn die Prinzessin –«

»Ja, ja, das ist es«, sagte die Fee.
»*Was* ist es?« fragte der Prinz.
Aber er bekam nichts weiter aus der Fee heraus und mußte ohne Antwort zu Bett gehen, was eine rechte Plage war.
Nun ist es so, daß böse Feen sich nicht an die Gesetze halten wollen, denen gute Feen gehorchen, was den bösen immer einen Vorteil über die guten zu verschaffen scheint, denn sie gebrauchen Mittel für ihre Zwecke, die die anderen nie gebrauchen würden. Aber das macht alles gar nichts, denn was sie tun, gelingt nie; nein, zuletzt führt es gerade das herbei, was sie zu verhindern versuchten. So sieht man, daß irgendwie die bösen Feen, trotz all ihrer Schläue, ganz furchtbar dumm sind, denn obwohl sie seit Anbeginn der Welt den guten Feen in Wirklichkeit geholfen statt ihnen einen Strich durch die Rechnung gemacht haben, so ist doch nicht eine von ihnen dadurch klüger geworden. Sie versuchen das Böse wie alle anderen vor ihnen, und es gelingt ihnen natürlich nicht besser.
Der Prinz hatte insofern der Sumpf-Fee ein Schnippchen geschlagen, als sie nicht wußte, daß er sich in der Nachbarschaft aufhielt, bis er die Prinzessin diese drei Mal gesehen hatte. Als sie es erfuhr, tröstete sie sich mit dem Gedanken, die Prinzessin müsse viel zu stolz und zurückhaltend sein, als daß ein junger Mann es wagen dürfte, auch nur mit ihr zu sprechen, bevor er sie nicht mindestens sechsmal gesehen hatte. Aber es bestand noch weniger Gefahr, als die böse Fee dachte, denn wie sehr auch immer die Prinzessin wünschen mochte, befreit zu werden, so hatte sie doch fürchterliche Angst vor falschen Prinzen. Nun jedoch wollte die Fee alles tun, was sie tun konnte.
Mittels ihrer hinterlistigen Zauber richtete sie es so ein,

daß der Prinz trotz aller Bemühungen in der nächsten Nacht nicht den Weg in die Lichtung finden konnte. Es würde zu lange dauern, wollte ich ihre Kniffe erzählen. Sie würden uns, die wir wissen, daß sie keinen Schaden anrichten konnten, amüsieren, doch sie waren alles andere als amüsant für den armen Prinzen. Er wanderte durch den Wald, bis es Tag wurde, und fiel dann in einen tiefen Schlaf. Das gleiche geschah während der folgenden sieben Tage, während der er auch das Häuschen der guten Fee nicht finden konnte. Nach dem dritten Quartal des Mondes jedoch dachte die böse Fee, daß sie für mindestens zwei Wochen in dieser Angelegenheit ganz beruhigt sein könnte, denn es bestand nicht die Wahrscheinlichkeit, daß der Prinz den Wunsch haben könnte, die Prinzessin in dieser Zeit zu küssen. So fand er das Häuschen am ersten Tag des vierten Quartals, und am nächsten fand er die Lichtung. Fast eine ganze Woche lang verließ er sie kaum noch. Aber nie kam die Prinzessin. Ich bezweifle kaum, daß sie sich für einige Zeit jede Nacht auf der anderen Seite aufhielt, aber in dieser Zeit trug sie immer Schwarz, und da es ziemlich oder ganz dunkel war, sah sie der Prinz nie. Noch hätte er sie erkannt, wenn er sie gesehen hätte. Denn wie hätte er das verbrauchte, hinfällige Geschöpf, das sie nun war, für die herrliche Prinzessin Taglicht halten können?

Schließlich wagte er sich in einer Nacht, als der Mond ganz verschwunden war, in die Nähe des Hauses. Dort hörte er Stimmen sprechen, obwohl es nach Mitternacht war, denn ihre Dienerinnen waren recht beunruhigt, weil diejenige, die an der Reihe war, auf sie aufzupassen, eingeschlafen war und nicht gesehen hatte, in welche Richtung sie gegangen war, und dies war die Nacht, in der sie wahrscheinlich sehr weit fortwandern

würde, indem sie einen Kreis beschrieb, der die Lichtung überhaupt nicht mehr berührte, sondern sich weit auf der Rückseite des Hauses ausdehnte, tief hinein in den Wald auf dieser Seite – einen Teil, von dem der Prinz nichts wußte. Als er ihren Worten entnahm, daß sie verschwunden sei und daß sie irgendwohin in der genannten Richtung gegangen sein mußte, da stürzte er sich sofort in den Wald, um sie zu suchen. Stundenlang streifte er umher, und nur die unbestimmte Vorstellung eines Kreises, der an einer Seite an das Haus angrenzte, lenkte seine Schritte, denn soviel hatte er dem Gespräch, das er belauscht hatte, entnommen.
Die Nacht neigte sich ihrem Ende zu, doch noch zeigte sich kein Lichtstreifen am Himmel, als er an eine große Birke kam und sich erschöpft an ihrem Fuße niedersetzte. Während er dort saß – sehr unglücklich, dessen könnt ihr sicher sein –, voller Ängste um die Prinzessin und verwundert darüber, daß ihre Dienerschaft alles ruhig hinnehmen konnte, da überlegte er sich, daß es kein schlechter Plan sein dürfte, ein Feuer anzuzünden, welches sie, wenn sie irgendwo in der Nähe war, anlokken würde. Dies bewerkstelligte er mit Hilfe einer Zündholzschachtel, die die gute Fee ihm gegeben hatte.
Die ersten Flammen schlugen hoch, als er ein Seufzen hörte, das von der anderen Seite des Baumes zu kommen schien. Er sprang auf, doch sein Herz klopfte so heftig, daß er sich einen Augenblick gegen den Baum lehnen mußte, bevor er sich bewegen konnte. Als er auf die andere Seite kam, lag dort eine menschliche Gestalt wie ein kleines dunkles Häuflein auf der Erde. Sein Feuer spendete genügend Licht, um zu zeigen, daß es nicht die Prinzessin war. Er hob das Bündel, das kaum schwerer als ein Kind war, in seine Arme und trug es

zum Feuer. Das Gesicht war das einer alten Frau, aber es hatte einen erschreckend seltsamen Ausdruck. Eine schwarze Kapuze verbarg ihr Haar, und ihre Augen waren geschlossen. Er legte sie so bequem er konnte nieder, rieb ihre Hände, flößte ihr ein wenig Stärkungsmittel aus einer Flasche ein – auch sie ein Geschenk der Fee –, zog seine Jacke aus und hüllte sie darin ein, kurzum, er tat, was er konnte.

Binnen kurzem öffnete sie ihre Augen und sah ihn an – so kläglich! Die Tränen stiegen ihr auf und liefen über ihre grauen, runzligen Wangen, doch sie sagte kein Wort. Sie schloß ihre Augen wieder, doch die Tränen liefen weiter, und ihre ganze Erscheinung war so überaus jammervoll, daß auch der Prinz den Tränen ganz nahe war. Er flehte sie an, ihm zu sagen, was denn los sei, und versprach alles zu tun, was er nur tun könne, um ihr zu helfen, doch immer noch schwieg sie. Er dachte, daß sie im Sterben läge, und nahm sie wieder in seine Arme, um sie in das Haus der Prinzessin zu tragen, wo, wie er meinte, die gutmütige Köchin vielleicht etwas für sie tun könnte. Als er sie aufhob, flossen die Tränen noch reichlicher, und sie stieß einen so traurigen Seufzer aus, daß es ihn bis ins Herz traf.

»Mütterchen, Mütterchen!« sagte er, »armes Mütterchen!« und küßte sie auf die verdorrten Lippen.

Sie schrak auf, und was für Augen es waren, die sich öffneten und auf ihn blickten! Doch er sah sie nicht, denn es war noch immer sehr dunkel, und er hatte genug zu tun, sich einen Weg durch die Bäume zum Haus hin zu suchen.

Gerade als er sich der Tür näherte und sich müder fühlte, als er es sich hätte vorstellen können, daß es überhaupt möglich sei – sie war so ein kleines, dünnes altes Ding –, begann sie sich zu bewegen und so unruhig zu werden, daß er daran dachte, da er sie keinen Moment länger tragen konnte, sie auf dem Gras niederzulegen. Doch sie stand aufrecht auf ihren Füßen. Ihre Kapuze war zurückgefallen, und ihr Haar strömte um sie. Der erste Strahl des Morgenlichts spiegelte sich in ihrem Gesicht, und dies Gesicht war so strahlend wie das niemals alternde Morgenrot, und ihre Augen waren so lieblich wie der Himmel von dunkelstem Blau. Der Prinz schrak zurück in übermächtiger Verwunderung. Es war Taglicht selbst, die er da aus dem Wald gebracht hatte. Er fiel zu ihren Füßen nieder und wagte nicht aufzublicken, bis sie ihre Hand auf seinen Kopf gelegt hatte. Dann erst erhob er sich.

»Du hast mich geküßt, als ich eine alte Frau war: Hier! Ich küsse dich als junge Prinzessin«, murmelte Taglicht. – »Ist das die Sonne, die da kommt?«

Durchkreuztes Spiel

Es war einmal vor langer Zeit, da konnte die Königin des Feenlandes mit ihren Untertanen nicht mehr fröhlich werden, weil sie gar so wohlgesittet waren, und sie sehnte sich plötzlich einen oder zwei Sterbliche an ihren Hof herbei. Sie sah sich einige Zeit bei den Menschen um und erwählte dann zwei von ihnen, die sie ins Feenland holen wollte.

Aber wie sollten sie hergebracht werden?

»Halten zu Gnaden, Eure Majestät«, sagte schließlich die Tochter des Obersten Ministers, »ich will das Mädchen herbringen.«

Die Sprecherin, die nach ihrer Urgroßmutter Erbsenblüte hieß, sah so anmutig aus und senkte ihren Kopf so ergeben, daß die Königin sogleich sagte:

»Wie willst du das zustande bringen, Erbsenblüte?«

»Ich werde den Weg vor ihr öffnen und ihn hinter ihr wieder schließen.«

»Ich hörte, daß du auf ganz reizende Art an Dinge heranzugehen weißt, also magst du es immerhin versuchen.«

Im weichen Rasen der offenen Waldlichtung, auf der diesesmal Hof gehalten wurde, gab es nur einen einzigen Maulwurfshügel. Kaum hatte die Königin Erbsenblüte ihre Erlaubnis erteilt, da tauchte aus dem Maulwurfshügel der Kopf eines Kobolds auf, der schrie:

»Halten zu Gnaden, Eure Majestät, ich will den Jungen herbringen.«

»Du!« entfuhr es der Königin. »Wie willst du das machen?« Der Kobold begann sich aus der Erde herauszuwinden, so als sei er eine Schlange und die ganze Erde seine Haut, bis sich der gesamte Hof vor Lachen bog. Sobald er sich befreit hatte, fing er an, auf jede nur erdenkliche Art herumzurollen, und wirbelte und turbelte ganz ungestüm, bis er den Waldrand erreichte. Die Höflinge folgten ihm und hielten sich die Bäuche, so daß die Königin ganz allein auf ihrem Thron zurückblieb. Als sie beim Wald ankamen, war Krötenpilz, so hieß nämlich der Kobold, nirgends mehr zu sehen. Während sie nach ihm suchten, streckte er seinen Kopf wieder aus dem Maulwurfshaufen und sprach:

»So, Eure Majestät.«

»Du hast dir mit deiner Antwort ja ordentlich Zeit gelassen«, sagte lachend die Königin.

»Und sie auf meine Art gegeben, nicht wahr, Eure Majestät?« gab er grinsend zurück.

»Zweifellos, du magst es also versuchen.«

Der Kobold, von dem nur Kopf und Hals zu sehen waren, verbeugte sich, so gut er es eben vermochte, und verschwand alsdann unter der Erde.

II

Kein Sterblicher und auch keine Elfe kann sagen, wo Feenland anfängt und wo es aufhört. Aber irgendwo am Rande von Feenland gab es ein nettes Bauerndorf, in dem freundliche Bauersleute wohnten.

Alice war die Tochter des Gutsbesitzers, ein hübsches und gutmütiges Mädchen, das von ihren Freunden als feenhaft, von anderen als einfältig bezeichnet wurde. An einem rosigen Sommerabend, als die Wand ihrem Fenster gegenüber von Rosa ganz übersprüht war, warf sie sich auf ihr Bett und lag da, staunte und starrte die Wand an. Die rosa Farbe senkte sich durch ihre Augen und färbte ihre Gedanken, und allmählich war ihr, als lese sie ein Märchenbuch. Sie glaubte auf ein westliches Meer zu schauen, dessen Wellen vom Sonnenuntergang ganz rot waren. Doch die Farbe verblaßte und Alice seufzte, als sie sah, wie die Wand wieder gewöhnlicher wurde. »Ich wünschte, es wäre immer Sonnenuntergang!« sagte sie halblaut. »Ich mag graue Dinge nicht.«

»Ich werde dich dorthin bringen, wo die Sonne immer untergeht, wenn du magst, Alice«, sagt ein süßes, winziges Stimmchen neben ihr. Sie sah auf die Bettdecke hinunter, und da stand ein allerliebstes kleines Geschöpf, das zu ihr hinaufschaute. Es schien ganz natürlich, daß diese kleine Dame da war; viele Dinge, die wir nie vermutet hätten, müssen ja nur geschehen, und dann ist nichts Seltsames mehr an ihnen. Sie war weiß gekleidet, mit einem abendsonnenroten Mantel – die Farben der süßesten aller süßen Erbsenblüten. Auf ihrem Kopf saß eine Krone von zarten, verschlungenen Ranken mit einem kleinen goldenen Käfer vorne dran.

»Bist du eine Fee?« fragte Alice.

»Ja. Willst du mit mir zum Sonnenuntergang gehen?«

»Ja.«

Als Alice sich erheben wollte, merkte sie, daß sie nicht größer war als die Fee; und als sie aufrecht auf der Steppdecke stand, sah das Bett wie ein riesiger Saal mit einem bemalten Himmel aus. Während sie auf Erbsenblüte zuging, stolperte sie mehrere Male über die Fransen, die das Muster zeichneten. Doch die Fee nahm sie bei der Hand und führte sie zum Bettende. Lange bevor sie es jedoch erreichten, sah Alice, daß die Fee eine große schlanke Dame war und sie selbst nicht kleiner als diese. Was sie für Fransen auf der Steppdecke gehal-

ten hatte, waren in Wirklichkeit Stechginsterbüsche, Brombeersträucher und Heidekraut am Abhang einer Böschung.
»Wo sind wir?« fragte Alice.
»Beim Weitergehen«, erwiderte die Fee.
Alice, der die Antwort nicht gefiel, sagte:
»Ich möchte nach Hause gehen.«
»Dann leb wohl«, antwortete die Fee.
Alice sah sich um. Ein weites hügeliges Land lag ringsum. Sie konnte nicht einmal sagen, aus welcher Himmelsrichtung sie gekommen war.
»Ich sehe ein, ich muß mit dir gehen«, sagte sie.
Bevor sie unten an der Sohle ankamen, wanderten sie durch lieblichstes Wiesengras. Ein kleiner Bach floß hüpfend neben ihnen hinab, ohne Flußbett und ohne Ufer, lief manchmal zwischen den Blättern und überspülte dann wieder alles Gras in eine Richtung. Sein Geplätscher war erstaunlich laut für einen so kleinen Bach und einen so sanften Wasserlauf.
Allmählich wurde der Abhang weniger steil, und der Bach floß ruhiger und weitete sich. Schließlich kamen sie an einen Wald von hohen, geraden Pappeln; sie ragten aus dem Wasser, denn der Bach floß geradewegs in den Wald und breitete sich dort zu einem See aus. Alice glaubte, hier sei der Weg zu Ende, doch Erbsenblüte führte sie immer weiter, quer durch das Gelände.
Es war nun schon dunkel; doch alles unter Wasser verströmte ein blasses, ruhiges Licht. Da waren zwar hier und dort tiefe Teiche, aber es gab weder Schlamm noch Frösche, weder Salamander noch Aale. Am Untergrund war alles reines, liebliches, grünschimmerndes Gras. Sie sah auf den Teichbänken ganz unter Wasser wachsende Schlüsselblumen und Veilchen und Becherblumen. Welche Blume sie auch immer sehen wollte,

kaum hielt sie nach ihr Ausschau, durfte sie gewiß sein, sie zu finden. Lag ein Teich im Weg, schwamm die Fee, und Alice schwamm neben ihr; aber sobald sie wieder aus dem Wasser stiegen, waren sie ganz trocken, obwohl das Wasser genauso köstlich naß war, wie es sich für Wasser gehört. Neben den Bäumen wuchsen hohe, prächtige Lilien hervor, Stockrosen und Iris, Pfeilkräuter und viele andere langstielige Blumen. Von all ihren Blättern und Blüten, von jeder Zweigspitze und jeder Ranke tropfte helles Wasser. Es sammelte sich langsam an jedem Punkt, und die Punkte waren so zahlreich, daß ein unaufhörlicher Diamantenregen auf dem ruhigen Seespiegel melodisches Geplätscher erklingen ließ. Als sie den Weg fortsetzten, ging der Mond auf und sprühte ein blasses Licht über das Ganze, so daß die Diamantentropfen sich in halbflüssige Perlen verwandelten, um jeden Baumwipfel ein Mondlichtkreis leuchtete, das Wasser sich schlafen legte und die Blumen zu träumen begannen.

»Schau«, sagte die Fee, »diese Lilien träumen sich gerade in den Schlaf eines Kindes. Ich kann sie lächeln sehen. Dies ist der Ort, von wo all das ausgeht, was den Kindern jede Nacht erscheint.«

»So ist dies also das Traumland?« fragte Alice.

»Wenn du so willst«, antwortete die Fee.

»Wie weit bin ich von zu Hause fort?«

»Je weiter du gehst, desto näher bist du deinem Zuhause.«

Die Feedame pflückte einen Strauß Mohnblumen und gab ihn Alice. Als sie zum nächsten tiefen Teich gelangten, hieß sie Alice die Blumen hineinwerfen. Sie tat es und bettete alsdann ihren Kopf darauf. Im selben Augenblick begann sie zu sinken. Es ging tiefer, immer tiefer hinab, bis sie schließlich das lange, dicke Gras des

Teichgrundes unter sich spürte, unter ihrem Kopf die Mohnblumen und über sich das klare Wasser. Über allem schien der Mond, dessen helleuchtendes Gesicht auch schläfrig wirkte und nur durch die kleinen Kringel der Regentropfen aus den hohen Blumen am Teichsaum bewegt wurde.
Sie fiel in tiefen Schlaf und träumte die ganze Nacht von zu Hause.

III

Heinrich – dieser Name mag für ein Märchen genügen – war der Sohn einer Witwe in Alices Dorf. Er war so arm, daß er sich bei den meisten Leuten nicht willkommen fühlte; deshalb ging er fast nirgends hin, sondern las zu Hause Bücher und kümmerte sich um seine Mutter. Sein Verhalten war darum so schüchtern und so unbeholfen, daß er auf alle, die auf Äußerlichkeiten bedacht waren, einen ungünstigen Eindruck machte. Alice hätte ihn gewiß verachtet, doch dazu kam er ihr nie nahe genug.
Nun hatte Heinrich seine wenigen Pfennige zusammengespart, um für seine Mutter einen Regenschirm zu kaufen; denn der Winter würde kommen und bei dem einen, den sie hatte, hingen nur noch lose Fetzen um das Gestänge. Eines strahlenden Sommerabends, als er dachte, Schirme müßten nun billig sein, ging er über den Marktplatz, um einen zu erstehen; da stand in der Mitte des Platzes ein sonderbar aussehender kleiner Mann, der tatsächlich Schirme verkaufte. Was für eine Gelegenheit! Als er sich näherte, stellte er fest, daß der kleine Mann seine Schirme zwar bis in den Himmel pries, jedoch so unsinnig niedrige Preise für sie verlang-

te, daß niemand einen Kauf wagen wollte. Er hatte sie alle aufgespannt auf dem Marktplatz aneinandergereiht – etwa fünfundzwanzig davon, die Stange nach unten, wie kleine Zelte –, und er stand daneben und beschwatzte die Leute. Doch niemandem aus der Menge erlaubte er, seine Schirme anzufassen. Kaum fiel sein Blick auf Heinrich, änderte er den Tonfall und sagte: »Nun, denn, da niemand zum Kauf geneigt scheint, glaube ich, meine lieben Schirme, daß es für uns an der Zeit ist, heimzugehen.« Woraufhin die Schirme sich etwas umständlich erhoben, um einer nach dem anderen fortzuwatscheln. Die Leute starrten einander mit offenem Munde an, denn sie mußten erkennen, daß das, was sie für eine Reihe von Schirmen gehalten hatten, in Wirklichkeit eine Schar schwarzer Gänse war. Ein prächtiger Truthahn kollerte hinter ihnen her und scheuchte sie alle den Weg hinunter zum Wald. Heinrich dachte bei sich: »Dahinter steckt einiges, was ich mir nicht erklären kann. Aber ein Schirm, der Eier legen kann, wäre ein sehr drolliger Schirm.« Und als die Leute erst anfingen, miteinander zu lachen, war Heinrich schon den halben Weg hinuntergelaufen und den Gänsen dicht auf den Fersen. Da blieb er stehen und schnappte sich eine von ihnen, doch anstelle einer Gans hielt er einen riesengroßen Igel in den Händen, den er erschrocken fallen ließ; der aber watschelte, als Gans wie zuvor, gleich wieder weiter, und alle zusammen begannen auf unmißverständliche Weise zu schnattern und zu zischen. Was den Truthahn betraf, so schnatterte und kollerte er, bis er fast erstickte, und schnappte dann wieder auf die allerlächerlichste Art nach Luft. Er schien manchmal tatsächlich zu vergessen, daß er ein Truthahn war, und lachte wie toll. Plötzlich, mit einem gleichzeitigen, aus der Tiefe der langen Hälse kommen-

den Zischen, flogen sie auf und in den Wald, der Truthahn hinterdrein. Doch Heinrich hatte sie bald eingeholt und fand sie in einer Reihe zu beiden Seiten des Weges an ihren Füßen von den Bäumen hängend, während der Truthahn weiterspazierte. Ihm folgte Heinrich; doch sobald er die Mitte der hängenden Gänse erreichte, erhob sich von beiden Seiten ein fürchterliches Zischen, und ihre Hälse wurden länger und länger, bis sich fast dreißig breite Schnäbel seinem Kopf näherten, ihn ins Gesicht, in Ohren und Nacken schnaubten. Doch der Truthahn kam zurück, nachdem er sich umgedreht und gesehen hatte, was vor sich ging. Als er zu der Stelle kam, schaute er zur ersten Gans hinauf und kollerte wie toll, woraufhin diese still wurde und vom Baum fiel. Dann ging er zur nächsten und wieder zur nächsten und so weiter, bis er sie alle, eine nach der anderen, von den Bäumen gekollert hatte. Doch als Heinrich meinte, er könne sie nun dem Truthahn nachlaufen sehen, war nichts mehr von ihnen übriggeblieben als eine Ansammlung riesiger Pilze und Staubschwämme.
»Nun reicht es mir aber«, dachte Heinrich. »Ich werde wieder nach Hause gehen.«
»Geh nach Hause, Heinrich«, sagte eine Stimme ganz nahe bei ihm.
Als er hinunterschaute, erblickte er statt des Truthahns den absonderlichsten kleinen Mann, den er je gesehen hatte.
»Geht nach Hause, Meister Heinrich«, wiederholte er grinsend.
»Nicht auf Euer Geheiß«, antwortete Heinrich.
»Nun, dann folgt mir, Meister Heinrich.«
»Auch das nicht ohne einen guten Grund.«
»Ich werde Euch einen solchen Schirm für Eure Mutter geben.«

»Ich nehme von Fremden keine Geschenke an.«
»Ach du liebe Güte, ich bin doch kein Fremder hier! O nein! Ganz gewiß nicht.« Und er machte sich auf seine eigentümliche Weise davon und rollte und tollte in alle Richtungen gleichzeitig.
Heinrich mußte ganz einfach lachen und ihm folgen. Endlich plumpste Krötenpilz in ein riesiges Wasserloch. »Geschieht ihm recht!« dachte Heinrich. »Geschieht ihm recht!« kreischte der Kobold, als er wieder herauskrabbelte und das Wasser von sich abschüttelte wie ein Spaniel. »Dies ist genau die Stelle, zu der ich wollte, ich bin nur zu schnell gerollt.« Er trollte aber dennoch weiter, noch schneller als zuvor, obwohl es jetzt bergauf ging, bis er den Gipfel einer ganz beachtlichen Anhöhe erreicht hatte, auf der eine Anzahl von Palmen wuchs.
»Habt Ihr ein Messer, Heinrich?« fragte der Kobold, indem er unversehens anhielt, so als wäre er gemächlich einherspaziert, ganz wie andere Leute auch.
Heinrich zog ein Taschenmesser heraus und gab es dem Geschöpf, das, ohne eine Sekunde zu zögern, in einen der Bäume eine tiefe Kerbe hieb. Dann machte er einen Satz zum nächsten Baum, tat das gleiche, und weiter so, bis sie alle eingeschnitten waren. Heinrich, der ihm gefolgt war, sah, wie ein kleines Rinnsal, klarer als das klarste Wasser, aus jedem der Bäume herauszufließen begann und zunahm, je länger es floß. Noch bevor die letzte Palme eingekerbt war, erklang ein deutlich vernehmbares Rascheln und Rauschen der kleinen Bäche, die sich an den Stämmen hinunterschlängelten. Es schwoll immer weiter an, bis Heinrich einen ganzen Fluß den Abhang hinunterströmen sah.
»Hier habt Ihr Euer Messer wieder, Heinrich«, sagte der Kobold; doch bis dieser es wieder in seine Tasche

gesteckt hatte, war der Fluß zu einem kleinen Strom angewachsen.
»Nun, Heinrich, folgt mir«, sagte Krötenpilz und warf sich in den Strom.
»Mir wäre es lieber, ich hätte ein Boot«, erwiderte Heinrich.
»Oh, wie kann man nur so dumm sein!« schrie Krötenpilz und krabbelte den Abhang wieder empor, den hinab der Strom ihn schon ein ganzes Stück getragen hatte.
Unter allen möglichen Verrenkungen, die eine solche Arbeit und Mühe mit sich bringt, und doch mit ungeheurer Geschwindigkeit erklomm er die oberste Spitze eines Baumes und riß ein riesiges Blatt ab, warf es zu Boden und sich selbst hinterdrein, wobei er wie ein Ball hochfederte. Sodann legte er das Blatt auf das Wasser, hielt es am Stengel und hieß Heinrich aufsteigen, was dieser auch tat. Unter seinem Gewicht sank es in der Mitte tief ein. Krötenpilz ließ den Stengel los, und es schoß den Strom hinunter wie ein Pfeil. Damit begann die ungewöhnlichste und erquicklichste Reise. Der Strom strudelte in schnellem Lauf den Abhang hinunter, funkelnd wie ein Diamant, und erreichte bald eine flache Wiese. Der Kobold kollerte neben dem Boot her wie ein Büschel Unkraut, während Heinrich auf dem Rücken seines Wasserrosses triumphierend durch das grün begraste Flachland ritt. Es schoß pfeilgerade dahin und war, so seltsam es klingen mag, vom Boden abgehoben wie eine Wasserklippe oder eine Welle und wurde wie diese nur am hinteren Ende vorangetrieben. Es brauchte keinen Kanal und wich keinem Hindernis aus. Es floß über alles, was ihm in die Quere kam, wie eine riesige Schlange aus Wasser, deren Windungen sich an alle Unebenheiten des Weges schmiegen. Stellte

sich eine Mauer in seinen Lauf, so floß es dagegen an und hob sich selbst bis oben hinauf, tauchte von dort wieder hinunter zum Fuß der anderen Seite und floß weiter. Bald bemerkte Heinrich, daß es ganz sanft einen grasbewachsenen Hügel hinauflief. Die Wellen kräuselten sich immerfort nach rückwärts, als bliese sie ein Wind oder als wollten sie ständig wieder abwärtsfließen. Doch immer weiter stieg der Fluß und strömte und trug die Wellen mit sich. Es war mühsam, doch es gelang. Als sie den Gipfel erreichten, trieben sie über ein Heideland und rollten mit den Wellen über purpurnes Heidekraut und blaue Sternhyazinthen, über zarten Farn und hohen, dicht mit violetten und weißen Glokken behangenen Fingerhut. Die ganze Zeit über kringelte das Palmenblatt seinen Saum vom Wasser weg nach innen und formte sich zu einem Boot, in dem Heinrich herrlich bequem saß, während Krötenpilz den Strom entlangpurzelte wie ein Tümmler. Schließlich begann das Wasser schneller zu fließen und immer schneller, bis es sie mit großem Platschen in einen tiefen See warf und dann zur Ruhe kam. Krötenpilz verschwand, kam grinsend und nach Luft schnappend wieder hoch, während Heinrichs Boot schaukelte und schwankte wie ein Schiff auf stürmischer See, doch nicht einen einzigen Wassertropfen eindringen ließ. Dann begann der Kobold zu schwimmen und schob und schleppte das Boot mit sich. Der See war aber so ruhig und die Bewegung so angenehm, daß Heinrich in tiefen Schlaf fiel.

IV

Als er erwachte, befand er sich mit seinem breiten Palmenblatt noch immer auf dem Wasser. Er war ganz allein, inmitten eines Sees, mit Blumen und Bäumen, die da überall hinaus- und hineinwuchsen. Die Sonne stand gerade hoch über den Baumwipfeln. Das Tröpfeln der Wasserperlen, die aus den Blumen fielen, begrüßte ihn mit zauberhaften Klängen; die Nebelschleier waren dabei sich aufzulösen, und wo Sonnenlicht auf den See fiel, war das Wasser klar und durchsichtig wie Glas. Er schaute hinab, und da sah er, direkt unter sich, ganz tief am Grund Alice – ertrunken, wie er glaubte. Er wollte schon hineinspringen, da sah er, wie sie die Augen öffnete und im selben Moment aufzutauchen begann. Er streckte ihr die Hand entgegen, doch sie wies sie verächtlich zurück, schwamm zu einem Baum, setzte sich auf einen der unteren Zweige und wunderte sich, wie der arme Sohn der Witwe je seinen Weg ins Feenland hatte finden können. Es gefiel ihr nicht. Es war ein Einbruch in ihr Vorrecht.

»Wie bist du hierhergekommen, klein Heinrich?« fragte sie aus sechs Meter Entfernung.

»Ein Kobold brachte mich.«

»Ach, das dachte ich mir. Mich brachte eine Fee.«

»Wo ist deine Fee?«

»Hier bin ich«, sagte Erbsenblüte, die langsam zur Oberfläche aufgestiegen war, gleich neben dem Baum, auf den Alice sich gesetzt hatte.

»Wo ist dein Kobold?« erwiderte Alice schnippisch.

»Hier bin ich«, kreischte Krötenpilz, schoß aus dem Wasser wie ein Lachs und überschlug sich in der Luft, bevor er mit ungeheurer Wucht wieder zurückplatschte. Sein Kopf tauchte ganz nahe bei Erbsenblüte

wieder auf; sie aber lachte nur, da ihr solche Geschöpfe längst vertraut waren.
»Ist er nicht artig anzuschauen?« grinste er.
»Freilich, sehr gut. Es fehlt ihm nur noch etwas Schliff.«
»Den könntest du ihm eigentlich geben, was meinst du. Sollten wir nicht tauschen?«
»Meinetwegen. Sie ist ziemlich einfältig.«
»Das wäre nicht so schlimm. Der Junge hingegen ist mir zu empfindlich.«
Er tauchte unter und kam zu Alices Füßen wieder hoch. Sie schrie vor Schreck. Die Fee flutete wie eine Wasserlilie auf Heinrich zu. »Was für ein liebliches Geschöpf«, dachte er; als er jedoch Alice nochmals aufschreien hörte, bat er:
»Laßt Alice nicht im Stich; sie fürchtet sich vor diesem eigentümlichen Wesen«, und rief: »Ich glaube nicht, daß er irgend jemandem etwas antun könnte, Alice!«
»O nein, er würde ihr nichts tun«, sagte Erbsenblüte.
»Ich aber bin ihrer überdrüssig. Er soll sie zum Hof bringen, und ich nehme Euch mit.«
»Ich möchte nicht mitgehen.«
»Aber Ihr müßt. Ihr kommt nicht mehr nach Hause, denn Ihr kennt den Weg nicht.«
»Heinrich! Heinrich!« schrie Alice in größter Angst.
Heinrich hüpfte von seinem Boot und war im Nu bei ihr.
»Er hat mich gezwickt«, heulte Alice.
Heinrich gab dem Kobold eine tüchtige Kopfnuß; doch da hätte er mit gleichem Erfolg auch auf einen runden Gummiball schlagen können. Immerhin warf der Kobold Heinrich einen wütenden Blick zu, kreischte: »Das wirst du mir büßen, Heini!« und entschwand im Wasser.

»Komm mit, Heinrich, beeil dich! Er wird dich umbringen«, rief die Fee laut.
»Das ist alles deine Schuld«, sagte Heinrich. »Ich werde Alice nicht verlassen.«
Da erkannte die Fee, daß sie und Kröntenpilz nun ausgespielt hatten, denn gegen den Willen der Sterblichen können sie mit ihnen nichts tun. Also stieg sie in Heinrichs Boot, spannte ihr Gewand wie ein Segel, entschwand über das Wasser und ließ die beiden zurück.
»Du hast meine Fee davongejagt!« schrie Alice. »Nun werde ich nie mehr nach Hause kommen. Es ist alles deine Schuld, du ungezogener Junge.«
»Ich habe den Kobold davongejagt«, wandte Heinrich ein.
»Würdest du dich bitte auf die andere Seite des Baumes setzen. Ich frage mich, was wohl Papa sagen würde, sähe er mich mit dir sprechen!«
»Willst du nicht mit zum nächsten Baum kommen, Alice?« sagte Heinrich nach längerem Schweigen.
Alice, die, während Heinrich nachdachte, ständig geweint hatte, sagte: »Das werde ich nicht tun.« So tauchte denn Heinrich ohne sie ins Wasser und schwamm auf den Baum zu. Aber noch bevor er den halben Weg zurückgelegt hatte, hörte er Alice klagen: »Heinrich! Heinrich!«
Genau das hatte er gewollt. Er drehte sich also um, und Alice warf sich ins Wasser. Mit Heinrichs Hilfe schwamm sie recht munter, und so gelangten sie zu dem Baum. »Jetzt zum nächsten!« sagte Heinrich; und sie schwammen zum nächsten und dann zum dritten. Jeder Baum, den sie erreichten, war größer als der letzte, und jeder Baum, den sie dann vor sich hatten, war noch größer. So schwammen sie von Baum zu Baum, bis sie zu einem kamen, der so riesig war, daß sie nicht einmal

mehr um ihn herumsehen konnten. Was war nun zu tun? – Offenkundig nur, diesen Baum zu besteigen. Das allerdings war für Alice eine schreckliche Aussicht; doch Heinrich machte sich ans Klettern, und indem sie ihren Fuß in seine Tritte setzte und sich von Zeit zu Zeit an seinem Knöchel festhielt, gelang es ihr hochzusteigen. Da gab es viele Stümpfe, die von verwitterten Ästen übriggeblieben waren, und die Rinde war fast so grobstollig wie ein Erdhügel, so daß ihre Füße ausreichend Halt fanden. Nachdem sie lange Zeit geklettert waren und unsäglich müde wurden, erhob Alice ein lautes Jammern: »Heinrich, ich werde hinunterfallen – ganz bestimmt. Warum hast du nur diesen Weg genommen?« Und sie fing wieder an zu weinen. Doch im selben Moment ergriff Heinrich einen Zweig über seinem Kopf und streckte seine andere Hand nach unten, so daß er Alice fassen und festhalten konnte, bis sie sich ein wenig erholt hatte. Wenig später erreichten sie eine Baumgabelung, in die sie sich sogleich setzten und ausruhten. »Das ist ja kolossal!« sagte Heinrich fröhlich.

»Was denn nur?« fragte Alice verdrießlich.

»Ei, wir haben nun Platz zum Ruhen und für ein Weilchen keine Eile. Ich bin müde.«

»Du selbstsüchtiges Geschöpf!« sagte Alice. »Wenn du müde bist, was muß ich denn erst sein?«

»Auch müde«, antwortete Heinrich. »Aber wir sind tapfer vorangekommen. Und schau nur! Was ist das?«

In der Zwischenzeit hatte sich der Tag geneigt, und die Nacht war schon so nahe, daß im Schatten des Baumes alles dämmrig und düster war. Aber es war gerade noch hell genug, um zu erkennen, daß in einer Nische des Baumes ein riesengroßer Uhu saß, mit einer grünen Brille auf der Nase und einem Buch im Fuß. Er ließ sich von den Eindringlingen nicht im geringsten aufscheuchen, sondern murmelte immerfort vor sich hin. Und was glaubt ihr, was der Uhu sagte? Ich will es euch verraten. Er sprach über das Buch, das er verkehrt herum in seinem Fuß hielt.

»Dummes Buch, ach was-s-s-s! Steht überhaupt nichts drin! Alles verkehrt herum! Blödes Pack, ich weis-s-s-s! Sagt, Uhus können nicht lesen! Ich kann rückwärts lesen!«

»Ich glaube, das ist wieder der Kobold«, sagte Heinrich im Flüsterton. »Wie dem auch sei, stellt man ihm eine offene Frage, so muß er auch offen antworten, denn in Feenland dürfen sie nicht rundheraus lügen.«

»Frag ihn nicht, Heinrich; du weißt, du hast ihn fürchterlich geschlagen.«

»Ich habe ihm nur gegeben, was er verdiente, und er schuldet mir das gleiche. – Guten Abend! Wo geht es hier wieder hinaus?«

Er sagte nicht mit Verlaub, denn dann wäre es keine offene Frage mehr gewesen.

»Die Treppe hinunter«, zischte die Eule, ohne auch nur ein einziges Mal von dem Buch aufzublicken, das sie die ganze Zeit verkehrt herum las, weil sie so gelehrt war.

»Auf Euer Wort als ehrenwerte Eule?«

»Nein«, zischte die Eule; da war Heinrich fast sicher, daß es keine echte Eule war. Gebannt starrte er sie eine Weile an, und plötzlich sagte die Eule, ohne von ihrem Buch aufzublicken: »Ich will ein Lied singen«, und hob an:

»Niemand kennt die Welt wie ich so genau,
Wenn alle schlafen, sitz ich auf und schau.
Kein einz'ger Student ist wie ich so gescheit,

Denn ich les' nie vor Einbruch der Dunkelheit.
Und niemals les' ich was ohne Brille,
So ziemt es meiner Weisheit Fülle.
Hauoolhulhuulwuluul.

Ich seh selbst den Wind! Gibt's sonst wen, der's tut?
Seh die Träume, die er trägt in seinem Hut;
Wie er sie ausschnaubt mit Wehen und Blasen
Aus seiner alten tumben Trompetennasen.
Zehntausend Dinge, ihr kämt nie darauf,
Die schreib ich mit Feder und Tinte auf.
Hauoolhulhuulwititsss, das ist Witz.

Nennt's nur Gelehrtheit – 's ist Mutterwitz.
Niemand sieht, wie die edle Mondfrau sitzt
Auf dem Meer, ihrem Nest, jede Nacht, nur der Uhu,
Wie dort Boote sie birgt, deckt das Vogeltier zu.
Wenn die Austern sich auftun, um Reime zu summen,
Stopft eine Perle sie tief in den Schlund dieser Dummen.
Hauoolwititsss, das nenn' ich Witz, nenn' ich Vogel!«

Und als das Lied zu Ende war, warf sie Heinrich das Buch ins Gesicht, breitete ihre mächtigen, sanft und still schwebenden Flügel aus und flog schleunigst hinauf in die Krone des Baumes. Als das Buch Heinrich traf, merkte er, daß es nur ein nasser Moosklumpen war. Er hatte, während er mit dem Uhu sprach, hinter einem der Zweige eine Höhle entdeckt. Da er dies für den Weg hielt, den der Uhu gemeint hatte, ging er hin, um nachzuschauen, und fand eine holprige, schwer zu erkennende Treppe, die tief ins Innerste des Stammes hinabführte. Weil aber der Baum dermaßen groß war, konnte die Treppe dem Stamm nicht den geringsten Schaden zufügen. Diese Stiege hinunter kraxelte nun also Heinrich, so gut er konnte, gefolgt von Alice – nicht freiwillig, wie sie ihm deutlich zu verstehen gab, sondern weil sie keine andere Wahl hatte. Tiefer, immer tiefer stiegen sie; hin und wieder rutschten sie aus oder fielen, doch nie sehr weit, da die Treppe im Kreise ging. Sie fing Heinrich auf, wenn er rutschte, und er fing Alice auf, wenn sie fiel. Sie begannen schon zu fürchten, daß diese Treppe nie mehr enden wolle, so stetig ging sie rundum, da stießen sie, nachdem sie durch eine Spalte gekrochen waren, auf einen weiten, hohen Saal, den Tausende von Säulen aus grauem Stein trugen. Woher das bißchen Licht eindrang, konnten sie sich nicht erklären. Diesen Saal durchquerten sie schnurgerade und hofften, eine Seitenwand zu erreichen, an der sie dann entlanggehen wollten, bis sie zu einer Öffnung kämen. Sie hielten die Richtung, indem sie von Säule zu Säule gingen, wie sie es zuvor bei den Bäumen gemacht hatten. Jedes ehrliche Vorhaben gelingt in Feenland, wenn man nur dabei bleibt. Und kein Vorhaben gelingt, wenn man nicht dabei bleibt.

Es war sehr still, und Alice mißfiel die Stille mehr als die Düsterkeit – sie mißfiel ihr dermaßen, daß sie sich sogar danach sehnte, Heinrichs Stimme zu hören. Doch sie war immer so widerspenstig zu ihm gewesen, wenn er sie ansprach, daß er sie nun lieber zuerst sprechen lassen wollte; wozu sie wiederum zu stolz war. Sie wollte ihn nicht einmal neben sich einhergehen lassen, sondern wurde immer langsamer, wenn er auf sie warten wollte, so daß er schließlich alleine voranschritt, und Alice folgte. Doch allmählich wurde ihr diese entsetzliche Stille immer unerträglicher, bis sie endlich das Gefühl bekam, es gäbe weit und breit im ganzen Universum niemanden außer ihr. Der Saal um sie dehnte sich immer noch weiter aus; ihre Schritte waren geräuschlos; die Stille wuchs so, daß sie fast greifbar zu werden schien. Schließlich konnte sie es nicht mehr länger ertragen. Sie rannte auf Heinrich zu, holte ihn ein und faßte ihn am Arm.

Er hatte schon eine Weile drüber nachgedacht, was für ein bockiges, unerfreuliches Mädchen Alice war, und wünschte sie zurück in ihr sicheres Heim, um sie los zu sein, da spürte er eine Hand, drehte sich herum und sah, daß es das unerfreuliche Mädchen war. Sie wurde bald in gewisser Weise umgänglich, denn wie sie so alles überdachte, kam sie zu dem Schluß, daß Heinrich schon des öfteren im Feenland gewesen sein mußte. »Es ist schon seltsam«, sagte sie bei sich; »denn er ist doch ein ganz armer Junge, da bin ich mir ganz sicher. Seine Arme ragen aus seinen Westenärmeln wie das Gestänge aus dem Schirm seiner Mutter. Man stelle sich nur vor, mit ihm durch das Feenland zu wandern!«

In ebendem Augenblick, als sie seinen Arm berührte, sahen sie ein finsteres Gewölbe vor sich. Sie waren geradewegs auf eine Türe zugegangen – zwar keine besonders einladende, denn sie führte auf einen äußerst dunklen Korridor. Jedoch wo nur eine einzige Tür war, fiel die Wahl nicht schwer. Heinrich ging ohne zu zögern hindurch; und weil sie größere Angst hatte, zurückgelassen zu werden, überwand Alice die kleinere Angst, weiterzugehen. Und schon staken sie in tiefster Finsternis. Alice klammerte sich an Heinrichs Arm und murmelte, ohne es eigentlich zu wollen: »Lieber Heinrich!« War es nicht seltsam, daß Angst wie Liebe klingen konnte? Aber sie waren ja in Feenland. Es war auch seltsam, daß, sobald sie so gesprochen hatte, Heinrich sich augenblicklich in sie verliebte. Das allermerkwürdigste aber war, daß Heinrich im selben Moment ihr Gesicht sah. Trotz ihrer Angst, die ihr Blässe ins Gesicht getrieben hatte, sah sie allerliebst aus.

»Liebe Alice!« sagte Heinrich. »Wie blaß du aussiehst!«
»Wie kannst du das erkennen, Heinrich, wenn rundum alles pechschwarz ist?«
»Ich kann dein Gesicht sehen. Es leuchtet. Jetzt sehe ich deine Hände. Jetzt kann ich deine Füße erkennen. Ja, ich kann jede Stelle sehen, der du dich näherst – nein, setz deinen Fuß nicht dorthin. Da, genau dort sitzt eine häßliche Kröte.«
Und wirklich war es so, daß, sobald er Alice zu lieben begann, seine Augen zu leuchten anfingen. Was, wie er glaubte, aus Alices Gesicht strahlte, kam in Wirklichkeit aus seinen Augen. Er konnte ihren Weg sehen und alles, was sie umgab, und er sah es mit jeder Minute besser; nur für seinen eigenen Weg war er blind. Es war so finster, daß er nicht einmal die Hand vor Augen sah, wenn er sie dicht vors Gesicht hielt. Doch er konnte Alice sehen, und das war tausendmal besser, als den Weg zu erkennen.
Allmählich begann auch für Alice ein Gesicht in der Dunkelheit zu dämmern. Es war Heinrichs Gesicht; doch es war viel schöner, als wie sie es zum letztenmal gesehen hatte. Auch ihre Augen begannen zu leuchten. Und sie sagte bei sich: »Ist es möglich, daß ich den Sohn der armen Witwe liebe? – So muß es wohl sein«, gab sie sich zur Antwort und lächelte, denn sie war ganz und gar nicht über sich verärgert. Heinrich sah das Lächeln und war froh. Ihre Blässe war süßer Röte gewichen. Und nun sah sie Heinrichs Pfad so gut wie ihren eigenen, und zwischen diesen beiden Lichtkreisen kamen sie gut voran.
Sie wanderten einen Weg zwischen zwei tiefen Gewässern entlang, die sich nicht bewegten und die, wo ihr strahlender Blick hinfiel, schwarz wie Ebenholz leuch-

teten. Doch schon von weitem sahen sie, daß dieser Pfad immer schmaler wurde. Und schließlich flossen zu Alices großer Bestürzung die beiden Gewässer vor ihnen zusammen.

»Was sollen wir nun tun, Heinrich?« sagte sie.

Als sie den Blick in das Wasser vor ihnen senkten, sahen sie, daß es von Eidechsen, Fröschen, schwarzen Schlangen und allerlei seltsamen, greulichen Kreaturen wimmelte, von denen manche gar weder Köpfe noch Schwänze, weder Füße, noch Flossen, noch Fühler hatten und eigentlich nichts als lebendige Klumpen waren. In einem fort sprangen sie hinein und heraus und krochen zuckend über den Weg. Heinrich überlegte ein Weilchen, bevor er, so gut er nur irgend konnte, Alices Frage beantwortete. Und er kam zu dem Schluß, daß sich der Pfad nicht so weit fortgesetzt haben könne, nur um hier zu enden, und daß er so etwas wie ein Finger sein müsse, der die Richtung wies, in die er selbst nicht weitergehen durfte. Also nahm er Alice in seine starken Arme und sprang mitten hinein in dieses eklige Gewimmel. Aber geradeso wie Elritzen nach allen Seiten auseinanderstieben, wenn man etwas zwischen sie wirft, so verschwanden diese armseligen Kreaturen nach links und rechts und in alle Richtungen.

Es erwies sich, daß das Wasser viel weitläufiger als erwartet war; und bevor er es ganz durchquert hatte, erschien ihm Alice schwerer, als er je hätte glauben mögen; aber auf dem festen, felsigen Grund watete Heinrich sicher zum anderen Ufer. Als er angekommen war, stellte er fest, daß es aus einem hohen, steilen und glatten Felsen bestand, in den ein paar unregelmäßige Stufen gehauen waren. Sie führten die beiden weiter, geradewegs in den Felsen hinein, und wieder zu einem Durchgang, der aber diesmal aufwärts verlief. Er drehte sich rund und rundum, wie das Gewinde einer riesigen Schraube. Schließlich stieß Heinrich mit seinem Kopf gegen etwas und konnte nicht mehr weitergehen. Der Raum war sehr eng und stickig. Er hob die Hände und drückte gegen dieses Etwas, das sich wie ein warmer Stein anfühlte: es bewegte sich tatsächlich ein wenig.

»Hinunter mit euch, ihr Scheusale!« grollte von oben eine vor Wut bebende Stimme. »Ihr werft meinen Topf, meine Katze und meine gute Laune um, wenn ihr weiter so schiebt. Hinunter mit euch!«

Heinrich klopfte sehr sacht an und sagte: »Bitte, laß uns hier hinaus.«

»Aber freilich, warum nicht gar! Sehr sanft und artig gesprochen. Hinunter mit euch, ihr scheußlichen Kobolde! Ich habe die Nase voll von euch. Ich versenge euch die Haare auf euren häßlichen Köpfen, wenn ihr das noch mal macht. Hinunter mit euch, sag' ich!«

Als er einsah, daß schöne Worte hier nichts fruchteten, bat Heinrich Alice, ein Stück hinunterzusteigen, um Platz zu machen; dann drückte er mit den Schultern gegen das eine Ende des Steines und hob ihn empor; daraufhin kam das andere Ende herunter, mitsamt einem Topf, einem Feuer und einer Katze, die daneben geschlafen hatte. Sie erschreckte Alice fürchterlich, als sie an ihr vorbeifiel und nichts als ihre grünleuchtenden Augenlichter sehen ließ.

Als Heinrich seinen Kopf durch das Loch nach oben streckte, merkte er, daß er einen Herdstein umgekippt hatte. Am Rande des Loches stand ein kleiner, alter, buckliger Mann, der in schreckerregender Wut einen Besenstiel schwang und nur noch zögerte, wohin er ihn damit schlagen wollte. Doch Heinrich nahm ihm die schwere Entscheidung ab, indem er hinaufsprang und ihm den Stiel wegnahm. Sobald er auch Alice herausgezogen hatte, gab er ihn mit einer Verbeugung wieder zurück und machte sich ungeachtet der Verwünschungen des alten Mannes daran, den Stein und den Topf wieder heraufzuheben. Was die Mieze betraf, so kam sie von selbst wieder herauf.

Da wurde der Alte etwas freundlicher und sagte: »Es tut mir leid, ich dachte, ihr wärt Kobolde. Sie wollen mich einfach nie in Ruhe lassen. Aber ihr müßt gestehen, es war eine ziemlich ungewöhnliche Art, einen Morgenbesuch abzustatten.« Damit verbeugte sich das merkwürdige Wesen versöhnlich.

»Das stimmt allerdings«, antwortete Heinrich. »Auch mir wäre es lieber gewesen, Ihr wärt uns hinter einer Türe begegnet, statt hinter einem Herdstein.« Er traute dem alten Mann nicht. »Aber«, fügte er hinzu, »ich hoffe, Ihr verzeiht uns.«

»Aber gewiß, gewiß, meine lieben jungen Leute. Fühlt euch wie zu Hause. Aber so junge Leute sollten so allein doch gar nicht ausgehen. Das schickt sich nicht.«

»Aber was soll einer tun – ich meine, was sollen zwei tun, wenn sie keine andere Wahl haben?«

»Ja, ja, natürlich; aber nun, wißt ihr, muß ich euch unter meine Fittiche nehmen. Also setzt Euch dorthin, junger Herr, und Ihr, junge Dame, dorthin.«

Er stellte den beiden zu beiden Seiten des Herdes je einen Stuhl hin und zog dann seinen eigenen Stuhl dazwischen. Die Katze sprang auf seinen Buckel und machte dort selbst einen. So türmten sie sich zu einer Mauer, die kein Mondlicht durchscheinen ließ. Und obwohl die beiden, Heinrich und Alice, frohgemut waren, gefiel es ihnen nicht, auf so willkürliche Weise voneinander getrennt zu sein. Aber sie zogen es vor,

den alten Mann nicht noch mehr zu verärgern – noch dazu in seinem eigenen Haus.
Doch einmal war er verärgert worden, und das war einmal zu viel, denn er hatte es sich zur Regel gemacht, niemals zu verzeihen, ohne sich mit Demütigungen schadlos zu halten.
Daß der Mann so zwischen ihnen saß, war den beiden so unangenehm, daß ihnen war, als seien sie unendlich weit voneinander entfernt. Um wieder in den Genuß einer freudigeren Aussicht zu kommen, wollten sie sich hinter dem Rücken des Zwerges die Hände reichen. Doch sobald ihre Hände sich zueinander bewegten, begann der Rücken der Katze in der Länge und ihr Buckel in die Höhe zu wachsen; kaum einen Augenblick später befand sich Heinrich auf einem steilen Hügel, den er mühsam erklomm und dessen Kuppe in den Sternenhimmel hineinragte und einem trostlosen Wind ausgesetzt war. Nicht die kleinste Behausung war in Sicht, und Alice war aus seinen Augen verschwunden. Er spürte jedoch, daß sie irgendwo auf der anderen Seite sein mußte, und kletterte und kletterte dem Hügelgrat zu, um hinüberzugelangen, wo er sie vermutete. Doch je länger er kletterte, desto weiter entfernt schien die Kuppe des Hügels, bis er schließlich ganz erschöpft in die Knie sank, und – soll ich es gestehen? – ihm fast die Tränen über die Wangen liefen. Man denke doch, so plötzlich und auf so unangenehme Art von Alice getrennt zu sein! Doch statt dessen vertiefte er sich in eifrige Überlegungen und sagte sich bald: »Dies kann nur wieder ein Streich dieses nichtswürdigen alten Mannes sein. Entweder ist dieser Berg eine Katze, oder er ist es nicht. Ist es ein Berg, dann wird ihm das nicht weh tun; ist es eine Katze, so wird es hoffentlich sehr weh tun.« Damit zog er sein Taschenmesser heraus, tastete nach

einer weichen Stelle und stieß es mit einem Schwung bis zum Heft in die Flanke des Berges.
Ein grauenvolles Kreischen war die erste Folge; die zweite war, daß Alice ihm gegenübersaß und sie sich über den Buckel des alten Mannes hinweg ansahen, den nun kein Katzenberg mehr zierte. Ihr Gastgeber saß da, starrte ins Feuer, ohne sich je umzudrehen, und tat so, als wisse er nicht, was vorgefallen war.
»Laß uns gehen, Alice«, sagte Heinrich und stand auf. »Das führt zu nichts. Wir werden uns hier gewiß nicht aufhalten lassen.«
Alice stand unverzüglich auf und legte ihre Hand in die seine. Sie gingen zur Türe. Der alte Mann schenkte ihnen keine Beachtung. Der Mond schien hell durch das Fenster; doch als sie die Türe öffneten, traten sie nicht wie erwartet ins Mondlicht, sondern in einen großen schönen Saal, durch dessen gotische Fenster ebenjener Mond hereinleuchtete. Sie konnten nur einen einzigen Gang finden, der sie aus diesem Saal hinaus und über eine Treppe nach oben führte. Gemeinsam stiegen sie hinauf. Oben angekommen, ließ Alice Heinrichs Hand los, um in einen kleinen Raum hineinzusehen, der, wie das Herz eines Diamanten, in allen Regenbogenfarben erstrahlte. Heinrich ging noch einige Schritte einen Korridor entlang, doch als er sah, daß Alice nicht mehr bei ihm war, kehrte er um und schaute in das Zimmer. Er konnte sie nirgends sehen. Der Raum war voller Türen; sie mußte wohl nicht mehr zurückgefunden haben. Er hörte ihre Stimme, die ihn rief, und er eilte in Richtung des Rufes. Doch weit und breit war nichts von ihr zu sehen. »Schon wieder diese Tricks«, sagte er bei sich. »Den hier abstechen zu wollen wäre aussichtslos. Ich muß abwarten, bis ich sehe, was sich tun läßt.« Immer noch hörte er Alice rufen, und immer noch folgte er

ihr, so gut er konnte. Schließlich kam er an ein Tor, das ins Freie führte und Mondlicht hereinließ. Doch als er es erreichte, sah er, daß er sich hoch oben in einer Turmwand befand und unter seinen Füßen das Gemäuer, ohne Treppe oder sonstige Abstiegsmöglichkeiten, senkrecht abfiel. Wieder hörte er Alice rufen, und als er den Blick hob, sah er auf der gegenüberliegenden Seite eines weiten Schloßhofes ein Tor ganz wie das seine, in dem sie von Mondlicht überflutet stand.

»Keine Bange, Alice!« schrie er. »Kannst du mich hören?«

»Ja«, antwortete sie.

»Dann hör mir gut zu. Das alles ist ein Trick. Es ist nichts als ein Schwindel dieses alten Wichtes aus der Küche. Streck nur deine Hand aus, liebste Alice.«

Alice tat, worum Heinrich sie bat, und obwohl sie sich viele Meter entfernt über den ganzen Hof hinweg sahen, trafen sich ihre Hände.

»Also doch! Das dachte ich mir!« rief Heinrich triumphierend.

»Nun, Alice, ich glaube nicht, daß der Hof dort unten mehr als einen halben Meter entfernt ist, obwohl es aussieht, als wären es vierzig Meter. Halte mich fest bei der Hand und spring, sobald ich bis drei gezählt habe.«

Aber Alice entzog ihm in plötzlicher Furcht die Hand; worauf Heinrich sagte: »Gut, ich versuch es zuerst«, und sprang. Im selben Moment klang sein fröhliches Lachen an Alices Ohr und sie sah, wie er tief unten unversehrt am Boden stand.

»Spring, liebe Alice, und ich werde dich auffangen«, sagte er.

»Ich kann nicht; ich habe Angst«, erwiderte sie.

»Der alte Mann ist dicht bei dir. Du solltest lieber springen«, sagte Heinrich.

Alice sprang in höchstem Schrecken von der Mauer und fiel nur etwa einen halben Meter tief in Heinrichs Arme. In dem Augenblick, als sie den Boden berührte, fanden sie sich vor der Tür eines kleinen Häuschens wieder, das sie sehr gut kannten, denn es lag nahe bei ihrem Dorf, in einem kleinen angrenzenden Wald. Hand in Hand liefen sie, so schnell sie konnten, nach Hause. Als sie bei dem kleinen Tor, das zu ihres Vaters Besitzungen führte, anlangten, nahm Heinrich Abschied von Alice. Tränen standen in ihren Augen. Heinrich und sie waren sich in Feenland so nahegekommen, ja fast schon wie Mann und Frau geworden, und nun mochten sie sich nicht trennen. Doch sie fühlten, daß es sein mußte. So lief Alice auf das Haus zu und gelangte durch den Hintereingang wieder in ihr Zimmer, noch bevor sie jemand vermißt hatte. Sogar das letzte Rot im Westen war noch nicht ganz verblaßt.

Als Heinrich auf dem Weg nach Hause über den Marktplatz ging, sah er einen Regenschirmhändler seine letzten Schirme verkaufen. Er glaubte, im Vorbeigehen einen scheelen Blick des Mannes auf sich zu spüren, und war sehr versucht, ihm eine Kopfnuß zu geben. Doch dann erinnerte er sich daran, wie zwecklos es gewesen war, dem Kobold auf den Kopf zu schlagen, und so ließ er es lieber bleiben.

In Anerkennung ihres Mutes sandte die Feenkönigin ihnen die Erlaubnis, Feenland zu besuchen, sooft es ihnen beliebte; und kein Kobold und keine Fee durften sich dabei einmischen.

Erbsenblüte und Krötenpilz ihrerseits wurden vom Hofe verwiesen und gezwungen, sieben Jahre lang zusammenzuleben, und zwar in einem alten Baum, der nur ein einziges Blatt trug. Krötenpilz hatte dagegen nicht viel einzuwenden, wohl aber Erbsenblüte.

Der goldene Schlüssel

Es war einmal ein Junge, der saß oft in der Dämmerung bei seiner Großtante und lauschte ihren Geschichten. Sie erzählte ihm, wenn er ans Ende des Regenbogens gelangen könne, dann werde er dort einen goldenen Schlüssel finden.

»Und wofür ist der Schlüssel?« fragte er immer wieder. »Wozu paßt er? Was wird er öffnen?«

»Das weiß keiner«, war die Antwort seiner Tante. »Das muß jeder selbst herausfinden.«

»Da er aus Gold ist«, sagte der Junge einmal nachdenklich, »nehme ich an, daß ich eine Menge dafür bekäme, wenn ich ihn verkaufen würde.«

»Wenn du ihn verkaufen willst, dann finde ihn besser erst gar nicht«, erwiderte seine Tante.

Und dann ging der Junge ins Bett und träumte von dem goldenen Schlüssel.

Nun wäre alles, was die Großtante dem Jungen über den goldenen Schlüssel erzählte, Unsinn gewesen, hätte ihr kleines Haus nicht an den Grenzen des Feenlandes gestanden. Denn bekanntlich vermöchte niemand außerhalb des Feenlandes herauszufinden, wo der Regenbogen endet. Das Geschöpf paßt dermaßen gut auf seinen goldenen Schlüssel auf, eilt immer von Ort zu Ort, daß ihn ja niemand finden kann! Aber im Feenland ist es ganz anders. Dinge, die hierzulande echt aussehen, sehen im Feenland wirklich sehr fadenscheinig aus, während einige der Dinge, die hier nicht einen Augenblick lang stillestehen können, sich dort überhaupt nicht bewegen. So war es ganz und gar nicht unsinnig,

wenn die alte Dame ihrem Neffen solche Geschichten über den goldenen Schlüssel erzählte.
»Weißt du, ob ihn je irgendwer gefunden hat?« fragte er eines Abends.
»Ja. Dein Vater hat ihn, soweit ich weiß, gefunden.«
»Und kannst du mir sagen, was er damit gemacht hat?«
»Er hat es mir nie gesagt.«
»Wie sah er aus?«
»Er hat ihn mir nie gezeigt.«
»Wie kommt immer wieder ein neuer Schlüssel dorthin?«
»Ich weiß nicht. Er ist da.«
»Vielleicht ist er ein Ei des Regenbogens.«
»Vielleicht. Du wirst ein glücklicher Junge sein, wenn du das Nest findest.«
»Vielleicht rollt es vom Himmel den Regenbogen herunter.«
»Vielleicht.«
Eines Sommerabends ging er in sein Zimmer, stellte sich ans Gitterfenster und starrte in den Wald, der den Rand des Feenlandes umsäumte. Er reichte bis dicht an den Garten seiner Großtante und schickte sogar einige versprengte Bäume ins Innere. Der Wald lag nach Osten hin, und die Sonne, die hinter der Hütte unterging, schaute mit ihrem ebenerdigen roten Auge direkt in den Wald. Alle Bäume waren alt und hatten unten nur wenige Äste, so daß die Sonne weit in den Wald hineinblicken konnte; und der Junge, der sehr scharfsichtig war, konnte fast so weit sehen wie die Sonne. Die Stämme standen wie rote Säulenreihen im Glanz der roten Sonne, und er konnte erkennen, wie in der weiten Ferne ein Seitenschiff ins andere überging. Und als er so in den Wald starrte, hatte er plötzlich das Ge-

fühl, als ob alle Bäume auf ihn warteten und etwas vorhatten, das sie erst dann ausführen konnten, wenn er zu ihnen kam. Aber er hatte Hunger und wollte zu Abend essen. Deshalb war er unschlüssig.
Plötzlich sah er, weit entfernt zwischen den Bäumen, wo die Sonne gerade noch hinkam, etwas Faszinierendes. Es war das Ende eines großen strahlenden Regenbogens. Er konnte alle sieben Farben zählen und jenseits des Violett alle Schattierungen erkennen; vor dem Rot kam allerdings eine Farbe, die noch prächtiger und geheimnisvoller war. Es war eine Farbe, die er noch nie gesehen hatte. Nur der Fuß des Regenbogens war sichtbar. Oberhalb der Bäume sah er nichts davon.
»Der goldene Schlüssel!« sprach er zu sich selbst und schoß aus dem Haus in den Wald.
Er war noch nicht weit gekommen, als die Sonne unterging. Aber der Regenbogen glühte nur um so heller. Denn der Regenbogen des Feenlandes ist nicht wie unserer auf die Sonne angewiesen. Die Bäume hießen ihn willkommen. Die Büsche machten ihm Platz. Der Regenbogen wurde größer und heller; und schließlich war er nur noch zwei Baumlängen davon entfernt.
Es war ein großartiger Anblick, wie er dort still in seinen prächtigen, seinen lieblichen, seinen zarten Farben brannte, die alle getrennt und doch verbunden waren. Er ragte hoch in den blauen Himmel empor, war aber nur so leicht gekrümmt, daß der Junge gar nicht sagen konnte, wie hoch der Scheitel des Bogens reichen mußte. Bisher war es nur der kleine Teil eines riesigen Bogens.
Der Junge starrte so lange hin, bis er sich selbst vor Entzücken vergaß – sogar den Schlüssel vergaß, den zu suchen er gekommen war. Und als er so dastand, wurde der Bogen noch wunderbarer. Denn in jedem der Farb-

streifen, die so breit waren wie eine Kirchensäule, konnte er undeutlich schöne Figuren erkennen, die dort wie über die Stufen einer Wendeltreppe emporstiegen. Die Figuren tauchten unregelmäßig auf – mal eine, mal viele, mal mehrere und dann wieder eine –, es waren Männer, Frauen und Kinder, immer unterschiedlich, aber alle schön.
Er näherte sich dem Regenbogen. Der verschwand. Entsetzt fuhr er einen Schritt zurück. Da war er wieder, so schön wie eh und je. Also begnügte er sich damit, so nahe wie möglich davor stehenzubleiben und die Figuren zu beobachten, die in den prächtigen Farben zu dem unbekannten Gipfel des Bogens aufstiegen, der nicht abrupt aufhörte, sondern sich in der blauen Höhe so allmählich verflüchtigte, daß er nicht sagen konnte, wo das Ende war.
Als der Gedanke an den goldenen Schlüssel wiederkehrte, war der Junge so weise, sich genau einzuprägen, welche Stelle der Fuß des Regenbogens berührte, um später, wenn der Regenbogen verschwinden sollte, zu wissen, wo er zu suchen hatte. Er stützte sich hauptsächlich auf ein Bett aus Moos.
Inzwischen war es im Wald stockdunkel geworden. Allein der Regenbogen war durch sein eigenes Licht noch sichtbar. Aber in dem Augenblick, als der Mond aufging, verschwand der Regenbogen. Und der Junge hätte auch durch keine Ortsveränderung wieder etwas sehen können. Also warf er sich auf das moosige Bett, um so lange zu warten, bis ihm das Sonnenlicht wieder die Möglichkeit geben würde, den Schlüssel zu finden. Dort schlief er sofort ein.
Als er am Morgen aufwachte, schien ihm die Sonne direkt in die Augen. Er wandte sich von ihr ab und entdeckte im selben Augenblick ein glitzerndes kleines Et-

was, das wenige Zentimeter vor seinem Gesicht im Moos lag. Es war der goldene Schlüssel. Bart und Stiel waren aus lauterem Gold, so glänzend wie Gold nur sein konnte. Der Griff war sonderbar gearbeitet und mit Saphiren besetzt. In wonnigem Entsetzen streckte er seine Hand danach aus, nahm ihn – und hatte ihn.

Er blieb eine Weile liegen, drehte ihn immer wieder in den Händen und sah sich an seiner Schönheit satt. Dann sprang er auf, denn ihm fiel wieder ein, daß das hübsche Ding für ihn noch keinerlei Nutzen hatte. Wo war das Schloß, zu dem der Schlüssel paßte? Es mußte irgendwo sein, denn wie konnte jemand so dumm sein, einen Schlüssel zu machen, für den es kein Schloß gab? Wo sollte er danach suchen? Er blickte sich um, schaute in die Luft und zur Erde, entdeckte aber weder in den Wolken, noch im Gras, noch in den Bäumen ein Schlüsselloch.

Gerade als er schon zu verzweifeln begann, sah er ein Schimmern im Wald. Er sah nichts als ein bloßes Schimmern, aber er hielt es für einen schimmernden Regenbogen und ging darauf zu.

Und jetzt will ich zum Waldrand zurückkehren. Nicht weit entfernt von dem Haus, wo der Junge gewohnt hatte, stand ein weiteres Haus, dessen Eigentümer Händler und daher viel unterwegs war. Er hatte einige Jahre vorher seine Frau verloren, und sein einziges Kind, ein kleines Mädchen, überließ er der Obhut zweier Dienerinnen, die sehr faul und liederlich waren. So wurde es vernachlässigt, nicht sauber gehalten und manchmal auch noch mißhandelt.

Nun weiß man ja, daß die kleinen Geschöpfe, die gemeinhin Feen genannt werden, obwohl es im Feenland viele verschiedene Arten von Feen gibt, eine maßlose Abneigung gegen die Unsauberkeit haben. Ja, sie sind ziemlich boshaft zu schlampigen Leuten. Verwöhnt von all den reizenden Formen der Bäume und Blumen, von der Artigkeit der Vögel und aller Geschöpfe des Waldes, fühlen sie sich selbst in ihren tiefen Wäldern und auf ihren Grasteppichen elend, wenn sie daran denken, daß in demselben Mondlicht ein schmutziges, unbehagliches, schlampiges Haus steht. Und das macht sie wütend auf die Leute, die darin leben, und am liebsten würden sie die aus der Welt jagen, wenn sie nur könnten. Sie wünschen sich die ganze Erde frisch und rein. So zwicken sie die Mägde grün und blau und spielen ihnen manchen boshaften Streich.

Aber dieses Haus war eine richtige Schande, und die Feen im Wald konnten es nicht ertragen. Sie probierten alles mit den Mägden aus – ohne Erfolg –, und schließlich beschlossen sie, einmal gründlich Hausputz zu halten und dabei mit dem Kind anzufangen. Eigentlich hätten sie wissen müssen, daß es nichts dafür konnte, aber sie haben kaum Prinzipien und viel Unfug im Kopf, und sie dachten, wenn sie die Kleine loswürden, dann wären die Mägde mit Sicherheit im Nu entlassen.

Eines Abends also hatte man das arme kleine Mädchen früh zu Bett gebracht, die Sonne war noch nicht einmal untergegangen, und die Dienerinnen schlossen das Haus ab, um ins Dorf zu gehen. Die Kleine wußte nicht, daß sie allein war, lag ganz zufrieden da und schaute aus ihrem Fenster auf den Wald, von dem sie allerdings nicht viel sehen konnte, da sich das Efeu und andere Kletterpflanzen über ihrem Fenster ausgebreitet hatten. Plötzlich sah sie, wie ihr ein Affe vom Spiegel aus Grimassen schnitt und wie die in eine große alte Kommode eingeschnitzten Köpfe fürchterlich grinsten. Dann rückten zwei alte spinnenbeinige Stühle in die

Mitte des Zimmers und fingen an, einen schnurrigen altmodischen Tanz aufzuführen. Dabei mußte sie lachen, und sie vergaß den Affen und die grinsenden Köpfe. Nun merkten die Feen, daß sie einen Fehler gemacht hatten, und schickten die Stühle auf ihre Plätze zurück. Aber sie wußten, daß das Mädchen den ganzen Tag über die Geschichte von Silberhaar gelesen hatte. Also hörte es im nächsten Augenblick die Stimmen der drei Bären auf der Treppe, laute Stimme, mittlere Stimme und leise Stimme, und es hörte ihre dumpfen, schweren Tritte, als hätten sie Socken über die Stiefel gezogen, die immer näher auf ihre Zimmertür zukamen, bis die Kleine es nicht mehr aushalten konnte. Sie tat genau das, was Silberhaar tat und was die Feen ja auch von ihr erwarteten: Sie schoß zum Fenster, riß es auf, hängte sich an das Efeu und kletterte so zu Boden. Dann floh sie, so schnell sie laufen konnte, in den Wald.

Nun war das, obwohl sie es selbst nicht wußte, der beste Weg, den sie wählen konnte; denn nichts ist an seinem eigenen Ort je so boshaft wie anderswo; und zudem waren diese boshaften Geschöpfe sozusagen nur die Kinder des Feenlandes, es gibt dort aber auch noch viele andere Wesen; und gerät ein Wanderer unter sie, dann werden ihm die Guten immer mehr helfen, als ihm die Bösen schaden können.

Die Sonne war jetzt untergegangen, und die Dunkelheit breitete sich aus, aber die Kleine fürchtete keine andere Gefahr als die Bären auf ihren Fersen. Hätte sie sich allerdings umgedreht, dann hätte sie gesehen, daß ihr ein ganz anderes Geschöpf folgte, das gar nichts mit einem Bären gemein hatte. Es war ein seltsames Wesen von der Gestalt eines Fischs, doch statt mit Schuppen war es mit Federn in allen Farben bedeckt, die funkel-

ten wie die eines Kolibris. Es hatte keine Flügel, sondern Flossen und schwamm durch die Luft wie ein Fisch durch das Wasser. Sein Kopf glich dem einer kleinen Eule.

Nachdem sie eine lange Strecke gerannt und das letzte Licht verschwunden war, geriet sie unter einen Baum mit hängenden Ästen. Die Zweige hingen rings um sie herum bis zur Erde nieder und fingen sie wie in einer Falle. Sie mühte sich ab, hinauszukommen, aber die Äste drückten sie immer dichter an den Stamm. Sie war in großer Furcht und Verzweiflung, als der Luftfisch, der in das Dickicht von Zweigen schwamm, mit seinem Schnabel daran zu ziehen begann. Sofort lockerten sie ihren Griff, und das Geschöpf kämpfte weiter gegen sie an, bis sie das Kind endlich freiließen. Darauf überholte es der Luftfisch von hinten und schwamm, in allen lieblichen Farben glitzernd und funkelnd, voraus; und die Kleine folgte.

Er geleitete sie ruhig weiter, bis er plötzlich durch eine Hüttentür schwamm. Das Kind folgte. In der Mitte des Bodens brannte ein helles Feuer, auf dem ein Topf ohne Deckel stand, der voll mit kochendem und heftig blubberndem Wasser war. Der Luftfisch schwamm direkt auf den Topf zu und in das kochende Wasser, wo er ruhig liegenblieb. Eine schöne Frau erhob sich an der Seite gegenüber dem Feuer und kam auf das Mädchen zu, um es zu begrüßen. Sie nahm es in die Arme und sagte:

»Ah, da bist du ja endlich! Ich habe schon lange auf dich gewartet.«

Sie setzte sich hin und nahm das Mädchen auf den Schoß, und dort blieb es sitzen und starrte sie an. Es hatte noch nie etwas so Schönes gesehen. Die Frau war groß und stark, hatte weiße Arme, einen weißen Hals und eine zarte Röte im Gesicht. Das Kind wußte nicht zu sagen, welche Haarfarbe sie hatte, aber es konnte sich nicht des Eindrucks erwehren, daß ein Hauch von Dunkelgrün darin spielte. Sie trug nicht ein einziges Schmuckstück, sah aber so aus, als habe sie gerade Unmengen von Brillanten und Smaragden abgelegt. Und doch lebte sie hier in der einfachsten und armseligsten kleinen Hütte, die offenbar ihr Zuhause war. Sie war in leuchtendes Grün gekleidet.

Das Mädchen schaute die Dame an, und die Dame schaute das Mädchen an.

»Wie heißt du?« fragte die Dame.

»Die Dienerinnen haben mich immer Zotti genannt.«

»Ach, wohl wegen deiner ungepflegten Haare. Aber daran waren sie selbst schuld, die nichtsnutzigen Frauen! Doch es ist ein hübscher Name, und ich werde dich auch Zotti nennen. Mach dir nichts draus, wenn ich dir Fragen stelle, denn du darfst mir genau dieselben Fragen stellen, und wenn du willst, noch viele andere mehr. Wie alt bist du?«

»Zehn«, erwiderte Zotti.

»Danach siehst du nicht aus«, meinte die Dame.

»Und wie alt bist du, bitte?« wollte Zotti wissen.

»Tausende von Jahren«, gab die Dame zurück.

»Danach siehst du nicht aus«, sagte Zotti.

»Nicht? Ich meine, doch. Siehst du nicht, wie schön ich bin!«

Und ihre großen blauen Augen schauten auf die kleine Zotti nieder, als ob alle Sterne des Himmels in ihnen verschmolzen wären, um sie leuchten zu lassen.

»Ach! Aber«, sagte Zotti, »wenn Leute lange leben, dann werden sie doch alt. Das dachte ich zumindest immer.«

»Ich habe keine Zeit, alt zu werden«, sprach die Dame. »Dafür habe ich zuviel zu tun. Es ist eine sehr müßige Angelegenheit, alt zu werden. – Aber ich kann mein kleines Mädchen nicht so unordentlich lassen. Was meinst du, ich finde keine saubere Stelle in deinem Gesicht, die ich küssen könnte!«

»Vielleicht«, räumte Zotti ein und schämte sich, allerdings nicht so sehr, als daß sie nicht ein Wort der Entschuldigung gefunden hätte, »vielleicht liegt es daran, daß ich wegen des Baums so sehr weinen mußte.«

»Mein armer Liebling«, sagte die Dame, die jetzt aussah, als sei der Mond in ihren Augen geschmolzen, und sie küßte das kleine Gesichtchen, so schmutzig es war, »der böse Baum muß dafür büßen, daß er ein Mädchen zum Weinen bringt.«

»Und wie heißt du, bitte?« erkundigte sich Zotti.

»Großmutter«, antwortete die Dame.

»Wirklich?«

»Ja, natürlich. Ich lüge nie, noch nicht einmal im Spaß.«

»Wie gut von dir!«

»Ich könnte es gar nicht, selbst wenn ich wollte. Schon beim Aussprechen würde sich die Wahrheit herausstellen, und dann wäre ich bestraft genug.«

Und sie lächelte wie die Sonne durch einen Sommerschauer.

»Aber jetzt«, fuhr sie fort, »muß ich dich waschen und anziehen, und dann wollen wir gemeinsam essen.«

»Oh! Es ist lange her, seit ich das letzte Mal gegessen habe«, sagte Zotti.

»Ja, das kann man wohl sagen«, erwiderte die Dame, »drei Jahre genau. Du weißt gar nicht, daß es drei Jahre her ist, seitdem du vor den Bären weggelaufen bist. Du bist jetzt dreizehn und älter.«

Zotti konnte nur noch dumm gucken. Sie war ziemlich sicher, daß es stimmte.
»Du wirst doch keine Angst vor dem haben, was ich mit dir mache – oder?« fragte die Dame.
»Ich werde mir große Mühe geben; ich bin aber nicht sicher, weißt du«, erwiderte Zotti.
»Es freut mich, daß du das sagst, und ich werde sehr zufrieden mit dir sein«, lobte die Dame.
Sie zog dem Mädchen sein Nachthemd aus, erhob sich mit der Kleinen in den Armen, ging zur Hüttenwand und öffnete eine Tür. Dahinter sah Zotti ein tiefes Bekken, dessen Seiten mit Grünpflanzen überfüllt waren, die Blüten in allen Farben hatten. Darüber erstreckte sich ein Dach wie das einer Hütte. Das Becken war mit schönem klaren Wasser gefüllt, worin viele von den Fischen schwammen, wie einer sie zu der Hütte geführt hatte. Das Licht ihrer Farben erleuchtete den Ort, an dem sie sich befanden.
Die Dame sprach einige für Zotti unverständliche Worte und warf sie dann in das Becken.
Sofort ringten sich die Fische um sie. Zwei oder drei von ihnen schlüpften unter ihren Kopf und hielten ihn oben. Die anderen rieben sich überall an ihrem Körper und wuschen sie mit ihren nassen Federn ganz sauber. Dann sagte die Dame, die ununterbrochen zugesehen hatte, wieder etwas; worauf etwa dreißig oder vierzig von den Fischen unter Zotti aus dem Wasser auftauchten und sie in die Arme trugen, die bereits nach ihr ausgestreckt waren. Die Dame brachte sie wieder zum Feuer, und als sie Zotti gut abgetrocknet hatte, öffnete sie eine Truhe und nahm die feinste Leinenwäsche heraus, die nach Gras und Lavendel duftete, zog sie ihr an und darüber ein grünes Gewand, genau wie ihr eigenes, das leuchtete wie ihres, weich war wie ihres und von der

Hüfte, um die es mit einem braunen Band geschlungen war, in genauso schönen Falten auf die bloßen Füße niederfiel.

»Willst du mir nicht auch ein paar Schuhe geben, Großmutter?« fragte Zotti.

»Nein, mein Liebes; keine Schuhe. Sieh her. Ich trage auch keine.«

Bei diesen Worten hob sie ihr Gewand etwas an, und dort kamen die schönsten weißen Füße, aber keine Schuhe zum Vorschein. Da war es Zotti zufrieden, auch barfuß zu gehen. Und die Dame setzte sich wieder mit ihr hin, kämmte und bürstete ihr Haar und ließ es dann trocknen, während sie das Essen holte.

Zuerst holte sie Brot aus einem Loch in der Wand; dann Milch aus einem anderen; dann verschiedene Früchte aus einem dritten; und dann ging sie zu dem Topf auf dem Feuer und nahm den Fisch heraus, der jetzt fertig gekocht und, sobald sie die gefiederte Haut abgezogen hatte, zum Essen bereit war.

»Aber«, rief Zotti aus. Und sie starrte auf den Fisch, konnte aber nichts mehr sagen.

»Ich weiß, was du meinst«, erwiderte die Dame. »Du willst nicht den Boten essen, der dich nach Hause geführt hat. Das Geschöpf wollte nicht eher gehen, als bis es gesehen hatte, daß ich den Topf aufstellte, und ich mußte ihm versprechen, daß es in dem Moment gekocht würde, wo es mit dir zurückkam. Daraufhin schoß es sofort aus der Tür. Du hast ja gesehen, daß es bei der Rückkehr gleich von selbst in den Topf glitt, nicht wahr?«

»Doch«, erwiderte Zotti, »und es kam mir sehr seltsam vor; aber dann sah ich dich und habe den Fisch ganz vergessen.«

»Im Feenland«, fing die Dame wieder an, als sie sich am Tisch niederließen, »ist es das Bestreben der Tiere, von den Menschen gegessen zu werden; denn das ist in diesem Zustand ihr höchstes Ziel. Aber sie werden deshalb nicht zerstört. Aus diesem Topf kommt, wie du sehen wirst, etwas mehr als der tote Fisch.«

Zotti bemerkte jetzt, daß der Deckel auf dem Topf war. Aber die Dame kümmerte sich nicht mehr darum, bis sie den Fisch gegessen hatten, der Zotti besser schmeckte als jeder, den sie bis dahin gekostet hatte. Er war schneeweiß und cremig zart. Und sobald sie einen Bissen davon geschluckt hatte, begann in ihr eine Veränderung vorzugehen, die sie nicht beschreiben konnte. Überall um sich herum hörte sie ein Murmeln, das immer deutlicher und schließlich, als sie weiteraß, verständlich wurde. Als sie ihre Portion gegessen hatte, drangen die Geräusche aller Tiere des Waldes durch die Tür an ihre Ohren; denn die Tür stand noch weit offen, obwohl es draußen stockfinster war; und es waren jetzt auch nicht mehr nur Geräusche; es waren Gespräche, und zwar solche, die sie verstehen konnte. Sie verstand auch, was die Insekten in der Hütte zueinander sagten. Sie vermutete sogar, daß die Bäume und Blumen rings um die Hütte ein mitternächtliches Gespräch miteinander führten; aber was sie sagten, konnte sie nicht genau verstehen.

Sobald der Fisch gegessen war, ging die Dame zum Feuer und nahm den Deckel vom Topf. Ein liebliches kleines Geschöpf von menschlicher Gestalt, mit großen weißen Schwingen, stieg daraus empor und flog immer wieder im Kreis unter der Hüttendecke herum; dann ließ es sich flatternd nieder und nistete sich im Schoß der Dame ein. Sie sprach einige seltsame Worte zu ihm, trug es zur Tür und warf es hinaus in die Dunkelheit. Zotti hörte, wie sich die Flügelschläge in der Ferne verloren.

»Na, haben wir dem Fisch Leid angetan?« fragte sie, als sie zurückkehrte.
»Nein«, erwiderte Zotti, »ich glaube nicht. Mir wäre es schon recht, jeden Tag einen zu essen.«
»Sie müssen, wie du und ich auch, ihre Zeit abwarten, meine kleine Zotti.«
Und ihr Lächeln wurde durch seine Traurigkeit nur noch reizvoller.
»Aber«, fuhr sie fort, »ich glaube, morgen abend können wir einen essen.«
Bei diesen Worten ging sie zu der Tür des Beckens und sprach; und jetzt verstand Zotti alles, was sie sagte.
»Ich will einen von euch«, sagte sie, »den weisesten.«
Darauf versammelten sich die Fische in der Mitte des Beckens, wobei ihre Köpfe über dem Wasser einen Kreis und ihre Schwänze darunter einen noch größeren bildeten. Sie hielten Rat, in dem ihre relative Weisheit bestimmt werden sollte. Schließlich flog einer von ihnen auf und in die Hand der Dame, wo er lebhaft und bereitwillig dreinblickte.
»Weißt du, wo der Regenbogen steht?« fragte sie.
»Ja, Mutter, ziemlich gut«, erwiderte der Fisch.
»Bring einen jungen Mann nach Hause, den du dort finden wirst und der nicht weiß, wohin er gehen soll.«
Im Nu war der Fisch aus der Tür. Dann sagte die Dame zu Zotti, es sei Zeit fürs Bett; öffnete eine weitere Tür in der Hüttenwand und zeigte ihr eine kleine kühle und grüne Laube, worin ein Bett aus purpurroter Heide wuchs; sie warf eine große Decke darüber, die aus den gefiederten Häuten der weisen Fische gemacht war und im Licht des Feuers prächtig leuchtete. Zotti verlor sich bald in den eigentümlichsten, liebreizendsten Träumen. Und die schöne Dame kam in jedem vor.

Am Morgen erwachte sie zum Rauschen der Blätter über ihrem Kopf und zu dem Geräusch fließenden Wassers. Aber zu ihrer Überraschung konnte sie keine Tür finden – nichts als die moosbewachsene Wand der Hütte. Also kroch sie durch eine Öffnung in der Laube und stand im Wald. Dann badete sie in einem Strom, der lustig zwischen den Bäumen hindurchfloß, und fühlte sich glücklicher; denn nachdem sie einmal im Brunnen ihrer Großmutter gewesen war, mußte sie danach immer sauber und ordentlich sein; und als sie dann ihr grünes Gewand angelegt hatte, fühlte sie sich wie eine Dame.

Diesen Tag verbrachte sie im Wald und lauschte den Vögeln, den Vierfüßern und den Kriechtieren. Sie verstand alles, was sie sagten, konnte aber kein einziges Wort davon wiederholen; und jede Art hatte ihre eigene Sprache, obwohl zwischen allen Waldbewohnern ein allgemeines, wenn auch begrenztes Verständnis herrschte. Sie sah die schöne Dame zwar nicht ein einziges Mal, hatte aber das Gefühl, daß sie immer ganz in ihrer Nähe war; und sie achtete darauf, nicht außer Sichtweite der Hütte zu geraten. Die war rund wie ein Iglu oder ein Wigwam; und sie konnte darin weder Tür noch Fenster entdecken. Fenster hatte sie tatsächlich keine; Türen zwar jede Menge, aber sie wurden alle von innen geöffnet und waren von außen noch nicht einmal sichtbar.

Sie stand in der Dämmerung am Fuß eines Baumes und lauschte einem Disput zwischen einem Maulwurf und einem Eichhörnchen, worin der Maulwurf dem Eichhörnchen mitteilte, daß der Schwanz das Beste an ihm sei, und das Eichhörnchen den Maulwurf als Spatenpfote beschimpfte, als sie bei der um sich greifenden Dunkelheit gewahr wurde, daß ihr etwas ins Gesicht schien. Sie drehte sich um und sah, daß die Hüttentür geöffnet war, so daß das rote Licht des Feuers wie ein Strom nach draußen durch die Dunkelheit floß. Sie überließ Maulwurf und Eichhörnchen ihrem Schicksal und eilte zur Hütte. Als sie eintrat, bemerkte sie, daß auf dem Feuer wieder der Topf mit kochendem Wasser stand und die große liebreizende Dame auf der gegenüberliegenden Seite saß.

»Ich habe dich den ganzen Tag beobachtet«, sagte die Dame. »Du wirst bald etwas zu essen bekommen, aber wir müssen warten, bis unser Abendmahl nach Hause kommt.«

Sie nahm Zotti auf den Schoß und fing an, ihr vorzusingen – Lieder, denen sie am liebsten für alle Zeiten gelauscht hätte. Aber schließlich schwirrte der leuchtende Fisch herein und glitt in den Topf. Ihm folgte ein Jüngling, der aus seinen zerrissenen Kleidern herausgewachsen war. Sein Gesicht strotzte vor Röte und Gesundheit, und in der Hand hielt er ein kleines Juwel, das im Licht des Feuers funkelte.

Die ersten Worte der Dame waren:

»Was hast du da in der Hand, Moosi?«

Nun war Moosi der Name, den ihm seine Freunde gegeben hatten, weil er einen Lieblingsstein hatte, der mit Moos bedeckt war und auf dem er tagelang lesend zu sitzen pflegte; und sie sagten auch, das Moos habe bereits angefangen, an ihm zu wachsen.

Moosi streckte die Hand aus. Sobald die Dame sah, daß es der goldene Schlüssel war, erhob sie sich von ihrem Stuhl, küßte Moosi auf die Stirn, ließ ihn auf ihrem Platz sitzen und stellte sich wie eine Dienerin vor ihn. Moosi ertrug das nicht und stand sofort wieder auf. Aber die Dame bat ihn mit Tränen in ihren schönen Augen, sich zu setzen und bedienen zu lassen.

»Aber du bist eine große, erhabene, schöne Dame«, sagte Moosi.

»Ja, das bin ich. Aber ich arbeite den ganzen Tag über – das ist mein Vergnügen; und du wirst mich sehr bald verlassen müssen!«

»Woher weißt du das, bitteschön, Madam?« fragte Moosi.

»Weil du den goldenen Schlüssel hast.«

»Aber ich weiß nicht, was ich damit anfangen soll. Ich kann das Schlüsselloch nicht finden. Wirst du mir sagen, was ich tun soll?«

»Du mußt das Schlüsselloch suchen. Das ist deine Aufgabe. Ich kann dir nicht helfen. Ich kann dir nur sagen, daß du es finden wirst, wenn du danach suchst.«

»Was für eine Art Kiste wird er öffnen? Was ist darin?«

»Ich weiß es nicht. Ich träume davon, aber ich weiß gar nichts.«

»Muß ich sofort gehen?«

»Du kannst heute nacht hier rasten und etwas von meinem Abendessen haben. Aber am Morgen mußt du aufbrechen. Alles, was ich für dich tun kann, ist, dir Kleider zu geben. Hier ist ein Mädchen, Zotti, das du mitnehmen mußt.«

»*Das* wird schön«, sagte Moosi.

»Nein, nein!« begehrte Zotti auf. »Ich will nicht weg von dir, bitte, Großmutter.«

»Du mußt mit ihm gehen, Zotti. Es tut mir leid, dich zu verlieren, aber es wird das Beste für dich sein. Weißt du, sogar die Fische müssen in den Topf und dann hinaus in die Dunkelheit. Wenn du dem alten Mann des Meeres begegnest, dann denk daran, ihn zu fragen, ob er nicht noch einige Fische für mich hat. Mein Becken leert sich allmählich.«

Bei diesen Worten nahm sie den Fisch aus dem Topf und legte den Deckel darauf wie zuvor. Sie setzten sich und aßen den Fisch, und dann erhob sich das geflügelte Wesen aus dem Topf, umkreiste die Decke und ließ sich auf dem Schoß der Dame nieder. Sie sprach zu ihm, trug es zur Tür und warf es hinaus in die Dunkelheit. Sie hörten, wie sich sein Flügelschlag in der Ferne verlor.

Dann führte die Dame Moosi in eine ganz ähnliche Kammer wie die Zottis; und am Morgen fand er einen Satz frischer Wäsche neben sich. Er sah sehr adrett darin aus. Aber wer Großmutters Kleider trägt, denkt nie darüber nach, wie er oder sie darin aussieht, sondern merkt immer nur, wie hübsch andere Leute sind.

Zotti hatte überhaupt keine Lust zu gehen.

»Warum sollte ich dich verlassen? Ich kenne den jungen Mann doch gar nicht«, sagte sie zu der Dame.

»Ich darf meine Kinder nie lange behalten. Du mußt nur mit ihm gehen, wenn du willst, aber eines Tages mußt du ohnehin gehen; und ich hätte gerne, daß du mit ihm gehst, denn er hat den goldenen Schlüssel. Kein Mädchen muß Angst haben, mit einem Jüngling zu gehen, der den goldenen Schlüssel hat. Du wirst auf sie aufpassen, Moosi, nicht wahr?«

»Das werde ich«, sagte Moosi.

Und Zotti warf ihm einen Blick zu und dachte, sie würde ganz gerne mit ihm gehen.

»Und«, sagte die Dame, »wenn ihr euch auf eurem Weg durch das – das – ich vergesse immer den Namen dieses Landes – verlieren solltet, habt nur keine Furcht, sondern geht einfach immer weiter.«

Sie küßte Zotti auf den Mund und Moosi auf die Stirn, brachte sie zur Tür und winkte mit der Hand nach Osten. Moosi und Zotti nahmen einander bei der Hand

und gingen mitten in den Wald hinein. In der rechten hielt Moosi den goldenen Schlüssel.
So wanderten sie ein großes Stück und hatten endlose Freude an den Gesprächen der Tiere. Bald lernten sie so viel von ihrer Sprache, daß sie ihnen, wenn notwendig, Fragen stellen konnten. Die Eichhörnchen waren immer freundlich und gaben ihnen Nüsse aus ihren Vorräten; aber die Bienen waren selbstsüchtig und grob, wobei sie sich damit rechtfertigten, daß Zotti und Moosi keine Untertanen ihrer Königin waren, und Nächstenliebe müsse zu Hause anfangen, obwohl sie zu dieser Zeit tatsächlich keine einzige Drohne in ihrem Armenhaus hatten. Selbst die blinzelnden Maulwürfe holten ihnen ab und zu eine Erdnuß oder eine Trüffel, wobei sie sprachen, als ob ihre Münder wie auch die Augen und Ohren mit Baumwolle oder mit ihrem eigenen samtigen Fell vollgestopft wären. Als sie ans Ende des Waldes gelangten, mochten beide einander sehr gern, und Zotti war nicht im mindesten traurig, daß Großmutter sie mit Moosi weggeschickt hatte.
Schließlich wurden die Bäume kleiner, sie standen weit auseinander, und der Boden begann anzusteigen, wurde immer steiler, bis gar keine Bäume mehr da waren und die beiden einen schmalen Pfad erklommen, der beiderseits von Felsen eingefaßt war. Plötzlich gelangten sie auf einen holperigen Torweg, über den sie in eine enge Galerie eintraten, die in den Felsen gehauen war. Es wurde immer dunkler, bis es stockfinster war und sie sich ihren Weg ertasten mußten. Schließlich kehrte das Licht langsam wieder, und am Ende traten sie über einen schmalen Pfad auf der Stirnseite eines hohen Abhangs wieder ins Freie. Dieser Pfad wand sich den Felsen hinunter in eine weite Ebene, die kreisförmig und allseits von Bergen umgeben war. Die ihnen

gegenüberliegenden Gebirge waren sehr weit entfernt und türmten sich, zu spitzen, blauen, eisemaillierten Zinnen aufschießend, in unermeßliche Höhen auf. Dort oben herrschte absolute Stille. Nicht einmal das Geräusch fließenden Wassers drang dorthin.

Als sie in die Tiefe schauten, konnten sie nicht sagen, ob das Tal da unten eine grasbewachsene Ebene oder ein großer stiller See war. Sie hatten noch nie etwas dergleichen gesehen. Der Weg nach unten war schwierig und gefährlich, aber sie stiegen über den schmalen Pfad hinab und erreichten die Talsohle sicher. Der Boden bestand dort aus glattem, hellem Sandstein, manchmal leicht gewellt, aber meistens eben. Jetzt wunderte es sie nicht mehr, daß sie nicht hatten erkennen können, was es war, denn diese Fläche war überall in Schatten eingetaucht. Es war ein Schattenmeer, und im wesentlichen bestand es aus den Schatten unzähliger Blätter in den lieblichsten und phantastischsten Formen, die hin und her schaukelten und im Hauch einer Brise wogten und bebten, deren Bewegung nicht spürbar, deren Rauschen nicht hörbar war. Keine Wälder verhüllten die Berghänge, nirgends waren Bäume zu sehen, und doch bedeckten die Schatten der Blätter, Zweige und Stämme von allen möglichen Bäumen das Tal, so weit das Auge reichte. Bald erspähten sie die Schatten von Blüten, mit denen der Blätter vermischt, und ab und zu auch den Schatten eines Vogels, dessen Schnabel geöffnet, die Kehle vom Gesang geweitet war. Zuweilen tauchten die Formen seltsamer anmutiger Geschöpfe auf, die an den Schattenstämmen und Zweigen entlang auf und ab liefen, um dann in dem vom Wind durchpeitschten Laubwerk zu verschwinden. Beim Laufen wateten sie knietief in dem bezaubernden See. Denn die Schatten lagen nicht nur auf der Bodenfläche, sondern häuften sich darauf wie körperliche Formen der Dunkelheit, als würden sie auf tausend verschiedene Ebenen der Luft geworfen. Zotti und Moosi hoben oft die Köpfe und starrten nach oben, um herauszufinden, woher die Schatten kamen; aber sie sahen nichts als einen hellen Nebel, der sich über ihnen ausbreitete und höher reichte als die Bergspitzen, die sich klar dagegen abhoben. Keine Wälder, keine Blätter, keine Vögel waren zu sehen.

Nach einer Weile erreichten sie offenere Räume, wo die Schatten dünner waren; und kamen sogar in Gegenden, über welche die Schatten nur hinweghuschten und sie für das ungetrübt ließen, was darauf folgen mochte. Mal schwebte eine wunderbare Gestalt, halb Vogel, halb Mensch, auf ausgebreiteten Segelschwingen über sie hinweg. Mal war eine herrliche Schattengruppe von tanzenden Kindern, von der lieblichsten Frauengestalt, und diese wiederum von den majestätischen Schritten einer titanischen Figur gefolgt, worauf sie dann einzeln im umgebenden Gedränge des schattigen Laubwerks verschwanden. Manchmal tauchte ein Profil von unsäglicher Schönheit oder Erhabenheit für einen Augenblick auf und verschwand dann wieder. Manchmal schienen es Liebende zu sein, die Arm in Arm vorüberschritten, manchmal Vater und Sohn, manchmal Brüder im liebevollen Wettstreit, manchmal Schwestern, die in die anmutigste Gemeinschaft komplizierter Formen verwickelt waren. Manchmal stoben wilde Pferde, frei oder von edlen Schatten gebietender Männer geritten, vorüber. Aber einige der Dinge, die ihnen am besten gefielen, konnten sie einfach nicht in Worte fassen.

Etwa in der Mitte der Ebene ließen sie sich nieder, um in einem Schattenhaufen auszuruhen. Nachdem sie eine Weile so gesessen hatten, sahen sie auf und stellten fest, daß sie beide weinten: Beide sehnten sie sich nach dem Land, aus dem die Schatten fielen.

»Wir *müssen* das Land finden, von dem die Schatten kommen«, sagte Moosi.

»Wir müssen, lieber Moosi«, erwiderte Zotti. »Was, wenn dein goldener Schlüssel der Schlüssel zu *ihm* wäre?«

»Ach! Das wäre großartig«, gab Moosi zurück. – »Aber wir müssen erst ein wenig ausruhen, und dann werden wir die Ebene vor Einbruch der Nacht durchqueren können.«

So streckte er sich auf dem Boden aus, und um ihn herum spielten auf allen Seiten und über seinem Kopf ständig die wundervollsten Schatten. Er konnte durch sie hindurchsehen und den einen hinter dem anderen erkennen, bis sie sich in einer dunklen Masse vermischten. Auch Zotti lag bewundernd, staunend und voller Sehnsucht nach dem Land, von dem die Schatten kamen. Als sie sich ausgeruht hatten, erhoben sie sich und setzten ihre Reise fort.

Wie lange sie brauchten, um diese Ebene zu durchqueren, kann ich nicht sagen; aber noch vor Abend hatte Moosis Haar graue Strähnen und Zotti hatten Falten auf der Stirn.

Als der Abend näher kam, fielen die Schatten länger und stiegen höher. Schließlich erreichten die beiden eine Stelle, wo sie sich über ihre Köpfe erhoben und alles rings um sie herum verdunkelten. Da nahmen sie einander bei der Hand und liefen schweigend, aber auch ein wenig entsetzt weiter. Sie spürten die sich sammelnde Dunkelheit und außerdem etwas eigentümlich Feierliches, und nun machte ihnen die Schönheit der Schatten keine Freude mehr. Plötzlich merkte Zotti, daß sie

Moosis Hand nicht mehr in der ihren hielt, konnte aber nicht sagen, wann sie sich gelöst hatten.
»Moosi, Moosi!« schrie sie in hellem Entsetzen.
Aber kein Moosi gab Antwort.
Einen Augenblick später senkten sich die Schatten auf ihre Füße und noch unter ihre Füße, und vor ihr erhoben sich die Berge. Sie wandte sich dem düsteren Gebiet zu, das sie hinter sich gelassen hatte, und rief noch einmal nach Moosi. Da lag die Düsternis in unruhigem Auf und Ab, ein dunkles, stürmisches, nicht schäumendes Schattenmeer, aber kein Moosi stieg daraus empor oder kam den Berg heraufgeklettert, auf dem sie stand. Sie warf sich zu Boden und weinte voller Verzweiflung.
Plötzlich erinnerte sie sich daran, daß ihnen die schöne Dame gesagt hatte, wenn sie einander in einem Land, an dessen Namen sie sich nicht erinnern konnte, verlieren würden, dann sollten sie keine Angst haben, sondern immer nur weitergehen.
»Und übrigens«, sagte sie sich, »hat Moosi ja den goldenen Schlüssel, so daß ihm ganz bestimmt nichts passieren kann.«
Sie stand auf und lief weiter.
Nach kurzer Zeit gelangte sie an einen Abhang, in dessen Stirnseite eine Treppe gehauen war. Als sie halb abgestiegen war, hörte die Treppe auf und der Pfad führte direkt in den Berg hinein. Sie hatte Angst einzutreten, wandte sich wieder der Treppe zu und ihr wurde beim Anblick der Tiefe schwindelig, so daß sie gezwungen war, sich in den Schlund der Höhle zu werfen.
Als sie die Augen öffnete, sah sie ein schönes kleines Geschöpf mit Flügeln, das wartend neben ihr stand.
»Ich kenne dich«, sagte Zotti. »Du bist mein Fisch.«

»Ja. Aber ich bin kein Fisch mehr. Ich bin jetzt ein Aëranth.«
»Was ist denn das?« fragte Zotti.
»Das, was du siehst«, antwortete die Gestalt. »Und ich bin gekommen, dich durch den Berg zu führen.«
»Oh! Danke, lieber Fisch – äh, ich meine Aëranth«, erwiderte Zotti, sich erhebend.
Darauf legte sich der Aëranth auf seine Schwingen und flog durch den langen schmalen Gang, wobei er Zotti sehr daran erinnerte, wie er damals als Fisch vor ihr hergeschwommen war. Und in dem Augenblick, als sich seine Schwingen bewegten, begannen sie einen stetigen Schauer von Funken in allen Farben auszustreuen, die den Gang vor ihnen ausleuchteten. – Ganz plötzlich verschwand er, und Zotti hörte ein leises, angenehmes Geräusch, das sich stark vom Rascheln und Flattern seiner Flügel unterschied. Vor ihr war ein offener Torbogen und durch ihn fiel Licht, vermengt mit dem Rauschen von Meereswogen.
Sie eilte hinaus und fiel, müde und glücklich, in den gelben Sand der Küste. Dort blieb sie liegen, vor Müdigkeit und Ruhebedürfnis schon halb eingeschlafen, und lauschte dem leisen Plätschern und Zurückfallen der winzigen Wellen, die das Land immer verführen zu wollen schienen, vom Landsein abzulassen und Meer zu werden. Und als sie dalag, waren ihre Augen auf den Fuß eines großen Regenbogens gerichtet, der sich weit entfernt auf der anderen Seite des Meeres vom Himmel abhob. Dann endlich fiel sie in einen tiefen Schlaf.
Als sie erwachte, sah sie einen alten Mann mit langem, auf die Schultern herabfallendem weißen Haar, der sich auf einen mit grünen Knospen bedeckten Stab stützte und so über sie beugte.
»Was machst du hier, schöne Frau?« fragte er.

»Bin ich schön? Ich bin so glücklich!« erwiderte Zotti, sich erhebend. »Meine Großmutter ist schön.«
»Ja. Aber was willst du hier?« wiederholte er freundlich.
»Ich glaube, ich brauche dich. Bist du nicht der alte Mann des Meeres?«
»Der bin ich.«
»Dann läßt Großmutter fragen, ob du noch Fische für sie hast.«
»Wir wollen mal nachsehen, meine Liebe«, erwiderte der alte Mann, wobei er noch freundlicher sprach als vorher. »Und kann ich auch etwas für dich tun, oder nicht?«
»Ja – zeige mir den Weg hinauf zu dem Land, aus dem die Schatten fallen«, sagte Zotti.
Denn sie hoffte, dort Moosi wiederzufinden.
»Ah! Ja, das würde sich tatsächlich lohnen«, sagte der alte Mann. »Aber ich kann dir nicht helfen, weil ich den Weg selbst nicht kenne. Doch ich werde dich zum alten Mann der Erde schicken. Vielleicht kann er dir helfen. Er ist viel älter als ich.«
Auf seinen Stab gestützt, führte er sie an der Küste entlang zu einem steilen Felsen, der aussah wie ein umgeworfenes versteinertes Schiff. Die Tür dazu war das Ruder eines großen Kahns, der schon seit Äonen auf dem Grund des Meeres lag. Unmittelbar an der Tür führte eine Treppe in den Felsen hinein, die der alte Mann hinunterging, und Zotti folgte ihm. Ganz unten hatte der alte Mann sein Haus, in dem er lebte.
Sobald sie eintrat, hörte Zotti ein seltsames Geräusch, mit nichts vergleichbar, was sie je gehört hatte. Bald stellte sie fest, daß es sich um ein Gespräch der Fische handelte. Sie versuchte zu verstehen, was sie sagten; aber ihre Sprache war zu altmodisch, holperig und un-

klar, als daß sie sich einen Reim darauf hätte machen können.

»Ich werde mal nach den Fischen für meine Tochter sehen«, sagte der alte Mann des Meeres.

Darauf bewegte er einen Schieber in der Wand seines Hauses, schaute zuerst nach draußen und klopfte dann gegen ein dickes Kristallstück, das die runde Öffnung ausfüllte. Zotti trat hinter ihn und peilte durch das Fenster in das Herz des großen tiefgrünen Ozeans, wo sie die seltsamsten Geschöpfe sah; einige waren sehr häßlich, alle sehr eigenartig und hatten besonders schiefe Münder; sie schwammen überall, oben und unten, hin und her, doch auf das Klopfen des alten Mannes näherten sie sich alle dem Fenster. Nur einige wenige konnten ihre Münder gegen das Glas pressen; aber selbst diejenigen, die Meilen entfernt trieben, wandten ihm noch ihre Köpfe zu. Der alte Mann durchmusterte die ganze Schar einige Minuten lang sorgfältig, wandte sich dann Zotti zu und sagte:

»Leider ist noch keiner soweit. Ich brauche mehr Zeit als sie. Aber ich werde so bald wie möglich einige schicken.«

Dann schloß er den Schieber wieder.

Sofort erhob sich im Meer ein großer Radau. Der alte Mann öffnete den Schieber erneut und klopfte gegen das Glas, worauf alle Fische verstummten wie im Schlaf.

»Sie haben nur über dich gesprochen«, sagte er. »Und die reden einen solchen Unsinn! – Morgen«, fuhr er fort, »muß ich dir den Weg zum alten Mann der Erde zeigen. Er lebt weit entfernt von hier.«

»Laß mich doch gleich gehen«, bat Zotti.

»Nein. Das ist unmöglich. Du mußt erst dorthin mitkommen.«

Er führte sie zu einer Öffnung in der Wand, die sie vorher nicht bemerkt hatte. Sie war von den grünen Blättern und den weißen Blüten einer Kriechpflanze überwachsen.

»Nur weiß blühende Pflanzen können unter dem Meer gedeihen«, sagte der alte Mann. »Drinnen wirst du ein Bad finden, in das du dich legen mußt, bis ich dich rufe.«

Zotti ging hinein und fand einen kleineren Raum oder eine Höhle, in deren hinterer Ecke sich ein großes Bekken befand, das aus einem Felsen gehauen und halb mit dem klarsten Meerwasser gefüllt war. Aus Rissen in der Höhlenwand flossen ständig kleine Rinnsale hinein. Innen war es ganz glatt poliert, und auf seinem Grund lag ein Teppich aus gelbem Sand. Große grüne Blätter und weiße Blüten von verschiedenen Pflanzen drängten sich darauf und darüber, so daß sie es fast vollständig drapierten und bedeckten.

Kaum hatte sie sich entkleidet und in das Bad gelegt, da fühlte sie sich auch schon, als ob das Wasser in sie eindringe und sie den ganzen Segen des Schlafs empfinge, ohne sich seinem Vergessen hinzugeben. Die ganze Zeit über spürte sie den Segen auf sich niedersinken. Und sie wurde glücklicher und hoffnungsvoller, als sie es seit dem Verlust Moosis je gewesen war. Und doch mußte sie darüber nachdenken, wie unsäglich traurig es für einen armen alten Mann war, so ganz einsam hier zu leben und auf ein ganzes Meer von dummen und aufrührerischen Fischen aufpassen zu müssen.

Nach etwa einer Stunde, so kam es ihr vor, hörte sie seine Stimme nach ihr rufen und stieg aus dem Bad. Alle Müdigkeit und aller Schmerz ihrer langen Reise waren verschwunden. Sie fühlte sich so munter, stark und wohl, als habe sie sieben Tage lang geschlafen.

Als sie wieder zu der Öffnung kam, die in den anderen Teil des Hauses führte, wich sie überrascht zurück, denn dahinter sah sie die Gestalt eines majestätischen Mannes mit einem schönen und erhabenen Gesicht, der sic crwartctc.

»Komm«, sagte er, »ich sehe, daß du bereit bist.«

Ehrfürchtig trat sie ein.

»Wo ist der alte Mann des Meeres?« fragte sie demütig.

»Hier ist niemand außer mir«, erwiderte er lächelnd. »Einige nennen mich den alten Mann des Meeres. Andere haben einen anderen Namen für mich und bekommen schreckliche Furcht, wenn sie mir bei einem Spaziergang an der Küste begegnen. Deshalb vermeide ich es, von ihnen gesehen zu werden, denn sie haben solche Angst, daß sie gar nicht sehen, was ich wirklich bin. Du siehst mich jetzt. – Aber ich muß dir den Weg zum alten Mann der Erde zeigen.«

Er führte sie in die Höhle, wo das Bad war, und dort sah sie in der gegenüberliegenden Ecke eine zweite Felsöffnung.

»Geh diese Treppe hinunter, dann wirst du ihn finden«, sagte der alte Mann des Meeres.

Mit ehrfürchtigem Dank nahm Zotti Abschied. Sie ging die Wendeltreppe hinunter, bis sie fürchtete, nie an ein Ende zu kommen. Holperig und abbröckelnd führte sie immer tiefer, wobei aus den Felsen Wasserquellen hervorsprudelten und neben ihr die Stufen hinunterrannen. Um sie herum war es ganz dunkel, aber sie konnte doch sehen. Denn nach einem solchen Bad strahlen die Augen der Menschen immer ein Licht aus, bei dem sie sehen können. Auf dem Weg gab es keine Kriechtiere. Alles war sicher und angenehm, wenn auch so dunkel, stickig und tief.

Schließlich hörten die Stufen auf, und sie befand sich in einer glitzernden Höhle. Auf einem Stein in der Mitte saß mit dem Rücken zu ihr eine Gestalt – die Gestalt eines alten Mannes, den das Alter doppelt gebeugt hatte. Von hinten konnte sie erkennen, daß sein weißer Bart über den Felsboden vor ihm wallte. Er bewegte sich bei ihrem Eintreten nicht, also ging sie um ihn herum, so daß sie sich vor ihn stellen und mit ihm sprechen konnte. In dem Augenblick, als sie ihm ins Gesicht schaute, sah sie, daß er ein Jüngling von überwältigender Schönheit war. Er saß verzaubert von dem Entzükken an etwas da, das er in einem Spiegel aus einer Art Silber betrachtete, der ihm zu Füßen auf dem Boden lag und den sie von hinten für seinen weißen Bart gehalten hatte. So blieb er sitzen, achtete nicht auf ihre Anwesenheit und war bleich vor Freude über das, was er sah. Sie stand da und beobachtete ihn. Schließlich begann sie, am ganzen Leibe zitternd, zu sprechen. Aber ihre Stimme hatte keinen Klang. Doch der Jüngling hob den Kopf. Er zeigte allerdings keinerlei Überraschung, sie zu sehen – lächelte ihr nur zur Begrüßung entgegen.

»Bist du der alte Mann der Erde?« hatte Zotti gefragt.

Und der Jüngling antwortete, und Zotti hörte ihn, allerdings nicht mit den Ohren:

»Der bin ich. Was kann ich für dich tun?«

»Verrate mir den Weg zu dem Land, aus dem die Schatten fallen.«

»Ach! Den kenn ich nicht. Ich selbst träume nur davon. Manchmal sehe ich seine Schatten in meinem Spiegel: Den Weg dorthin kenne ich nicht. Aber ich glaube, der alte Mann des Feuers müßte ihn kennen. Er ist viel älter als ich. Er ist der älteste Mann von allen.«

»Wo lebt er?«

»Ich werde dir den Weg zu seiner Bleibe zeigen. Ich habe ihn selbst noch nie gesehen.«
Bei diesen Worten stand der junge Mann auf und blieb dann eine Weile stehen, wobei er Zotti anschaute.
»Ich wünschte, ich könnte dieses Land auch sehen«, sagte er. »Aber ich muß an meine Arbeit denken.«
Er führte sie an die Seite der Höhle und forderte sie auf, ihr Ohr an die Wand zu legen.
»Was hörst du?« fragte er.
»Ich höre«, antwortete Zotti, »das Geräusch eines großen Wassers, das innerhalb des Felsens fließt.«
»Dieser Fluß fließt hinunter zur Wohnung des ältesten Mannes von allen – zum alten Mann des Feuers. Ich wünschte, ich könnte ihn einmal besuchen. Aber ich muß an meine Arbeit denken. Dieser Fluß ist der einzige Weg zu ihm.«
Dann bückte sich der alte Mann der Erde über dem Höhlenboden, hob einen riesigen Stein hoch und ließ ihn angelehnt stehen. Er gab ein großes Loch frei, das senkrecht nach unten führte.
»Das ist der Weg«, sagte er.
»Aber wo sind die Stufen?«
»Du mußt dich hineinwerfen. Eine andere Möglichkeit gibt es nicht.«
Sie drehte sich um und schaute ihm offen ins Gesicht – blieb so, wie sie dachte, eine volle Minute stehen; es war ein ganzes Jahr –, dann warf sie sich kopfüber in das Loch.
Als sie zu sich kam, merkte sie, daß sie schnell und tief nach unten glitt. Ihr Kopf war unter Wasser, aber das bedeutete nichts, denn als sie darüber nachdachte, konnte sie sich nicht daran erinnern, seit ihrem Bad in der Höhle beim alten Mann des Meeres auch nur einmal geatmet zu haben. Als sie den Kopf hob, schlug ihr eine

heftige und wütende Hitze entgegen, so daß sie ihn sofort wieder untertauchte und weiterglitt.
Allmählich wurde der Strom seichter. Schließlich konnte sie ihren Kopf kaum noch unter Wasser halten. Sie tauchte aus dem Kanal auf und ging Stufe für Stufe den brennenden Abstieg hinunter. Das Wasser hörte ganz auf. Die Hitze war schrecklich. Sie fühlte sich bis auf die Knochen versengt, aber das berührte ihre Stärke nicht. Es wurde immer heißer. Zu sich sprach sie: »Ich halte es nicht mehr aus.« Doch sie lief weiter.
Zu guter Letzt endete die Treppe an einem derben Torbogen in einem fast glühenden Felsen. Durch diesen Torbogen fiel Zotti erschöpft in eine kühle moosige Höhle. Boden und Wände waren mit Moos bewachsen – grün, weich und feucht. Ein kleiner Strom sprudelte aus einer Felsspalte und fiel in ein Becken aus Moos. Sie tauchte ihr Gesicht hinein und trank. Dann hob sie den Kopf und sah sich um. Sie stand auf und schaute erneut. In der Höhle sah sie niemanden. Aber in dem Augenblick, als sie aufrechtstand, hatte sie ein überwältigendes Gefühl, mitten im Geheimnis der Erde und aller ihrer Formen zu sein. Alles, was sie je gesehen oder aus Büchern gelernt hatte; alles, was ihre Großmutter zu ihr gesagt oder für sie gesungen hatte; alle Gespräche der Tiere, Vögel und Fische; alles, was ihr während ihrer Reise mit Moosi und danach im Inneren der Erde mit dem alten Mann und dem älteren Mann widerfahren war – alles war sonnenklar: Sie verstand es alles und erkannte, daß alles dasselbe bedeutete, auch wenn sie es nicht wieder in Worte hätte fassen können.
Im nächsten Augenblick erspähte sie in einer Ecke der Höhle ein nacktes kleines Kind, das im Moos saß. Es spielte mit Kugeln in verschiedenen Farben und Größen, die es auf dem Boden neben sich zu seltsamen Fi-

guren anordnete. Und jetzt spürte Zotti, daß in ihrer Erkenntnis etwas steckte, das nicht in ihrem Verstand war. Denn sie wußte, daß in der Veränderung, Abfolge und individuellen Form der Figuren, zu denen das Kind die Kugeln anordnete, aber auch in ihren abwechselnden Farbharmonien, eine undeutliche Bedeutung liegen mußte, aber sie konnte nicht sagen, was es alles bedeutete. Der Knabe fuhr eifrig und unermüdlich fort, sein einsames Spiel zu spielen, ohne aufzublicken und scheinbar auch, ohne zu wissen, daß in seiner tief verborgenen Zelle ein Fremdling zugegen war. Hurtig, wie eine Spitzenklöpplerin ihre Klöppel verschiebt, verschob und ordnete er seine Kugeln. Mal gingen von ihnen Bedeutungsfunken auf Zotti über, und dann war wieder alles nicht nur schleierhaft, sondern absolut dunkel. Lange Zeit blieb sie betrachtend stehen, denn der Anblick hatte etwas Faszinierendes; und je länger sie zuschaute, desto stärker machte sich in ihrem Geist eine unbeschreibliche, vage Einsicht breit. Sieben Jahre lang hatte sie dort gestanden und dem nackten Kind mit seinen farbigen Kugeln zugesehn, und es kam ihr vor wie sieben Stunden, als sie die Gestalt, die die Kugeln annahmen, ganz plötzlich, sie wußte nicht, warum, an das Tal der Schatten erinnerte, und sie sprach:

»Wo ist der alte Mann des Feuers?«

»Hier bin ich«, antwortete das Kind, erhob sich und ließ seine Kugeln auf dem Moos zurück. »Was kann ich für dich tun?«

Auf dem Gesicht des Kindes lag eine so unsäglich absolute Ruhe, daß Zotti wie gelähmt vor ihm stand. Es lächelte nicht, aber die Liebe in seinen großen grauen Augen war so tief wie das Zentrum. Und neben der Ruhe lag auf seinem Gesicht etwas wie ein Mondesschimmer, der aussah, als könne er jeden Augenblick in ein so hinreißendes Lächeln umschlagen, daß sich der Betrachter zu Tode weinen müßte. Aber das Lächeln stellte sich nicht ein, und das Mondlicht blieb ungebrochen dort liegen. Denn das Herz des Kindes war zu tief, als daß irgendein Lächeln von dort aus sein Gesicht hätte erreichen können.

»Bist du der älteste Mann von allen?« wagte Zotti, obwohl von Ehrfurcht überwältigt, schließlich zu fragen.

»Ja, der bin ich. Ich bin sehr, sehr alt. Ich kann dir helfen, das weiß ich. Ich kann jedem helfen.«

Und das Kind kam näher und sah auf in ihr Gesicht, so daß sie in Tränen ausbrach.

»Kannst du mir den Weg zu dem Land sagen, aus dem die Schatten fallen?« schluchzte sie.

»Ja. Ich kenne den Weg ziemlich gut. Ich gehe selbst manchmal hin. Aber meinen Weg könntest du nicht gehen; du bist nicht alt genug. Ich werde dir zeigen, wie du gehen kannst.«

»Schick mich nicht wieder raus in die große Hitze«, flehte Zotti.

»Das tue ich nicht«, erwiderte das Kind.

Und es reichte hinauf und legte ihr seine kühle Hand aufs Herz.

»Jetzt«, sagte es, »kannst du gehen. Das Feuer wird dich nicht verbrennen. Komm.«

Es führte sie aus der Höhle, und als sie ihm durch einen weiteren Torbogen folgte, befand sie sich in einer unermeßlichen Sand- und Felswüste. Der Himmel bestand aus Felsen, die sich darüber senkten wie feste Gewitterwolken; und die ganze Gegend war so heiß, daß sie sehen konnte, wie das gelbe Gold, das weiße Silber und das rote Kupfer in hellen Gießbächen geschmolzen von den Felsen herunterliefen. Aber die Hitze kam nie in ihre Nähe.

Als sie ein gutes Stück gelaufen waren, drehte das Kind einen großen Stein um und holte etwas wie ein Ei darunter hervor. Dann zog es mit dem Finger eine lange gewundene Linie in den Sand und legte das Ei hinein. Darauf sprach es etwas, das Zotti nicht verstehen konnte. Das Ei zerbrach, eine kleine Schlange kam heraus, legte sich in die Linie im Sand und wuchs immer mehr, bis sie diese ausfüllte. Sobald sie ganz ausgewachsen war, glitt sie davon, wobei sie wogte wie eine Meereswelle.

»Folge dieser Schlange«, sagte das Kind. »Sie wird dich richtig führen.«

Zotti folgte der Schlange. Aber sie konnte nicht weit gehen, ohne sich nach dem wunderbaren Kind umzuschauen. Es stand allein inmitten der glühenden Wüste neben einer Fontäne aus roten Flammen, die ihm zu Füßen aufgebrochen war, so daß seine nackte weiße Haut in dem lodernden Feuer zart rosa schimmerte. Dort stand es und schaute ihr nach, bis sie es schließlich in der Ferne nicht mehr erkennen konnte. Die Schlange bewegte sich geradeaus weiter, ohne nach links oder rechts abzuweichen.

Inzwischen hatte Moosi den See der Schatten durchquert und war, seinem traurigen, einsamen Weg folgend, an der Meeresküste angekommen. Es war ein dunkler, stürmischer Abend. Die Sonne war untergegangen. Der Wind wehte vom Meer her. Die Wellen hatten den Felsen umspült, in dem sich das Haus des alten Mannes befand. Zwischen ihm und der Küste stampfte ein tiefes Wasser, auf dem einsam eine majestätische Gestalt einherschritt.

Moosi ging auf sie zu und sprach:

»Kannst du mir sagen, wo ich den alten Mann des Meeres finde?«

»Ich bin der alte Mann des Meeres«, erwiderte die Gestalt.

»Ich sehe einen kräftigen königlichen Mann mittleren Alters«, erwiderte Moosi.

Darauf sah ihn der alte Mann genauer an und sprach:

»Junger Mann, dein Blick ist besser als der der meisten, die diesen Weg nehmen. Die Nacht ist stürmisch; komm mit zu mir und erzähle mir, was ich für dich tun kann.«

Moosi folgte ihm. Die Wellen wichen vor den Schritten des alten Mannes zurück, und Moosi folgte ihm auf trockenem Sand.

Als sie die Höhle erreicht hatten, setzten sie sich hin und sahen einander an.

Nun war Moosi zu dieser Zeit ein Greis. Er sah viel älter aus als der alte Mann des Meeres, und seine Füße waren sehr müde.

Nachdem er ihn einen Augenblick angesehen hatte, nahm ihn der alte Mann bei der Hand und führte ihn ins Innere seiner Höhle. Dort half er ihm, sich zu entkleiden, und legte ihn in das Bad. Und er sah, daß Moosi eine seiner Hände nicht öffnete.

»Was hast du in dieser Hand?« fragte er.

Moosi öffnete die Faust, und da lag der goldene Schlüssel.

»Ah!« sagte der alte Mann, »das erklärt, warum du mich erkennst. Und ich kenne den Weg, den du zu gehen hast.«

»Ich möchte das Land finden, aus dem die Schatten fallen«, sagte Moosi.

»Das glaube ich dir aufs Wort. Ich auch. Aber mittlerweile ist eins sicher. – Was glaubst du, wofür dieser Schlüssel ist?«

»Für irgendein Schlüsselloch. Aber ich weiß nicht, warum ich ihn behalte. Ich konnte das Schlüsselloch niemals finden. Und ich glaube, ich habe eine ganze Weile gelebt«, sagte Moosi traurig. »Ich bin mir gar nicht so sicher, daß ich nicht alt bin. Ich weiß, daß meine Füße schmerzen.«

»Schmerzen sie wirklich?« fragte der alte Mann, als meine er diese Frage völlig ernst; und Moosi, der immer noch in dem Bad lag, sah seine Füße einen Moment lang an, bevor er antwortete.

»Nein, sie schmerzen nicht«, erwiderte er. »Und vielleicht bin ich auch gar nicht alt.«

»Steh auf und sieh dich im Wasser an.«

Er erhob sich und betrachtete sich im Wasser; er hatte nicht ein einziges graues Haar auf dem Kopf, und seine Haut war völlig faltenlos.

»Du hast jetzt den Tod gekostet«, sprach der alte Mann. »Ist er gut?«

»Er ist gut«, sagte Moosi. »Er ist besser als das Leben.«

»Nein«, sprach der alte Mann. »Er ist nur mehr Leben. – Deine Füße werden jetzt keine Löcher ins Wasser treten.«

»Was meinst du?«

»Das werde ich dir sofort zeigen.«

Sie kehrten zu der äußeren Höhle zurück, setzten sich hin und sprachen lange miteinander. Schließlich erhob sich der alte Mann des Meeres und sagte zu Moosi:

»Folge mir.«

Er führte ihn wieder die Treppe hinauf und öffnete eine weitere Tür. Sie standen auf der Ebene des wütenden Meeres und blickten nach Osten. Jenseits der Wasserwüste hob sich gegen die Front einer düsteren schwarzen Wolke der Fuß eines Regenbogens ab, der im Dunklen glühte.

»Das genau ist mein Weg«, sagte Moosi, sobald er den Regenbogen sah, und er schritt auf das Meer hinaus. Seine Füße traten keine Löcher in das Wasser. Er kämpfte gegen den Wind an, erklomm die Wellen und lief weiter auf den Regenbogen zu.

Der Sturm legte sich. Es folgten ein schöner Tag und eine noch schönere Nacht. Ein kühler Wind wehte über die weite Fläche des ruhigen Ozeans. Und weiter reiste Moosi ostwärts. Aber der Regenbogen war mit dem Sturm verschwunden.

Tag für Tag hielt er durch, und er glaubte, er habe keinen Führer. Er bemerkte nicht, wie ein leuchtender Fisch unter den Wassern seine Schritte lenkte. Er überquerte das Meer und gelangte an eine große Felsklippe, auf der er nur einen einzigen Pfad entdecken konnte. Und dieser führte ihn auch nicht weiter als bis zur halben Höhe des Felsens, wo er an einer Plattform endete. Hier blieb er stehen und dachte nach. – Es konnte nicht sein, daß der Weg hier aufhörte, denn welchen Sinn hätte er sonst? Es war ein grober Pfad, nicht sehr eben, aber immerhin ein Pfad. – Er untersuchte die Stirnseite des Felsens. Sie war glasglatt. Aber als seine Augen weiter hoffnungslos darüberglitten, glitzerte etwas, und er entdeckte eine Reihe von kleinen Saphiren. Sie umsäumten ein kleines Loch in dem Felsen.

»Das Schlüsselloch!« rief er.

Er probierte den Schlüssel aus. Er paßte. Er drehte sich. Ein mächtiges Rasseln und Klirren wie von Eisenbolzen auf riesigen ehernen Kesseln hallte donnernd vom Inneren wider. Er zog den Schlüssel heraus. Der Felsen vor ihm begann einzustürzen. Er zog sich so weit davon zurück, wie es die Breite der Plattform erlaubte. Eine große Platte fiel ihm vor die Füße. Vorne stand immer noch der harte Felsen, aus dem diese eine Platte herausgefallen war. Sobald er aber daraufstieg, fiel eine zweite, nur kurz vom Rand der ersten entfernt, und ergab die nächste Stufe einer Treppe, die so immer weiter vor ihm hinfiel, als er ins Innere der Klippe aufstieg. Sie führte ihn in einen Saal, der einer solchen Zugangsweise entsprach – unregelmäßig und grob in der Konstruktion, aber Boden, Wände, Säulen und Deckengewölbe bildeten eine einzige Masse von leuchtenden Steinen in allen Farben, die das Licht hervorbringen kann. In der Mitte standen sieben Säulen, von rot bis violett abgestuft. Und auf einem ihrer Sockel saß reglos eine Frau, das Gesicht auf die Knie gesenkt. Seit sieben Jahren hatte sie dort gewartet. Als Moosi näher kam, hob sie den Kopf. Es war Zotti. Ihr Haar war bis an die Füße gewachsen und gewellt wie die ruhige See an breiten Stränden. Ihr Gesicht war schön wie das ihrer Großmutter und so ruhig und friedlich wie das des alten Mannes des Feuers. Ihre Gestalt war schlank und edel. Doch Moosi erkannte sie sofort.

»Wie schön du bist, Zotti!« sagte er voll Entzücken und Erstaunen.

»Bin ich?« erwiderte sie. »Oh, ich habe so lange auf dich gewartet! Aber du, du bist wie der alte Mann des Meeres. Nein. Du bist wie der alte Mann der Erde. Nein, nein. Du bist wie der älteste Mann von allen. Du bist wie sie alle. Und doch bist du mein eigener alter Moosi! Wie bist du hierhergekommen? Was hast du gemacht, nachdem ich dich verlor? Hast du das Schlüsselloch gefunden? Hast du den Schlüssel noch?«

Sie hatte ihm hundert Fragen zu stellen und er ihr hundert weitere. Sie erzählten einander alle ihre Abenteuer

und waren so glücklich, wie Mann und Frau nur sein können. Denn sie waren jünger und besser, stärker und weiser, als sie es je zuvor gewesen waren.
Es fing an zu dunkeln. Und mehr denn je wollten sie das Land erreichen, aus dem die Schatten fallen. Also sahen sie sich nach einem Ausweg aus der Höhle um. Die Tür, durch welche Moosi eingetreten war, hatte sich wieder geschlossen, und zwischen ihnen und dem Meer lag eine halbe Meile Felsen. Auch Zotti konnte die Öffnung im Boden nicht mehr finden, durch welche sie die Schlange hierhergeführt hatte. Sie suchten, bis es so dunkel wurde, daß sie nichts mehr sehen konnten und es aufgaben.
Nach einer Weile fing die Höhle jedoch wieder an zu schimmern. Das Licht kam vom Mond, aber es sah nicht aus wie Mondlicht, denn es strahlte zwischen jenen sieben Säulen in der Mitte hindurch und erfüllte den Raum mit allen Farben. Und jetzt sah Moosi, daß neben der roten Säule noch eine weitere stand, die er bisher nicht bemerkt hatte. Und sie hatte dieselbe neue Farbe, die ihm an dem Regenbogen aufgefallen war, als er ihn damals im Feenwald erblickte. Und darauf sah er ein blaues Funkeln. Es waren die Saphire rings um das Schlüsselloch.
Er nahm seinen Schlüssel. Er drehte sich zu den Klängen der Äolsharfe im Schloß. Eine Tür öffnete sich langsam in ihren Angeln und enthüllte eine Wendeltreppe dahinter. Der Schlüssel verschwand aus seinen Fingern. Zotti ging hinauf. Moosi folgte. Die Tür schloß sich hinter ihnen. Sie stiegen aus der Erde hinaus; stiegen immer weiter und erhoben sich darüber. Sie waren in dem Regenbogen. Weit draußen, über Ozean und Land, konnten sie durch seine durchsichtigen Wände die Erde unter ihren Füßen sehen. Treppen

neben Treppen wanden sich gemeinsam empor, und zusammen mit ihnen kletterten schöne Lebewesen, jung und alt.
Sie wußten, daß sie jetzt in das Land aufstiegen, aus dem die Schatten fallen.
Und inzwischen sind sie dort wohl auch angekommen.

Der Tagjunge und das Nachtmädchen

I

Watho

Es war einmal eine Hexe, die alles wissen wollte. Aber je weiser eine Hexe ist, desto härter stößt sie sich den Kopf an der Wand, wenn sie soweit kommt. Ihr Name war Watho, und sie hatte einen Wolf im Kopf. Sie interessierte sich für nichts um seiner selbst willen – nur für die Erkenntnis. Sie war nicht von Natur aus grausam, aber der Wolf hatte sie grausam gemacht.

Sie war hager und zierlich, mit weißer Haut, roten Haaren und schwarzen Augen, in denen rotes Feuer glühte. Sie war aufrecht und stark, aber hin und wieder sank sie in sich zusammen, erschauerte und saß einen Augenblick da, den Kopf rückwärts über die Schulter gewandt, als habe der Wolf ihn verlassen und säße ihr nun im Genick.

II

Aurora

Diese Hexe erhielt Besuch von zwei Damen. Eine davon gehörte dem Hof an, und ihren Gatten hatte man auf eine weite und schwierige Botschaftsreise geschickt. Die andere war eine junge Witwe, deren Mann kürzlich gestorben war und die seitdem das Augenlicht verloren

hatte. Watho brachte sie in verschiedenen Teilen ihres Schlosses unter, und sie wußten nicht voneinander.
Das Schloß stand am Hang eines Hügels, der sanft in ein enges Tal abfiel, durch das sich ein Fluß mit kieseligem Bett und immerwährendem Gesang zog. Der Garten reichte bis zum Ufer des Flusses hinunter und war von hohen Mauern umgeben, die den Fluß kreuzten und dann endeten. Jede Mauer hatte eine doppelte Zinnenreihe, und zwischen den Reihen verlief ein schmaler Gang.
Im obersten Stockwerk des Schlosses bewohnte Lady Aurora eine geräumige Suite mit mehreren großen Zimmern, die nach Süden lagen. Die Fenster schoben sich erkerförmig über den Garten darunter, und von ihnen aus hatte man einen prächtigen Blick flußaufwärts, flußabwärts und auch über den Fluß hinweg. Die gegenüberliegende Seite des Tales war steil, aber nicht sehr hoch. In der Ferne sah man Schneekuppen. Diese Räume verließ Aurora nur selten, und ihre luftigen Höhen, die herrliche Landschaft und der Himmel, das helle Sonnenlicht, die Musikinstrumente, Bücher, Bilder, Kuriositäten, zusammen mit der Gesellschaft Wathos, die sich äußerst liebenswürdig gab, ließen keine Langeweile aufkommen. Sie bekam Wildbret und Wildgeflügel zu essen, Milch und funkelnden Weißwein zu trinken.
Sie hatte goldgelbes, welliges und lockiges Haar; ihr Teint war hell, nicht weiß wie Wathos, und ihre Augen waren so blau wie der Himmel, wenn er am blausten ist; ihre Züge waren fein, aber kräftig, ihr Mund breit und zart geschwungen, und oft glitt ein Lächeln darüber.

III

Vesper

Hinter dem Schloß stieg der Hügel jäh an; ja, der Nordostturm hatte Berührung mit dem Felsen und war mit seinem Inneren verbunden. Denn in dem Felsen befand sich eine Zimmerflucht, nur Watho und der einen Dienerin bekannt, der sie traute, Falca genannt. Einer der Vorbesitzer hatte diese Räume nach dem Vorbild einer ägyptischen Königsgruft und vermutlich in derselben Absicht angelegt, denn in der Mitte eines von ihnen stand etwas, was nur ein Sarkophag sein konnte, aber dieses und andere Zimmer waren zugemauert. Die Wände und Decken dieser Räume waren mit Flachreliefs ausgestattet und seltsam bemalt. Hier brachte die Hexe die blinde Dame unter, deren Name Vesper war. Ihre Augen waren schwarz, mit langen schwarzen Wimpern; ihre Haut sah aus wie angelaufenes Silber, war aber von reinstem, glattesten Teint; ihr Haar war schwarz, weich und ganz glatt; ihre Züge waren edel geformt, und wenn auch durch Traurigkeit weniger schön, so doch um so liebreizender; sie sah immer aus, als wolle sie sich hinlegen und nie wieder aufstehen. Sie wußte nicht, daß sie in einer Gruft untergebracht war, doch ab und zu wunderte sie sich, niemals ein Fenster zu ertasten. Überall standen Sofas, mit der prächtigsten Seide bezogen und weich wie ihre eigenen Wangen, auf die sie sich legen konnte; und die Teppiche waren so dick, daß sie sich überall hätte fallen lassen können – wie es sich für eine Gruft gehört. In den Räumen war es trocken und warm, die Belüftung funktionierte ausgezeichnet, so daß die Luft immer frisch war, wobei ihr nur das Sonnenlicht fehlte. Dort ernährte die Hexe sie mit Milch und Wein, dunkel wie ein Karbunkel, mit Granatäpfeln, roten Trauben und Sumpfvögeln; und sie spielte ihr traurige Weisen vor, ließ sich durch klagende Geigen begleiten und erzählte ihr schwermütige Geschichten, kurz, hielt sie immer in einer Atmosphäre seliger Traurigkeit.

IV

Photogen

Watho hatte schließlich ihren Willen, denn Hexen bekommen oft, was sie wollen: Der blonden Aurora wurde ein prächtiger Knabe geboren. Genau bei Sonnenaufgang erblickte er das Licht der Welt. Watho trug ihn sofort in einen abgelegenen Teil des Schlosses und machte die Mutter glauben, er habe nur ein einziges Mal geschrien, da er bei seiner Geburt gestorben sei. Von Trauer überwältigt, verließ Aurora das Schloß, sobald sie dazu in der Lage war, und Watho lud sie nie wieder ein.
Und jetzt war die Hexe darauf bedacht, daß der Knabe niemals die Dunkelheit kennenlernte. Unermüdlich arbeitete sie an ihm, bis er schließlich niemals tagsüber schlief und niemals über Nacht wach war. Sie ließ ihn nie etwas Schwarzes sehen und versteckte sogar alle dunklen Gegenstände vor ihm. Wenn es ging, ließ sie nie einen Schatten auf ihn fallen und schützte ihn gegen Schatten, als seien sie Lebewesen, die ihn verletzen konnten. Den ganzen Tag über sonnte er sich im hellen Glanz derselben großen Räume, die seine Mutter bewohnt hatte. Watho gewöhnte ihn so an die Sonne, daß er schließlich mehr davon ertragen konnte als jeder dun-

kelhäutige Afrikaner. Wenn es tagsüber am heißesten war, zog sie ihn aus und legte ihn in die Sonne, als ob er reifen sollte wie ein Pfirsich; und der Junge fühlte sich wohl dabei und wollte gar nicht wieder angezogen werden. Sie setzte ihr ganzes Wissen darein, daß seine Muskeln stark, elastisch und reaktionsschnell wurden – so daß seine Seele, meinte sie lachend, in jeder Fiber sitzen, überall gleichzeitig sein und auf Abruf erwachen konnte. Seine Haare waren rotgold, aber seine Augen wurden mit zunehmendem Alter immer dunkler, bis sie so schwarz waren wie die Vespers. Er war das ausgelassenste aller Geschöpfe, immer fröhlich, immer liebenswürdig, im Moment aufbrausend, aber dann gleich wieder lachend. Watho nannte ihn Photogen.

V

Nycteris

Fünf oder sechs Monate nach der Geburt Photogens brachte auch die dunkle Dame ein Baby zur Welt: In der fensterlosen Gruft einer blinden Mutter, im Tod der Nacht, unter den schwachen Strahlen einer Lampe in einer Alabasterkugel kam ein jammerndes Mädchen an die Dunkelheit. Und genau, als es zum ersten Mal geboren wurde, ward Vesper zum zweiten Mal geboren und ging in eine Welt über, die ihr so unbekannt war, wie diese ihrem Kind – das noch einmal geboren werden mußte, bevor es seine Mutter sehen konnte.
Watho nannte sie Nycteris, und sie wurde Vesper so ähnlich wie nur möglich – in allem, außer einer Kleinigkeit. Sie hatte die gleiche dunkle Haut, dunkle Wimpern und Lider, dunkles Haar und einen sanften trauri-

gen Blick; aber sie hatte genau die Augen von Aurora, der Mutter Photogenes, und wenn sie auch mit zunehmendem Alter dunkler wurden, so war es nur ein dunkleres Blau. Watho widmete ihr mit Falcas Hilfe die größtmögliche Sorgfalt – natürlich nur im Rahmen ihrer Pläne –, wobei das Wichtigste war, daß sie nie Licht sehen sollte, außer dem, das von der Lampe kam. So wurden ihre Sehnerven, ja, ihr ganzer Gesichtssinn immer ausgeprägter und empfindlicher; und ihre Augen hörten erst ganz kurz vor dem Punkt auf zu wachsen, an dem sie zu groß geworden wären. Unter ihrem dunklen Haar, der dunklen Stirn und den Augenbrauen sahen sie aus wie zwei Risse in einem bewölkten Nachthimmel, hinter dem das Firmament hervorlugt, wo nur Sterne und keine Wolken leben. Sie war ein traurig feinsinniges kleines Geschöpf. Niemand in der Welt, außer diesen beiden, wußte von der Existenz dieser kleinen Fledermaus. Watho gewöhnte sie daran, tagsüber zu schlafen und nachts zu wachen. Außer der Musik, worin sie selbst eine Meisterin war, brachte sie ihr kaum etwas bei.

VI

Wie Photogen aufwuchs

Die Vertiefung, in der Wathos Schloß lag, war eher ein Spalt in der Ebene als ein Tal zwischen Hügeln, denn an der Spitze ihrer Steilhänge befand sich sowohl südlich als auch nördlich ein weites und breites Tafelland. Es war üppig mit Gras und Blumen bewachsen, hier und da standen Baumgruppen als Vorposten eines großen Waldes. Diese grasbewachsenen Ebenen waren die schönsten Jagdgründe der Welt. Große Herden von kleinen, aber wilden Tieren mit Höckern und zottigen Mähnen tobten darauf herum, auch Antilopen, Gnus und die zierlichen Rehe, während es in den Wäldern von Wild nur so wimmelte. Im Schloß bestanden die meisten Mahlzeiten daraus. Der Anführer von Wathos Jägern war ein toller Bursche, und als Photogen anfing, über die Ausbildung, die sie ihm geben konnte, hinauszuwachsen, schickte sie ihn zu Fargu. Der machte sich sofort eifrig daran, ihn alles zu lehren, was er wußte. Er gab ihm ein Pony nach dem anderen, mit zunehmendem Alter immer größer und jedes schwieriger zu meistern als das vorige, schulte ihn so vom Pony auf das Pferd und von Pferd auf Pferd, bis er allem gewachsen war, was das Land in dieser Hinsicht hervorbrachte. Ganz ähnlich übte er ihn im Gebrauch von Pfeil und Bogen, wobei er alle drei Monate einen stärkeren Bogen und längere Pfeile einsetzte; und bald wurde Photogen selbst zu Pferde ein großartiger Bogenschütze. Er war erst vierzehn, als er seinen ersten Bullen erlegte, was unter den Jägern, ja, überall im Schloß Jubel auslöste, denn auch hier war er aller Liebling. Jeden Tag ging er kurz nach Sonnenaufgang auf die Jagd und blieb gewöhnlich fast den ganzen Tag draußen. Aber Watho hatte Fargu nur eine Bedingung auferlegt: Photogen durfte unter keinen Umständen, was auch geschah, bis Sonnenuntergang oder so kurz davor draußen bleiben, daß in ihm der Wunsch hätte wach werden können, zu sehen, was nun folgen würde; und Fargu achtete ängstlich darauf, dieses Gebot nicht zu überschreiten; denn obwohl er nicht gezittert hätte, wäre eine ganze Bullenherde in vollem Tempo über die Ebene auf ihn zugedonnert, ohne daß sich noch ein Pfeil in seinem Köcher befunden hätte, so hatte er doch vor seiner Herrin mehr als Furcht. Wenn sie ihn in einer bestimmten Weise ansah, dann fühlte er sich, so sagte er, als verwandle sich das Herz in seiner Brust zu Asche und als fließe in seinen Adern nicht mehr Blut, sondern Milch und Wasser. So hatte Fargu schon bald zu zittern, denn als Photogen älter wurde, fiel es ihm immer schwerer, sich gegen den Knaben durchzusetzen. Photogen war, wie Fargu zu seiner Herrin sagte, so voller Lebenskraft – was diese zutiefst befriedigte –, daß er eher einem lebendigen Donnerkeil als einem menschlichen Wesen glich. Er wußte nicht, was Furcht war, und das keineswegs, weil er keine Gefahr kannte; denn er hatte einen schweren Riß durch den rasiermesserscharfen Hauer eines Ebers abbekommen – dessen Rückgrat er jedoch mit einem Schlag seines Jagdmessers gebrochen hatte, bevor Fargu ihm zu Hilfe kommen konnte. Wenn er sein Pferd mitten in einer Bullenherde trieb, nur mit dem Bogen und einem kurzen Schwert bewaffnet, oder einen Pfeil in eine Herde schoß und dann nachjagte, als wolle er nur einen Ausreißer zurückholen, rechtzeitig ankam, um noch einen Speerstoß nachzuschicken, bevor das verwundete Tier wußte, in welche Richtung es ausweichen konnte, dachte Fargu mit Schrecken daran, wie es erst sein würde, wenn er die Versuchung der scheckigen Leoparden und der scharfkralligen Luchse kennenlernte, von denen es im Wald wimmelte. Denn der Junge war durch die Sonne so abgesotten, von Kindheit an so sehr mit ihrem Einfluß gesättigt, daß er jede Gefahr von einer höheren Warte des Muts aus betrachtete. Als er nun kurz vor seinem sechzehnten Lebensjahr stand, wagte es Fargu deshalb, Watho zu bitten, dem Jungen ihre Gebote selbst einzuschärfen und ihn aus der Verantwortung für seinen Zögling zu entlassen. Er sagte, es sei leichter, einen Löwen mit lohfarbener Mähne zu hüten als Photogen. Watho rief den Jungen und legte ihm im Beisein Fargus ihr Verbot auf, sich niemals draußen aufzuhalten, wenn der Rand der Sonne den Horizont berührte, wobei sie für einen Verstoß Konsequenzen andeutete, die nicht weniger schrecklich als undurchsichtig waren. Photogen hörte respektvoll zu, aber da er weder das Gefühl der Angst noch den Reiz der Nacht kannte, waren ihre Worte für ihn nur Schall und Rauch.

VII

Wie Nycteris aufwuchs

Die geringe Ausbildung, die Watho Nycteris zugedacht hatte, vermittelte sie ihr durch das gesprochene Wort. Da sie nicht meinte, das Licht könne ihr zum Lesen genügen, von anderen Gründen einmal ganz abgesehen, gab sie ihr nie ein Buch in die Hand. Nycteris sah jedoch weit besser, als Watho dachte; und das schwache Licht genügte ihr durchaus. Sie konnte Falca beschwatzen, ihr die Buchstaben beizubringen, worauf sie selbst Lesen lernte, und Falca brachte ihr ab und zu ein Kinderbuch. Aber die größte Freude hatte sie an ihrem Instrument. Selbst ihre Finger liebten es und glitten über die Saiten wie äsende Schafe. Sie war nicht unglücklich. Von der Welt kannte sie nur die Gruft, in der sie lebte, und sie fand Gefallen an allem, was sie tat. Gleichwohl sehnte sie sich nach mehr oder nach etwas anderem. Sie wußte nicht, was es war, und konnte es für sich selbst auch nicht genauer ausdrücken als in dem Gedanken, daß sie mehr Platz brauchte. Watho und Falca verschwanden immer jenseits des Scheins der

Lampe und kamen von dorther zurück; irgendwo mußte es also mehr Raum geben. Sooft sie allein war, machte sie sich daran, die farbigen Flachreliefs an den Wänden zu untersuchen. Diese sollten verschiedene Naturkräfte allegorisch darstellen, und da nichts hergestellt werden kann, das nicht dem allgemeinen Schema angehört, konnte ihr schließlich das Aufflackern einer Beziehung zwischen einigen von ihnen nicht entgehen, und so fand ein Schatten der Realität von Dingen seinen Weg zu ihr.

Etwas bewegte und belehrte sie jedoch mehr als alles andere – die Lampe nämlich, die von der Decke herabhing und die sie immer erleuchtet sah, obwohl sie niemals die Flamme sehen konnte, sondern nur die leichte Verdichtung zur Mitte der Alabasterkugel hin. Und neben dem Wirken des Lichts selbst in seiner Art waren die Verschwommenheit der Kugel und die Schummerigkeit des Lichts, die ihr das Gefühl gaben, ihre Augen könnten sich ganz in das Weiß versenken und darin auflösen, für sie auch irgendwie mit der Idee von Platz und Raum verbunden. Oft saß sie stundenlang vor der Lampe und starrte zu ihr hinauf, und dabei wurde ihr ganz beklommen ums Herz. Sie fragte sich, was sie traurig gemacht hatte, wenn sie ihr Gesicht tränennaß spürte, und dann wunderte sie sich, wie sie etwas traurig gemacht haben konnte, ohne daß sie es gemerkt hätte. Deshalb schaute sie die Lampe nur an, wenn sie allein war.

VIII

Die Lampe

Da Watho ihre Anweisungen gegeben hatte, hielt sie es für selbstverständlich, daß sie befolgt wurden und daß Falca die ganze Nacht bei Nycteris blieb, deren Tag ja die Nacht war. Aber Falca konnte sich nicht daran gewöhnen, tagsüber zu schlafen, und ließ ihren Schützling oft die halbe Nacht allein. Dann kam es Nycteris so vor, als wache die weiße Lampe über ihr. Da diese niemals ausgehen durfte – zumindest während sie wach war –, wußte Nycteris, außer wenn sie die Augen schloß, weniger über die Dunkelheit als über das Licht. Da die Lampe überdies weit oben und in der Mitte von allem angebracht war, wußte sie auch nicht viel von Schatten. Die wenigen, die es gab, fielen fast ausnahmslos auf den Boden oder hielten sich wie Mäuschen am Fuß der Wände.

Einmal, als sie so allein gelassen war, drang das Geräusch eines weit entfernten Donnerns zu ihr ein; sie hatte noch nie zuvor einen Klang gehört, dessen Ursprung sie nicht kannte, und daher war dies ein neues Zeichen für etwas jenseits ihrer Gemächer. Dann kam ein Beben und dann eine Erschütterung; die Lampe fiel mit großem Getöse zu Boden, und Nycteris fühlte sich, als seien ihre beiden Augen fest geschlossen und dazu noch beide Hände darübergelegt. Sie schloß, daß das Donnern und Beben von der Dunkelheit verursacht worden war, die in den Raum eingedrungen sein und die Lampe heruntergeworfen haben mußte. Zitternd saß sie da. Das Geräusch und das Beben hörten auf, aber das Licht kehrte nicht zurück. Die Dunkelheit hatte es geschluckt!

Ohne die Lampe erwachte in ihr sofort der Wunsch, *aus* diesem Gefängnis zu entfliehen. Kaum wußte sie, was *aus* bedeutete; aus einem Raum hinaus und in einen anderen, zwischen denen sich noch nicht einmal eine Trenntür, sondern nur ein offener Türbogen befand, war alles, was sie von der Welt kannte. Aber plötzlich erinnerte sie sich daran, daß Falca einmal davon gesprochen hatte, die Lampe könne *ausgehen:* War es das, was sie gemeint hatte? Und wenn die Lampe ausgegangen war, wohin war sie dann gegangen? Bestimmt dorthin, wohin auch Falca ging, und sie würde gleich dieser wiederkehren. Aber Nycteris konnte nicht warten. Der Wunsch auszugehen wurde unwiderstehlich. Sie mußte ihrer schönen Lampe folgen! Sie mußte sie finden! Sie mußte sehen, was los war!

Nun gab es einen Vorhang, der eine Wandnische bedeckte, worin einige ihrer Spielsachen und Übungsgeräte verstaut waren; und hinter diesem Vorhang kamen Watho und Falca immer hervor, und sie verschwanden auch stets wieder dahinter. Wie sie aus der festen Wand kommen konnten, das war ihr völlig rätselhaft, denn alles bis zu der Wand hin war offener Raum und alles dahinter schien Wand zu sein; aber natürlich war das erste und einzige, was sie tun konnte, sich den Weg hinter den Vorhang zu ertasten. Es war so dunkel, daß eine Katze selbst die allergrößte Maus nicht hätte fangen können. Nycteris sah besser als jede Katze, aber jetzt waren ihre großen Augen zu nichts nutze. Beim Gehen trat sie auf ein Stück der zerbrochenen Lampe. Sie hatte nie Schuhe oder Strümpfe getragen, und obwohl die Scherbe aus weichem Alabaster war, schnitt sie zwar nicht, verletzte aber ihren Fuß. Sie wußte nicht, was es war, doch da es noch nicht dagelegen hatte, bevor die Dunkelheit kam, vermutete sie, daß es mit der Lampe zu tun hatte. Deshalb kniete sie sich hin, suchte mit den Händen, und als sie zwei große Stücke zusammenfügte, erkannte sie die Gestalt der Lampe wieder. Daher blitzte es in ihr auf, daß die Lampe tot war, daß dieses Zerbrochensein der Tod war, von dem sie verständnislos gelesen hatte; daß die Dunkelheit die Lampe getötet hatte. Was konnte Falca also gemeint haben, wenn sie davon sprach, daß die Lampe *ausging?* Hier war die Lampe – allerdings tot und so verändert, daß Nycteris sie niemals für eine Lampe gehalten hätte, wäre die Form nicht gewesen! Nein, jetzt, wo sie tot war, konnte es keine Lampe mehr sein, denn alles, was sie zu einer Lampe machte, nämlich ihr heller Schein, war verschwunden. Dann mußte es also der Schein, das Licht sein, das ausgegangen war! Das mußte Falca gemeint haben – und es mußte irgendwo anders in der Wand sein. Nycteris richtete sich wieder auf und ertastete sich ihren Weg zum Vorhang.

Nun hatte sie noch nie in ihrem Leben versucht, hinauszukommen, und wußte nicht, wie sie das anstellen sollte; aber instinktiv fing sie an, ihre Hände über eine der Mauern hinter dem Vorhang gleiten zu lassen, wobei sie halb damit rechnete, sie würden dort eindringen, wie es Watho und Falca doch offenbar taten. Aber die Wand stieß sie mit unerbittlicher Härte zurück, und so wandte sie sich der gegenüberliegenden zu. Dabei setzte sie ihren Fuß auf einen Elfenbeinwürfel, und da dieser genau dieselbe Stelle traf, die schon durch die Alabasterscherbe verletzt war, fiel sie mit ausgestreckten Händen vornüber gegen die Wand. Etwas gab nach, und sie stürzte aus der Höhle hinaus.

IX

Draußen

Aber ach! *Draußen* war es ganz genau wie *drinnen*, denn derselbe Feind, die Dunkelheit, war auch hier zugegen. Jedoch schon im nächsten Augenblick überkam sie ein großes Glücksgefühl – eine Feuerfliege hatte sich aus dem Garten nach drinnen verirrt. In der Ferne sah sie das winzige Leuchten. Mit langsam pulsierenden Lichtebben und -fluten stieß sie sich, immer näher kommend, mit jener Bewegung durch die Luft, die eher einem Schwimmen als einem Fliegen gleicht, und das Licht selbst schien die Quelle ihrer eigenen Bewegung zu sein.

»Meine Lampe! Meine Lampe!« rief Nycteris. »Es ist der Schein meiner Lampe, den die grausame Dunkelheit vertrieben hatte. Meine gute Lampe hat die ganze Zeit auf mich gewartet! Sie wußte, daß ich nach ihr suchen würde, und hat darauf gewartet, mich mitnehmen zu können.«

Sie folgte der Feuerfliege, die wie sie selbst den Weg nach draußen suchte. Wenn sie auch den Weg nicht kannte, so war sie doch Licht; und weil alles Licht eins ist, kann jedes Licht dazu dienen, daß man zu mehr Licht geleitet wird. Wenn sie zwar unrecht mit dem Gedanken hatte, daß die Fliege der Geist ihrer Lampe war, so war sie doch vom selben Geist wie ihre Lampe – und hatte Flügel. Das lichtgetriebene goldgrüne Düsenboot glitt pulsierend durch einen langen schmalen Gang vor ihr her. Plötzlich stieg es höher, und im gleichen Augenblick fiel Nycteris auf eine nach oben führende Treppe. Sie hatte vorher noch nie eine Treppe gesehen, und das Aufsteigen kam ihr seltsam vor. Gerade als sie anscheinend den Höhepunkt erreichte, hörte die Feuerfliege zu leuchten auf, so daß sie verschwand. Nycteris stand also wieder völlig im Dunkeln. Aber wenn wir dem Licht folgen, ist selbst sein Verlöschen ein Wegweiser. Hätte die Feuerfliege weiter geleuchtet, dann hätte Nycteris eine Windung der Treppe gesehen und wäre in Wathos Schlafzimmer gelandet; so aber, da sie sich geradeaus vorwärts tastete, gelangte sie an eine geschlossene Tür, die es ihr nach einigen mühevollen Versuchen zu öffnen gelang – und dann stand sie in einem Labyrinth aus überraschender Verwirrung, Furcht und Wonne. Was war es? War es außerhalb ihrer selbst oder etwas, das sich in ihrem Kopf abspielte? Vor ihr lag ein sehr langer und sehr schmaler Gang, der auf geheimnisvolle und unergründliche Weise aufgebrochen war und der sich nach oben, ja nach allen Seiten hin zu einer unendlichen Höhe, Breite und Entfernung ausweitete – als ob der Raum selbst aus einem Trog herauswüchse. Es war heller, als ihre Zimmer jemals gewesen waren – heller, als wenn darin sechs Alabasterlampen geleuchtet hätten. Eine Menge seltsamer Streifen und Schecken irrten hier umher, die sich stark von den Figuren an ihren Wänden unterschieden. Sie schwelgte in einem Traum angenehmer Verwirrung und wonnevoller Verblüffung. Sie wußte nicht, ob sie auf dem Boden stand oder wie die Feuerfliege umherschwirrte, angetrieben von den Schüben einer inneren Glückseligkeit. Aber bisher wußte sie noch wenig über ihre Herkunft. Unbewußt ging sie von der Schwelle aus einen Schritt nach vorn, und das Mädchen, das von Geburt an ein Höhlenmensch gewesen war, stand in der überwältigenden Pracht einer südlichen Nacht, erhellt durch einen strahlenden Vollmond – nicht der Mond unseres nördlichen Himmelsstrichs, sondern ein Mond wie Silber, das in einem Ofen glüht – ein Mond, dem man die Kugel ansah –, nicht weit entfernt, nichts als eine flache Scheibe auf dem ausgedehnten Blau, aber halb nach unten hängend und mit einem Aussehen, als könne man durch eine bloße Beugung des Kopfes ganz um ihn herumschauen.

»Es ist meine Lampe«, sagte sie und blieb mit halbgeöffneten Lippen sprachlos stehen. Es war ihr, als habe sie vom Uranfang an in schweigender Ekstase dort gestanden.

»Nein, es ist nicht meine Lampe«, sagte sie nach einer Weile, »es ist die Mutter aller Lampen.«

Und dabei fiel sie auf die Knie und breitete die Arme zum Mond hin aus. Sie hätte auch nicht im geringsten sagen können, was in ihr vorging, aber die Geste war in Wirklichkeit nur eine flehende Bitte an den Mond, genau das zu sein, was er war – genau die unglaubliche Pracht, die an der weit entfernten Decke hing, genau jener Glanz, der für arme in Höhlen geborene und aufgewachsene Mädchen so lebenswichtig ist. Für Nycteris war es eine Auferstehung – nein, es war die eigentliche Geburt. Was konnte der riesige blaue Himmel sein, der mit winzigen Funken gleich den Köpfen von diamantenen Nägeln übersät war; und was der Mond, der mit dem Licht so absolut zufrieden aussah – nun, sie wußte weniger darüber als du und ich! Aber der größte aller Astronomen hätte auf dieses Entzücken eines ersten Eindrucks im Alter von sechzehn Jahren neidisch sein können. Er war unermeßlich unvollkommen, aber falsch konnte der Eindruck nicht sein, denn sie sah mit den Augen, die für das Sehen gemacht waren, und sie sah sogar, was viele Menschen wegen ihrer zu großen Klugheit gar nicht sehen können.

Als sie niederkniete, gab ihr etwas einen sanften

Schubs, umarmte sie, streichelte sie, hätschelte sie. Sie erhob sich, sah aber nichts und wußte nicht, was es war. Am meisten glich es dem menschlichen Atem. Denn sie wußte ja nichts von der Luft, hatte noch nie die stets neugeborene Frische der Welt eingeatmet. Die Atemluft war ihr immer durch lange Gänge und Windungen in dem Felsen zugeführt worden. Noch weniger wußte sie von der Luft, die durch Bewegung belebt ist – von jenem dreifach gesegneten Geschenk, dem Wind einer Sommernacht. Es war wie geistiger Wein, der jede Pore ihres Seins mit einer Droge reinster Wonne füllte. Zu atmen war ein vollkommener Seinszustand. Ihr kam es so vor, als zöge sie das Licht selbst in ihre Lungen ein. Besessen von der überwältigenden Schönheit der prächtigen Nacht, schien sie in ein und demselben Moment ausgelöscht und verklärt zu sein.

Sie befand sich in dem offenen Gang oder der Galerie, die oben auf den Gartenmauern ringsum zwischen den Zinnenreihen verlief, aber sie schaute nicht einmal nach unten und sah nicht, was darunter lag. Ihre Seele fühlte sich zu dem Gewölbe über ihr mit seiner Lampe und mit seinem endlosen Raum hingezogen. Schließlich brach sie in Tränen aus, und ihr Herz war erleichtert, wie sich die Nacht selbst durch Blitze und Regen erleichtert.

Und dann wurde sie nachdenklich. Sie mußte diese Pracht horten! Was für ein kleines Dummchen ihre Wärterinnen aus ihr gemacht hatten! Das Leben war ein unermeßlicher Segen, und sie hatten das ihre bis auf den nackten Knochen abgenagt! Sie durften nicht wissen, daß sie wußte. Sie mußte ihr Wissen verheimlichen – es selbst vor ihren eigenen Augen verbergen und es ganz innen im Busen bewahren, zufrieden mit dem Wissen, daß sie es hatte, selbst wenn sie nicht seiner

Gegenwart nachhängen konnte, indem sie ihre Augen an seiner Pracht weidete. Daher wandte sie sich mit einem Seufzer voller Glückseligkeit ab und schlich auf leisen Sohlen und mit tastenden Händen zurück in das Dunkel des Felsens. Was war die Dunkelheit oder die Trägheit der zeitlichen Schritte für eine, die gesehen hatte, was ihr diese Nacht zu Augen gekommen war? Sie war über alle Schwermut, über allen Falsch erhaben.

Als Falca eintrat, entfuhr ihr ein Schrei des Entsetzens. Aber Nycteris rief ihr zu, sich keine Sorgen zu machen, und erzählte ihr, wie es zu einem Donnern und Beben gekommen war, das die Lampe hatte zu Boden fallen lassen. Darauf ging Falca und erstattete ihrer Herrin Bericht, und in nicht weniger als einer Stunde hing eine neue Kugel an der Stelle der alten. Nycteris meinte, sie sähe nicht so hell und klar aus wie die alte, aber sie beschwerte sich nicht über die Veränderung; sie war viel zu reich, um sich daran zu stören. Denn jetzt, da sie wußte, daß sie eine Gefangene war, war ihr Herz voll Freude und Glück; zuweilen mußte sie sich davor zurückhalten, aufzuspringen und singend und tanzend durch den Raum zu wirbeln. Wenn sie schlief, hatte sie trotz dunkler Träume herrliche Gesichter. Natürlich wurde sie manchmal unruhig und sehnte sich ungeduldig danach, ihre Reichtümer anzuschauen, aber dann brachte sie sich zur Vernunft und sagte: »Was macht es schon, wenn ich hier ewig mit meiner armseligen bleichen Lampe sitze, wo doch draußen eine Lampe brennt, an der zehntausend kleine Lampen wie im Wunder glühen?«

Sie zweifelte niemals daran, den Tag und die Sonne gesehen zu haben, von denen sie gelesen hatte; und immer, wenn sie vom Tag und der Sonne las, stellte sie sich dabei die Nacht und den Mond vor; wenn sie aber von der Nacht und vom Mond las, dann dachte sie nur an die Höhle und an die Lampe, die dort hing.

X

Die große Lampe

Es dauerte einige Zeit, bis sie erneut Gelegenheit hatte, nach draußen zu kommen, denn seitdem die Lampe heruntergefallen war, paßte Falca etwas besser auf und ließ sie nur selten länger allein. Eines Abends jedoch, als sie leichte Kopfschmerzen hatte, legte sich Nycteris auf ihr Bett und blieb dort mit geschlossenen Augen liegen, worauf sie hörte, daß Falca zu ihr kam, und spürte, wie diese sich über sie beugte. Falca war froh, daß sie schlief, und ließ sie allein, wobei sie sich so vorsichtig bewegte, daß Nycteris gerade wegen dieser Behutsamkeit die Augen öffnete und ihr nachsah – gerade noch rechtzeitig, um sie verschwinden zu sehen –, als sie den Raum durch ein Bild, wie es schien, verließ, das weit entfernt von dem gewöhnlichen Ausgang an der Wand hing. Sie sprang auf, die Kopfschmerzen waren vergessen, und lief in die entgegengesetzte Richtung; gelangte nach draußen, tastete sich den Weg zur Treppe, stieg hinauf und erreichte den Mauersims. – O weh! Der große Raum war noch nicht einmal so hell wie der kleine, den sie verlassen hatte! Warum? – Leid über Leid! Die große Lampe war verschwunden! War ihre Kugel heruntergefallen? War ihr liebliches Licht auf großen Schwingen ausgegangen, auf einer leuchtenden Feuerfliege, die durch einen noch großartigeren und noch lieblicheren Raum ruderte? Sie blickte nach unten, um zu sehen, ob die Kugel dort irgendwo zerborsten auf dem Teppich lag; aber sie konnte nicht einmal den Teppich erkennen. Doch es konnte gewiß nichts ganz Schreckliches passiert sein – kein Donnern oder Beben; denn all die kleinen Lampen leuchteten heller als zuvor, und nicht eine von ihnen sah so aus, als sei etwas Ungewöhnliches eingetreten. Was, wenn jede dieser kleinen Lampen zu einer großen Lampe heranwuchs und dann, nachdem sie für eine Weile eine große Lampe gewesen war, ausgehen und eine noch größere Lampe werden mußte – aus, wohin, noch über dieses *Draußen* hinaus? Ah! Da war wieder das unsichtbare Lebendige – und heute nacht noch größer! Es küßte sie so liebevoll, streichelte ihre Wangen und die Stirn so weich und sanft, zerzauste ihr Haar und spielte aufs Angenehmste damit! Aber es hörte auf, und alles war still. War es ausgegangen? Was würde als nächstes passieren? Vielleicht mußten die kleinen Lampen nicht zu großen heranwachsen, sondern eine nach der anderen fallen und zuerst ausgehen? – Dabei kam von unten ein süßer Duft, noch einer und dann noch einer. Ah, wie köstlich! Vielleicht kamen sie alle nur auf ihrem Weg hinaus, der großen Lampe nach, zu ihr! – Dann lauschte sie der Musik des Flusses, die sie zuerst nicht bemerkt hatte, weil sie zu sehr mit dem Himmel beschäftigt war. Was war es? O weh! O weh! Noch etwas Lebendiges auf seinem Weg hinaus. Sie alle marschierten langsam in einer langen, wohlgeordneten Reihe, eins nach dem anderen hinaus, wobei jedes einzelne im Vorübergehen von ihr Abschied nahm! So mußte es sein: Hier ergaben sich immer neue Wohlklänge, die aufeinander folgten und verschwanden! Das ganze *Draußen* ging nochmals aus; es ging insgesamt der schönen großen Lampe nach! Sie würde als einziges Geschöpf in dem einsamen Tag zurückbleiben! War denn niemand da, der eine neue Lampe anstelle der alten aufhängen und die Geschöpfe daran hindern konnte, alle wegzugehen? – Sehr traurig schlich sie zu ihrem Felsen zurück. Sie versuchte, sich dadurch zu trösten, daß da draußen irgendwie doch noch Raum sein müsse; aber als sie es aussprach, erschauerte sie bei dem Gedanken an einen *leeren* Raum.

Als es ihr das nächste Mal gelang, hinauszukommen, hing im Osten ein Halbmond: Eine neue Lampe war gekommen, dachte sie, und alles würde wieder gut.

Es wäre ein endloses Unterfangen, alle Phasen des Empfindens zu beschreiben, die Nycteris durchlief; sie waren zahlreicher und feiner als die von tausend sich wandelnden Monden. Bei jedem neuen Anblick der unendlichen Natur blühte ein neues Glücksgefühl in ihrer Seele auf. Schon nach kurzer Zeit begann sie zu vermuten, daß der neue Mond der alte Mond war, der ausgegangen und wieder hereingekommen war, wie sie selbst; und daß er sich, anders als sie, auflöste und wieder von neuem wuchs; daß er natürlich ein Lebewesen war wie sie selbst, Höhlen, Wächtern und Einsamkeiten ausgesetzt, dann aber floh und leuchtete, wenn er konnte. War er in einem ähnlichen Gefängnis eingekerkert wie sie? Und wurde es dunkel, wenn die Lampe es verließ? Wo konnte der Weg sein, der hineinführte? – Dabei schaute sie zuerst nach unten, nach oben und dann um sich herum; und da bemerkte sie zum ersten Mal die Baumwipfel zwischen sich und dem Boden. Es gab Palmen mit ihren rotfingrigen Händen, die voller Früchte hingen; Eukalyptusbäume, voll mit kleinen Hülsen von Puderquasten; Oleander mit ihren Mischlingsrosen; und Orangenbäume mit ihren Wolken von jungen Silbersternen und ihren betagten Goldballen.

Ihre Augen sahen im Mondlicht Farben, die unseren unsichtbar sind, und sie konnte alles gut unterscheiden, obwohl sie es zuerst für die Formen und Farben des Teppichs hielt, der in dem großen Raum lag. Sie sehnte sich danach, dort unten inmitten von ihnen zu sein, sah sie doch jetzt, daß es wirkliche Lebewesen waren, aber sie wußte nicht, wie sie dorthin gelangen sollte. Sie lief die ganze Mauer ab, bis hin zu der Seite, die den Fluß kreuzte, fand aber keinen Weg, der nach unten führte. Oberhalb des Flusses blieb sie stehen, um angstvoll auf das rauschende Wasser zu starren. Sie kannte das Wasser nur vom Trinken und Baden her; und da der Mond auf den dunklen, hurtigen Strom schien, der beim Fließen lustig sang, zweifelte sie nicht daran, daß der Fluß lebte, eine geschwind dahineilende Lebensschlange; aber wohin ging sie? – Etwa aus? Wohin dann? Und jetzt fragte sie sich, ob man das, was ihr immer ins Zimmer gebracht wurde, getötet hatte, damit sie es trinken und darin baden konnte.

Einmal, als sie auf die Mauer hinaustrat, geriet sie mitten in einen heftigen Sturm. Alle Bäume knarrten. Große Wolken zogen an den Himmeln entlang und purzelten über die kleinen Lampen: Die größere Lampe war noch nicht gekommen. Alles war in Aufruhr. Der Wind ergriff ihre Kleider und Haare und schüttelte sie, als wollte er sie von ihr reißen. Was konnte sie getan haben, um das sanfte Geschöpf so wütend zu machen? Oder war es ein völlig anderes Geschöpf – derselben Art, nur viel, viel größer und von ganz anderem Gemüt und Verhalten? Aber der ganze Ort war wütend! Oder verhielt es sich so, daß die darin lebenden Geschöpfe, der Wind, die Bäume, die Wolken und der Fluß, Streit miteinander hatten, und zwar jedes einzelne mit dem ganzen Rest? Würde das Ganze in Verwirrung und Unordnung geraten? Als sie aber, staunend und beunruhigt, vor sich hin starrte, schob sich der Mond, größer als sie ihn je gesehen hatte, über den Horizont und sah, ganz dick und rot, aus, als ob auch er vor Wut darüber angeschwollen war, daß man ihn durch den Lärm aus seiner Ruhe aufgestört und gezwungen hatte, hinaufzueilen, um nachzusehen, was seine Kinder machten, die in seiner Abwesenheit dermaßen randalierten, damit sie nicht das ganze Gefüge der Dinge aus dem Gleichgewicht brachten. Und als er aufging, wurde der laute Wind ruhiger und zankte weniger heftig, die Bäume wurden leiser und stöhnten mit nachlassender Klage, und die Wolken jagten und schwirrten weniger wild über den Himmel. Und als ob er sich darüber freute, daß seine Kinder schon bei seiner bloßen Anwesenheit gehorchten, wurde der Mond beim Besteigen der Himmelstreppe immer kleiner; seine aufgeblähten Wangen sanken ein, die Hautfarbe wurde heller und ein zufriedenes Lächeln breitete sich auf seinen Zügen aus, während er ganz friedlich immer höher stieg. Aber an seinem Hof herrschten Verrat und Rebellion; denn bevor er noch das Ende seiner großen Treppe erreicht hatte, taten sich die Wolken zusammen, vergaßen ihren jüngsten Krieg, steckten ganz verstohlen die Köpfe zusammen und schmiedeten Pläne. Dann verbanden sie sich, legten sich still auf die Lauer, bis er in die Nähe kam, warfen sich auf ihn und verschluckten ihn. Vom Dach kamen nasse Stellen herunter, folgten immer schneller aufeinander und benetzten Nycteris' Wangen; und was konnten sie schon sein als die Tränen des Mondes, der weinte, weil seine Kinder ihn erstickten? Nycteris weinte ebenfalls und stahl sich, weil sie nicht wußte, was sie davon halten sollte, voller Entsetzen zurück in ihr Zimmer.

Das nächste Mal kam sie mit Furcht und Zittern nach draußen. Der Mond war noch da! Weit drüben im Westen – aber eingefallen, alt und schrecklich abgehärmt aussehend, als hätten alle wilden Tiere des Himmels an ihm herumgefressen –, aber er war da, lebte noch und konnte sogar scheinen!

XI

Der Sonnenuntergang

Ohne von der Dunkelheit, von den Sternen oder vom Mond zu wissen, verbrachte Photogen seine Tage bei der Jagd. Auf einem großen Schimmel fegte er, in der Sonne frohlockend, über die grasbewachsenen Ebenen, kämpfte gegen den Wind und erlegte die Büffel.

Eines Morgens, als er zufällig etwas früher als gewöhnlich und vor seinen Begleitern draußen war, erspähte er ein ihm unbekanntes Tier, das sich aus einer Höhle stahl, in welche die Sonnenstrahlen noch nicht eingedrungen waren. Wie ein huschender Schatten sauste es über das Gras und machte sich südwärts in Richtung Wald aus dem Staub. Er nahm die Verfolgung auf, bemerkte den Kadaver eines Büffels, den es halb gefressen hatte, und jagte ihm nur um so schneller nach. Aber das Geschöpf entfernte sich mit großen Sprüngen und Sätzen immer weiter von ihm und war plötzlich verschwunden. Niedergeschlagen zurückkehrend, stieß er auf Fargu, der ihm so schnell gefolgt war, wie sein Pferd ihn tragen konnte.

»Was für ein Tier war das, Fargu?« fragte er. »Wie es laufen konnte!«

Fargu antwortete, es könne ein Leopard gewesen sein,

aber nach der Spur und dem Aussehen hielt er es eher für einen jungen Löwen.
»Wie feige es sein muß!« sagte Photogen.
»Sei dir da nicht so sicher«, gab Fargu zurück. »Es ist eins von den Geschöpfen, die sich in der Sonne nicht wohl fühlen. Sobald die Sonne untergegangen ist, wird es mutig genug sein.«
Kaum hatte er das ausgesprochen, als er es auch schon bereute; und er bedauerte es auch nicht weniger, als er feststellte, daß Photogen keine Antwort gab. Doch, ach! Gesagt war gesagt.
»Also«, sprach Photogen zu sich selbst, »ist dieses verächtliche Vieh einer der Schrecken des Sonnenuntergangs, von denen Madame Watho erzählte!«
Er jagte den ganzen Tag lang, war aber nicht wie gewöhnlich bei der Sache. Er ritt nicht so wild und tötete nicht einen Büffel. Fargu beobachtete zu seinem Entsetzen auch, daß er jeden Vorwand benutzte, um sich weiter südwärts zu bewegen, näher zum Wald hin. Aber ganz plötzlich, als die Sonne jetzt im Westen unterging, schien er anderen Sinnes zu werden, denn er wandte sein Pferd und ritt so schnell nach Hause, daß ihn die anderen aus dem Blick verloren. Als sie ankamen, fanden sie sein Pferd im Stall und schlossen daraus, daß er nach drinnen gegangen war. Aber in Wirklichkeit hatte er das Schloß an der Rückseite wieder verlassen. Er überquerte den Fluß ein gutes Stück talaufwärts und kam wieder an der Stelle heraus, die sie verlassen hatten, so daß er den Waldrand kurz vor Sonnenuntergang erreichte.
Die tiefstehende Sonne schien direkt zwischen den kahlen Stämmen hindurch, und da Photogen sich sagte, er müsse das Tier einfach finden, eilte er in den Wald. Doch noch als er eindrang, wandte er sich um und

schaute nach Westen. Der Rand des Roten berührte den Horizont, welcher von den zackigen Bergen ganz zerklüftet war. »Jetzt«, sagte sich Photogen, »wollen wir mal sehen«; aber er sagte es angesichts einer Dunkelheit, die er noch nicht erprobt hatte. In dem Augenblick, als die Sonne zwischen den Spitzen und Zacken zu sinken begann, befiel den Jüngling mit einer Art plötzlichem Herzflattern eine unerklärliche Angst; und da er noch nie zuvor etwas dergleichen empfunden hatte, entsetzte ihn allein schon die bloße Angst. Als die Sonne unterging, wuchs die Angst wie der Schatten der Welt und wurde immer tiefer und düsterer. Er konnte nicht einmal darüber nachdenken, was es sein mochte, so vollkommen schwächte und lähmte sie ihn. Als die letzte aufflammende Säbelkante der Sonne erlosch wie eine Lampe, schien sein Entsetzen in den puren Wahnsinn auszuarten. Wie Augenlider, die sich schließen – denn es kam keine Dämmerung auf, und in dieser Nacht gab es keinen Mond –, schossen das Entsetzen und die Dunkelheit zusammen, und er hielt sie für ein und dasselbe. Er war nicht mehr der Mann, den er gekannt, oder besser, für den er sich gehalten hatte. Der Mut, den er gehabt hatte, war in keiner Weise sein eigener gewesen – er hatte nur Mut gehabt, war aber niemals mutig; er hatte ihn verlassen, und er konnte kaum noch stehen – mit Sicherheit nicht mehr gerade stehen, denn er konnte nicht ein einziges seiner Gelenke ruhig halten oder am Zittern hindern. Er war nur ein Funken der Sonne, an sich selbst war er nichts.

Das Biest war hinter ihm her – pirschte sich heran! Er wandte sich um. Im Wald war alles dunkel, aber in seiner Phantasie wurde die Dunkelheit hier und dort durch grüne Augenpaare durchbrochen, und er hatte nicht einmal die Kraft, die Bogenhand von der Hüfte

anzuheben. Mit der Stärke der Verzweiflung versuchte er, genügend Mut aufzubringen, um – nein, nicht zu kämpfen, das wollte er nicht einmal, sondern zu rennen. Der Mut, nach Hause zu entfliehen, war das einzige, was er sich auch nur vorstellen konnte, und den hatte er nicht. Aber was er nicht hatte, wurde ihm auf schändliche Weise gegeben. Ein Schrei im Wald, halb ängstlich, halb grollend, ließ ihn davonrennen wie ein vom wilden Watz gebissener Köter. Es war noch nicht einmal er selbst, der da rannte, sondern die in seinen Beinen lebendig gewordene Furcht; er wußte gar nicht, daß sie sich bewegten. Doch als er rannte, gewann er auch wieder die Fähigkeit zu laufen – bekam er zumindest den Mut, ein Feigling zu sein. Die Sterne gaben ein wenig Licht. Er eilte über das Gras, und nichts folgte ihm. »Wie tief gesunken, wie sehr verändert«, und das war einmal der Jüngling, der den Berg bestieg, als die Sonne unterging! Er bestand nur noch aus Selbstverachtung, wobei das verachtende Selbst noch zu feige für das Verachtete war! Dort lag das formlose Schwarz eines Büffels, aus dem Gras hervorragend: Er machte einen großen Bogen darum und eilte weiter wie ein vom Wind getriebener Schatten. Denn Wind war aufgekommen und das verstärkte sein Entsetzen noch: Er wehte ihn von hinten an. Er erreichte den Rand des Tals und schoß den steilen Abhang hinab wie ein fallender Komet. Sofort erhob sich das gesamte Hochland hinter ihm und setzte ihm nach! Der Wind heulte hinter ihm her, durchsetzt mit Schreien, Kreischen, Heulen, Brüllen, Lachen und Zähneklappern, als ob alle Tiere des Waldes mit ihm einherrasten. In seinen Ohren dröhnte ein ungestümes Trampeln, der Donner der Hufe aller Tiere, die von jeder Ecke der weiten Ebene zu dem Berghang über ihm stürmten. Er floh geradewegs auf

das Schloß zu und hatte kaum Luft genug zu keuchen.
Als er die Talsohle erreichte, tauchte gerade der Mond über dem Rand auf. Er hatte den Mond noch nie gesehen – außer bei Tag, und da hatte er ihn für eine dünne helle Wolke gehalten. Er war jetzt ein neuer Schrecken für ihn – so gespenstisch und so grausig! So schauerlich! – Und er schaute so wissend über den Rand seiner Gartenmauer auf die Außenwelt! Das war also die Nacht, die lebendige Dunkelheit! – Und ihm auf den Fersen! Der Schrecken aller Schrecken kam vom Himmel hernieder, um sein Blut gerinnen zu lassen, um sein Gehirn in ein Stück ausgeglühte Kohle zu verwandeln! Er schluchzte auf und eilte geradewegs auf den Fluß zu, wo er im Gartengrund zwischen den beiden Mauern hindurchströmte. Er sprang hinein, kämpfte sich durch, erklomm das Ufer und fiel besinnungslos ins Gras.

XII

Der Garten

Obwohl Nycteris jedesmal darauf achtete, nicht zu lange draußen zu bleiben, und alle Vorsicht walten ließ, hätte sie doch kaum so lange der Entdeckung entgehen können, wären die seltsamen Anfälle, unter denen Watho litt, in der letzten Zeit nicht häufiger geworden und hätten sie sich nicht schließlich zu einer Krankheit verdichtet, die sie ans Bett fesselte. Allerdings setzte es sich Falca, sei es aus einer Anwandlung von Vorsicht oder weil sie Verdacht geschöpft hatte, nach einiger Zeit, da sie nun tagsüber und nachts viel bei ihrer Herrin sein mußte, in den Kopf, die Tür jedesmal, wenn sie den gewöhnlichen Ausgang benutzte, fest zu verschließen, so daß Nycteris eines Abends zu ihrer Überraschung und zu ihrem Entsetzen feststellte, daß die Wand sie zurückstieß und sie nicht durchlassen wollte; trotz aller Suche konnte sie die Ursache der Veränderung nicht herausfinden. Dabei empfand sie zum ersten Mal den einengenden Druck ihrer Gefängniswände, drehte sich um und ertastete sich, halb in Verzweiflung, den Weg zu dem Bild, an dem sie Falca einmal verschwinden gesehen hatte. Dort fand sie bald die Stelle, auf die man drücken mußte, damit die Wand nachgab. Von dort aus gelangte sie in eine Art Keller, wo Lichter eines Himmels glitzerten, dessen Blau durch den Mond gedämpft war. Von dem Keller aus gelangte sie in einen langen Gang, in den der Mond hineinschien, und dort kam sie an eine Tür. Es gelang ihr, diese zu öffnen, und zu ihrer großen Freude befand sie sich an *dem anderen Ort*, jedoch nicht oben auf der Mauer, sondern in dem Garten, nach dem sie sich schon lange gesehnt hatte. Geräuschlos wie ein flaumiger Nachtfalter schwirrte sie davon in den Schutz der Bäume und Sträucher, wobei ihre bloßen Füße von dem weichesten aller Teppiche aufgenommen wurden, den ihre Füße nur aufgrund der Berührung sofort als lebendig erkannten, woher es nämlich kam, daß er so sanft und freundlich zu ihnen war. Eine zarte Brise war zwischen den Bäumen unterwegs, eilte hierhin und dorthin wie ein Kind, das seinen eigenen Willen hat. Sie eilte tanzend über das Gras, und dabei schaute sie hinter sich auf ihren Schatten. Zuerst hatte sie ihn für ein kleines schwarzes Geschöpf gehalten, das ein Spiel mit ihr trieb, als sie aber merkte, daß er nur da war, wo sie den Mond absperrte, und daß jeder Baum, wie groß und mächtig er auch war, ebenfalls einen dieser seltsamen Begleiter hatte, lernte sie es bald, sich deswegen keine

Sorgen zu machen, so daß er ihr nach und nach eine ebensolche Quelle des Vergnügens wurde, wie es der Schwanz für ein junges Kätzchen ist. Das war jedoch lange, bevor sie sich ganz mit den Bäumen angefreundet hatte. Diese schienen sie einmal zu mißbilligen; ein andermal überhaupt nicht zu bemerken, daß sie da war, und ganz in ihre eigenen Angelegenheiten vertieft zu sein. Plötzlich, als sie vom einen zum anderen ging und angstvoll zu dem murmelnden Geheimnis ihrer Zweige und Blätter aufschaute, erspähte sie nicht weit entfernt einen, der sich sehr von allen anderen unterschied. Er war weiß, dunkel, funkelnd und ausgebreitet wie eine Palme – eine kleine, schlanke Palme mit einer ziemlich schmalen Krone; und er wuchs sehr schnell und sang beim Wachsen. Aber er wurde überhaupt nicht größer, denn so schnell sie ihn wachsen sehen konnte, so schnell zerfiel er auch immer wieder. Als sie ganz nahe herankam, entdeckte sie, daß es ein Wasserbaum war – genau aus dem Wasser, mit dem sie sich wusch, nur war er natürlich lebendig wie der Fluß –, zweifellos handelte es sich aber um eine andere Art Wasser als bei diesem, kroch der doch hurtig über den Boden, während das andere geradewegs nach oben schoß, dann fiel, sich selbst schluckte und schließlich wieder aufstieg. Sie steckte ihre Füße in das Marmorbecken, den Blumentopf, in dem es wuchs. Er war voll mit richtigem Wasser, lebendig und kühl – wie angenehm, denn die Nacht war heiß!
Aber die Blumen – ach, die Blumen! Mit ihnen hatte sie sich sofort angefreundet. Welch wundervolle Geschöpfe das waren! – So lieb und schön. Sie sandten immer solche Farben und Düfte aus – roten Duft, weißen Duft und gelben Duft –, die für die anderen Geschöpfe bestimmt waren! Das eine, das unsichtbar und allgegen-

wärtig war, nahm eine riesige Menge von ihren Düften auf und trug sie davon! Aber das schien ihnen nichts auszumachen. Das war ihre Sprache, um zu zeigen, daß sie lebten und nicht gemalt waren wie jene an den Wänden ihrer Räume und auf den Teppichen.
Sie schlenderte durch den Garten hinunter, bis sie an den Fluß kam. Da konnte sie nicht weiter – denn sie fürchtete sich zu Recht ein wenig vor der hurtigen Wasserschlange – und ließ sich auf das grasige Ufer fallen, steckte ihre Füße ins Wasser und spürte, wie es dagegen spülte und wogte. So blieb sie lange sitzen, und ihr Glück schien vollkommen, als sie auf den Fluß schaute und das gebrochene Bild der großen Lampe da oben sah, die sich an der einen Seite der Decke hinaufbewegte, um an der anderen abzusteigen.

XIII

Etwas ganz Neues

Ein schöner Nachtfalter schwirrte vor ihren großen blauen Augen vorüber. Sie sprang auf, um ihm zu folgen – nicht im Geiste des Jägers, sondern in dem des Liebhabers. Ihr Herz – wie jedes Herz, wenn man nur über seine gefallenen Seiten hinwegsieht – war ein unerschöpflicher Quell der Liebe: Sie liebte alles, was sie sah. Doch als sie dem Falter folgte, sah sie etwas am Ufer liegen, und da sie es noch nicht gelernt hatte, sich vor irgend etwas zu fürchten, lief sie direkt darauf zu, um zu sehen, was es war. Dort angekommen, blieb sie verwirrt stehen. Noch ein Mädchen wie sie! Aber was für ein seltsam aussehendes Mädchen! – Und auch so komisch angezogen! – Und dann noch bewegungsunfähig! War es tot? Plötzlich von Mitleid erfüllt, setzte sie sich hin, hob Photogens Kopf an, legte ihn auf ihren Schoß und fing an, sein Gesicht zu streicheln. Ihre warmen Hände brachten ihn wieder zu sich. Er öffnete seine schwarzen Augen, in denen alles Feuer erloschen war, und blickte mit einem seltsamen Angstlaut, halb Stöhnen und halb Keuchen, auf. Doch als er ihr Gesicht sah, atmete er tief ein und blieb reglos liegen – starrte sie an: Diese blauen Wunderdinge über ihm schienen sein Entsetzen wie ein besserer Himmel mit neuem Mut zu versehen und zu lindern. Schließlich sagte er mit bebender, eingeschüchterter Stimme, halb flüsternd: »Wer bist du?«

»Ich bin Nycteris«, antwortete sie.

»Du bist ein Geschöpf der Dunkelheit und liebst die Nacht«, sprach er, wobei sich seine Furcht wieder zu regen begann.

»Ich mag wohl ein Geschöpf der Dunkelheit sein«, gab sie zurück. »Ich kann mir aber kaum vorstellen, was du meinst. Doch ich liebe die Nacht nicht. Ich liebe den Tag – von ganzem Herzen; und ich schlafe die ganze Nacht über.«

»Wie kann das sein?« fragte Photogen, der sich auf seine Ellbogen stützte, aber den Kopf wieder auf ihren Schoß sinken ließ, sobald er den Mond erblickte, »– wie kann es sein«, wiederholte er, »wo ich doch deine Augen dort sehe – und hellwach?«

Sie lächelte nur und streichelte ihn, denn sie verstand ihn nicht und glaubte, er wisse nicht, was er sagte.

»War es also nur ein Traum?« fing Photogen wieder an und rieb sich die Augen. Aber dabei wurde seine Erinnerung klar, er erschauerte und rief: »O wie schrecklich, wie schrecklich! So plötzlich in einen Feigling verwandelt zu sein! In einen schändlichen, verächtlichen, ehrlosen Feigling! Ich schäme mich – schäme mich – und habe eine *solche* Angst! Es ist alles so fürchterlich!«

»Was ist so fürchterlich?« fragte Nycteris und lächelte wie eine Mutter, deren Kind aus einem bösen Traum erwacht ist.

»Alles, alles«, erwiderte er, »diese ganze Dunkelheit und das Dröhnen.«

»Mein Liebes«, sagte Nycteris, »es gibt kein Dröhnen. Wie feinfühlig du sein mußt! Was du hörst, ist nur der Gang des Wassers und das Herumeilen des lieblichsten aller Geschöpfe. Es ist unsichtbar, und ich nenne es Überall, denn es durchdringt alle anderen Geschöpfe und tröstet sie. Jetzt macht es sich und auch ihnen gerade die Freude, sie zu schütteln und zu küssen und ihnen ins Gesicht zu blasen. Still: Nennst du das Dröhnen? Aber du solltest es mal hören, wenn es ziemlich wütend ist! Ich weiß nicht, warum, aber manchmal ist es wütend, und dann dröhnt es ein wenig.«

»Es ist so schrecklich dunkel!« sagte Photogen, der während sie sprach, gelauscht und sich dann damit beruhigt hatte, daß kein Dröhnen da war.

»Dunkel!« wiederholte sie. »Du solltest mal in meinem Raum sein, wenn ein Erdbeben meine Lampe getötet hat. Ich verstehe dich nicht. Wie *kannst* du das dunkel nennen? Laß mich sehen: Ja, du hast Augen, und sogar große, größere als Madame Watho und Falca – aber wohl nicht so groß wie meine. Nur habe ich meine noch nie gesehen. Aber dann – o ja! – jetzt weiß ich, was los ist! Du kannst mit ihnen nicht sehen, weil sie so schwarz sind. Dunkelheit kann natürlich nicht sehen. Keine Sorge: Ich werde deine Augen sein und dich sehen lehren. Sieh hier – diese reizenden kleinen Dinger im Gras mit den roten spitzen Enden, die alle zu einem zusammengefaltet sind. Oh, die liebe ich ja so sehr! Ich könnte den ganzen Tag lang nur dasitzen und sie anschauen, die Allerliebsten!«

Photogen sah sich die Blumen genau an und meinte, früher schon einmal etwas Ähnliches gesehen zu haben, aber er konnte sie nicht bestimmen. Wie Nycteris noch nie ein offenes Gänseblümchen gesehen hatte, so hatte er noch nie ein geschlossenes gesehen.

So versuchte Nycteris instinktiv, ihn von seiner Furcht abzulenken: Und die sonderbaren liebevollen Worte des schönen Geschöpfes trugen nicht wenig dazu bei, daß er sie vergaß.

»Du nennst das dunkel!« sagte sie wieder, als könne sie nicht über die Absurdität dieser Vorstellung hinwegkommen. »Nun, ich könnte jeden Halm des grünen Haars – ich nehme an, es ist das, was sie in den Büchern Gras nennen – im Umkreis von zwei Metern zählen! Und schau doch nur die große Lampe! Sie ist heute heller als gewöhnlich, und ich verstehe einfach nicht, warum du dich fürchten oder das dunkel nennen solltest!«

Während sie sprach, streichelte sie weiter seine Wangen und Haare und versuchte, ihn zu trösten. Aber er fühlte sich ja so elend, und man sah es ihm deutlich an! Er war schon drauf und dran zu sagen, daß ihre große Lampe fürchterlich für ihn war und aussah wie eine Hexe, die im Schlaf der Toten wandelt; aber er war nicht so naiv wie Nycteris und wußte selbst im Mondlicht, daß sie eine Frau war, obwohl er noch nie eine so junge und reizende gesehen hatte; und während sie ihn wegen seiner Furcht tröstete, schämte er sich in ihrer Anwesenheit immer mehr dafür. Da er überdies ihr Wesen nicht kannte, hätte er sie vielleicht verdrießen können, so daß sie ihn allein mit seinem Elend zurückließ. Deshalb blieb er still liegen und wagte kaum, sich zu bewegen: Das ganze bißchen Leben, das er hatte, schien von ihr zu kommen, und wenn er sich bewegen sollte, könnte sie sich bewegen; und wenn sie ihn verlassen sollte, dann müßte er weinen wie ein Kind.

»Wie bist du hierhergekommen?« fragte Nycteris und nahm sein Gesicht zwischen ihre Hände.

»Den Berg herunter«, war seine Antwort.

»Wo schläfst du?« fragte sie.

Er deutete in Richtung des Hauses. Sie stieß ein kleines entzücktes Lachen aus.

»Wenn du gelernt hast, dich nicht mehr zu fürchten, dann wirst du immer mit mir nach draußen kommen wollen«, sagte sie.

Bei sich selbst dachte Nycteris, sie wolle das Mädchen gleich, wenn es etwas zu sich gekommen war, fragen, wie ihm die Flucht gelungen sei, denn es mußte natürlich, wie sie selbst, aus einer Höhle gekommen sein, in der Watho und Falca es festgehalten hatten.

»Schau nur die schönen Farben«, fuhr sie fort und zeigte auf einen Rosenstrauch, an dem Photogen nicht eine einzige Blüte erkennen konnte. »Sie sind tausendmal schöner als jede der Farben an unseren Wänden – nicht wahr? Und dann sind sie lebendig und duften so süß!«

Er wünschte, sie würde ihn nicht ständig dazu bringen, seine Augen zu öffnen, um nach Dingen zu schauen, die er nicht sehen konnte; und ein ums andere Mal fuhr er auf und hielt sich an ihr fest, wenn ihn ein neuer Schub des Entsetzens durchfuhr.

»Komm, komm, Liebes!« sagte Nycteris, »so geht das nicht weiter. Du mußt ein tapferes Mädchen sein und –«

»Ein Mädchen!« brüllte Photogen und sprang wutent-

brannt auf. »Wenn du ein Mann wärst, würde ich dich töten.«
»Ein Mann?« wiederholte Nycteris. »Was ist das? Wie könnte ich so etwas sein? Wir sind doch beide Mädchen – oder nicht?«
»Nein, ich bin kein Mädchen«, gab er zurück, »– obwohl«, fügte er mit verändertem Tonfall hinzu und warf sich ihr zu Füßen auf den Boden, »ich dir nur allzu gute Gründe gegeben habe, mich dafür zu halten.«
»Oh, ich verstehe!« erwiderte Nycteris. »Nein, natürlich! – Du kannst kein Mädchen sein: Mädchen fürchten sich nicht – ohne Grund. Jetzt ist mir alles klar: Du fürchtest dich deshalb so sehr, weil du kein Mädchen bist.«
Photogen krümmte sich händeringend im Gras.
»Nein, das ist nicht der Grund«, sagte er schmollend, »es ist diese schreckliche Dunkelheit, die in mich hineinkriecht und mich bis ins Mark durchdringt – das ist es, weshalb ich mich aufführe wie ein Mädchen. Wenn doch nur die Sonne aufginge!«
»Die Sonne! Was ist das?« rief Nycteris, die nun ihrerseits eine dumpfe Angst verspürte.
Darauf verfiel Photogen in einen Wortschwall, mit dem er vergeblich versuchte, seine Angst zu vergessen.
»Es ist die Seele, das Leben, das Herz, der Glanz des Universums«, hob er an. »Die Welten tanzen wie Stäubchen in ihren Strahlen. Das menschliche Herz ist stark und tapfer in ihrem Licht, und wenn es schwindet, dann verläßt ihn sein Mut – geht mit der Sonne dahin, und der Mensch wird so, wie du mich jetzt vor dir siehst.«
»Dann ist das also nicht die Sonne?« brachte Nycteris nachdenklich heraus und deutete auf den Mond.
»Das!« schrie Photogen voller Verachtung. »*Das* kenne

ich überhaupt nicht, ich weiß nur, daß es häßlich und fürchterlich ist. Bestenfalls kann es nur das Gespenst einer toten Sonne sein. Ja, das ist es! Genau deshalb sieht es so furchterregend aus.«

»Nein«, sagte Nycteris nach einer langen grüblerischen Pause, »da mußt du dich irren. Ich glaube, die Sonne ist das Gespenst eines toten Mondes, und deshalb ist sie so viel strahlender, wie du sagst. – Gibt es denn noch einen anderen großen Raum, wo die Sonne an der Decke lebt?«

»Ich weiß nicht, was du meinst«, erwiderte Photogen. »Aber du meinst es gut, das weiß ich, nur solltest du einen armen Jungen im Dunkeln nicht als Mädchen bezeichnen. Wenn du mich hier mit dem Kopf in deinem Schoß liegen läßt, dann würde ich gerne schlafen. Wirst du mich behüten und auf mich aufpassen?«

»Ja, das werde ich«, antwortete Nycteris und vergaß ganz ihre eigenen Sorgen.

So schlief Photogen ein.

XIV

Die Sonne

Da saß Nycteris, und da lag der Jüngling die ganze Nacht über inmitten des großen Kegelschattens der Erde, wie zwei Pharaonen in einer Pyramide. Photogen schlief und schlief; und Nycteris blieb reglos sitzen, um ihn nicht zu wecken und ihn so seiner Furcht auszuliefern.

Der Mond stieg hoch auf in die blaue Ewigkeit; es war eine überwältigend prächtige Nacht; der Fluß strömte und murmelte plätschernd in tiefen weichen Silben; der

Springbrunnen spritzte weiter mondwärts und blühte jeden Augenblick zu einer großen Silberblume auf, deren Blätter dann für immer wie Schnee, aber mit einem fortwährenden wohlklingenden Platschen, in das Bett ihrer Erschöpfung darunter fielen; der Wind erwachte, sauste einmal zwischen den Bäumen durch, ging schlafen und erwachte wieder; die Gänseblümchen schliefen im Stehen an ihrer Seite; aber sie wußte nicht, daß sie schliefen; die Rosen schienen hellwach zu sein, denn ihre Düfte erfüllten die Luft, aber in Wirklichkeit schliefen auch sie, und der Duft war der ihrer Träume; die Orangen hingen wie goldene Lampen in den Bäumen, und ihre silbernen Blüten waren die Seelen ihrer noch nicht verkörperten Kinder; Akaziendüfte durchzogen die Luft, und sie waren wie der Geruch des Mondes selbst.

Schließlich wurde Nycteris, die nicht an die lebendige Luft gewöhnt und vom langen Stillsitzen ermüdet war, etwas schläfrig. Die Luft begann abzukühlen. Der Zeitpunkt rückte näher, an dem auch sie gewohnt war, schlafen zu gehen. Sie schloß die Augen nur für einen kurzen Moment und nickte ein – öffnete sie plötzlich wieder weit, denn sie hatte ja versprochen aufzupassen.

In diesem Augenblick war eine Veränderung eingetreten. Der Mond hatte die Runde gemacht und blickte ihr vom Westen entgegen, und sie sah, daß sich sein Antlitz verändert hatte, daß er blaß geworden war, als ob auch er, schreckensbleich, aus seiner erhöhten Stellung ein kommendes Unheil erspähte. Das Licht schien sich aus ihm zu verflüchtigen; er starb – er ging aus! Und doch sah alles ringsum sonderbar klar aus – klarer, als sie je etwas gesehen hatte; wie konnte die Lampe mehr Licht spenden, wo sie doch selbst weniger hatte? Ah, genau das war es! Man mußte nur sehen, wie matt sie aussah! Weil das Licht sie verließ und sich über den Raum verteilte, wurde sie so mager und bleich! Sie gab alles auf! Sie schmolz von der Decke fort wie ein Stück Zucker im Wasser.

Nycteris wurde schnell ängstlich und suchte Trost bei dem Gesicht auf ihrem Schoß. Wie schön das Geschöpf war! – Wie sie es nennen sollte, wußte sie nicht, denn es war wütend geworden, als sie es so nannte, wie Watho sie nannte. Und Wunder über Wunder! Jetzt, selbst bei der kalten Veränderung, die mit dem großen Raum vor sich ging, stieg die Farbe wie von einer roten Rose in der bleichen Wange auf. Welch schöne blonde Haare waren es, die über ihren Schoß fielen! Was für große, mächtige Atemzüge das Geschöpf machte! Und was waren die seltsamen Dinge, die es trug? So etwas hatte sie schon einmal an ihren Wänden gesehen, das war sicher.

So sprach sie mit sich selbst, während die Lampe blasser und blasser und dabei alles immer klarer wurde. Was konnte das bedeuten? Die Lampe starb – ging aus zu dem anderen Ort, von dem das Geschöpf in ihrem Schoß gesprochen hatte, um dort eine Sonne zu sein! Aber warum wurden die Dinge klarer, noch bevor sie eine Sonne war? Das war der Punkt. Lag es an dieser Verwandlung in eine Sonne? Ja! Ja! Es war der kommende Tod! Sie wußte es, denn er überkam auch sie! Sie fühlte ihn kommen! Wozu würde sie werden? Zu etwas Schönem wie das Geschöpf in ihrem Schoß? Das konnte sein! Jedenfalls mußte das der Tod sein, denn alle Kräfte verließen sie, während ringsum alles so hell wurde, daß sie es nicht ertragen konnte! Bald mußte sie blind sein! Würde sie zuerst erblinden oder sterben?

Denn hinter ihr ging die Sonne auf. Photogen erwachte, hob den Kopf aus ihrem Schoß und sprang auf. Sein

Gesicht war ein einziges strahlendes Lächeln. Sein Herz war voller Tatendrang – wie das des Jägers, der in die Höhle des Tigers schleichen will. Nycteris schrie auf, bedeckte das Gesicht mit den Händen und preßte die Augenlider zusammen. Dann streckte sie Photogen blindlings die Arme entgegen und rief: »Oh, ich fürchte mich *so!* Was ist das! Es muß der Tod sein! Ich will noch nicht sterben. Ich liebe diesen Raum und die alte Lampe. Ich mag den anderen Ort nicht. Das ist schrecklich. Ich will mich verstecken. Ich möchte in den süßen, weichen, dunklen Händen der ganzen anderen Geschöpfe liegen. Weh mir! Weh mir!«

»Was ist los mit dir, Mädchen?« fragte Photogen mit der Arroganz aller männlichen Wesen, die erst zusammenbricht, wenn sie vom anderen Geschlecht erzogen worden sind. Er blickte stehend über seinen Bogen, dessen Sehne er untersuchte, auf sie herab. »Du brauchst jetzt vor nichts mehr Angst zu haben, Kind! Es ist Tag. Die Sonne ist fast aufgegangen. Schau! Sie wird jeden Augenblick über den Rand des Hügels dort treten! Tschüss. Danke für das Nachtlager. Ich muß weg. Sei keine Gans. Wenn ich jemals etwas für dich tun kann – und so weiter, du weißt schon!«

»Laß mich nicht allein; oh, laß mich nicht allein!« rief Nycteris. »Ich sterbe! Ich sterbe! Ich kann mich nicht bewegen. Das Licht saugt alle Kraft aus mir heraus. Und, oh, ich habe eine *solche* Angst!«

Aber Photogen war schon durch den Fluß geplanscht, wobei er seinen Bogen hochhielt, um ihn nicht naß werden zu lassen. Er sauste über die Ebene und stürmte den gegenüberliegenden Hügel hinauf. Da sie keine Antwort bekam, zog Nycteris ihre Hände vom Gesicht. Photogen hatte die Spitze erreicht, und im selben Augenblick fielen die Strahlen der Sonne auf ihn; die

Pracht der Tageskönigin versammelte sich gleißend auf dem goldhaarigen Jüngling. Strahlend wie Apoll stand er in mächtiger Kraft da, eine blitzende Gestalt inmitten der Flamme. Er legte einen glühenden Pfeil in einen leuchtenden Bogen. Der Pfeil verließ die Sehne mit einem scharfen wohlklingenden Sirren, und Photogen, der ihm nachschoß, verschwand mit einem Jagdruf. Apoll selbst schoß auf in die Lüfte, und aus seinem Köcher verbreiteten sich Überraschung und Frohlocken.

Aber das Gehirn der armen Nycteris war restlos durchbohrt. In völliger Umnachtung fiel sie zu Boden. Alles um sie herum war ein brennender Ofen. In Verzweiflung, Schwäche und Pein schlich sie zurück und ertastete sich ihren Weg unsicher, mühevoll und mit letzter Kraft zurück in ihre Zelle.

Als sich schließlich die freundliche Dunkelheit ihrer Kammer mit ihren kühlen und tröstenden Armen um sie legte, warf sie sich auf ihr Bett und schlief sofort ein. Und dort schlief sie weiter wie eine lebendig Begrabene, während Photogen oben in der Sonnenpracht die Büffel auf der Hochebene verfolgte und nicht ein einziges Mal an sie dachte, die dunkel und vergessen da unten lag, deren Gegenwart in der Nacht seine Zuflucht, deren Augen und Hände seine Hüter gewesen waren. Stolz war er wieder ganz in seinem Element; und die Dunkelheit mit ihrer Schande waren für eine Zeitlang verschwunden.

XV

Der feige Held

Aber kaum hatte die Sonne den Zenit erreicht, als sich Photogen auch schon im Schatten der bevorstehenden Nacht an die vergangene zu erinnern begann, und dabei schämte er sich arg. Er hatte sich – und nicht nur vor sich selbst, sondern auch noch vor einem Mädchen – als Feigling erwiesen! Als einer, der bei Tageslicht, wo es nichts zu fürchten gab, kühn war, aber zitterte wie der armseligste Wicht, wenn die Nacht hereinbrach. Daran war etwas faul, anders konnte es nicht sein! Man hatte ihn verzaubert! Er hatte etwas gegessen oder getrunken, das sich nicht mit dem Mut vertrug! Jedenfalls war er unvorbereitet überrascht worden! Woher sollte er denn wissen, was beim Sonnenuntergang passierte? Kein Wunder, daß er zu Tode erschrocken war, als er sah, was sich abspielte – dieses zutiefst schreckliche Schauspiel! Außerdem konnte man nicht sehen, wo überall Gefahren lauerten! Man konnte in Stücke gerissen, fortgeschleppt oder verschlungen werden, ohne auch nur zu sehen, in welche Richtung ein Hieb zu führen war! Er klammerte sich an jede nur mögliche Entschuldigung, gierig wie ein selbstverliebter Mensch, der seine Selbstverachtung lindern will. An diesem Tag verblüffte er die Jäger – entsetzte sie durch seinen draufgängerischen Wagemut –, nur um sich selbst zu beweisen, daß er kein Feigling war. Aber nichts milderte sein Schamgefühl. Nur eins gab ihm Hoffnung – der Entschluß, dem Dunkel in heiligem Ernst zu begegnen, jetzt, wo er ein wenig darüber wußte, was es war. Es war ehrenhafter, sich einer anerkannten Gefahr zu stellen, als geringschätzig in etwas hineinzustürmen, das nach nichts aussah – noch ehrenhafter aber, einem namenlosen Schrecken entgegenzutreten. Er konnte die Furcht besiegen und sich gleichzeitig von der Schande reinwaschen. Eine Niederlage gab es nicht. Jetzt kannte er die Dunkelheit, und wenn sie kam, würde er ihr so furchtlos und gelassen begegnen, wie er sich nunmehr fühlte. Und wieder sagte er: »Wir werden sehen!«

Er stand unter den Ästen einer großen Buche, als die Sonne weit entfernt über den zerklüfteten Bergen unterging; noch ehe sie halb verschwunden war, zitterte er wie eins der Blätter hinter ihm im ersten Seufzen des Nachtwindes. In dem Augenblick, als das letzte Stückchen der glühenden Scheibe verschwand, raste er voller Entsetzen davon, um ins Tal zu gelangen, und beim Laufen wurde seine Furcht immer größer. Den Berghang sauste er, ein Elender, springend, sich kugelnd und rennend hinunter; stürzte eher in den Fluß als hineinzuspringen und kam, wie zuvor, am grasigen Ufer im Garten liegend wieder zu sich.

Als er aber die Augen öffnete, waren da keine Mädchenaugen, die in die seinen blickten; er sah nur die Sterne in der Einöde einer sonnenlosen Nacht – dieser schrecklichen, allgegenwärtigen Feindin, der er sich wieder gestellt hatte, die er aber nicht bekämpfen konnte. Vielleicht war das Mädchen noch nicht aus dem Wasser herausgekommen! Er wollte versuchen zu schlafen, denn er wagte sich nicht vom Fleck zu rühren, und vielleicht würde er beim Erwachen seinen Kopf auf ihrem Schoß und das schöne dunkle Gesicht mit seinen tiefblauen Augen über sich gebeugt finden. Aber als er aufwachte, lag sein Kopf im Gras, und obwohl er mit seinem ganzen Mut aufsprang, sozusagen wiederhergestellt war, machte er sich nicht mit dem gleichen Elan auf die Jagd wie am Tag zuvor; und trotz der Sonnenpracht in seinem Herzen und in seinen Adern jagte er an diesem Tag weniger eifrig; er aß wenig und war von Anfang an nachdenklich bis hin zur Traurigkeit. Ein zweites Mal besiegt und entehrt! War sein Mut nichts mehr als das Spiel des Sonnenlichts auf seinem Gehirn? War er bloß ein Spielball zwischen Licht und Dunkel? Was für ein elendes verächtliches Geschöpf er dann war! Aber vor ihm lag eine dritte Chance. Scheiterte er ein drittes Mal, dann wagte er nicht, sich auszudenken, was er daraufhin von sich zu halten hatte! Er war ja jetzt schon elend genug – aber dann!

O weh! Es ging nicht besser. Sobald die Sonne untergegangen war, floh er wie von allen Teufeln gehetzt. Siebenmal insgesamt versuchte er, der kommenden Nacht mit der Kraft des vergangenen Tages standzuhalten, und siebenmal scheiterte er – scheiterte mit einer solchen Verschärfung des Scheiterns, mit einem so stark anwachsenden Gefühl der Schändlichkeit, wodurch schließlich alle sonnigen Stunden überschattet wurden – Nacht reihte sich an Nacht –, daß sein Tagesmut bei diesem Elend, dieser Selbstverachtung und diesem Verlust an Selbstvertrauen zu schwinden begann; und zum Schluß ließ ihn bei aller Erschöpfung, bei allem Naßwerden und dann Nacht für Nacht draußen Herumliegen – und schlimmer noch, bei der verzehrenden tödlichen Furcht und der Scham über seine Schande – sein Schlaf im Stich, so daß er am siebenten Morgen, anstatt auf die Jagd zu gehen, ins Schloß taumelte und sich zu Bett legte. Die stählerne Gesundheit, für die sich die Hexe so sehr abgemüht hatte, war dahin, und nach ein oder zwei Stunden stöhnte und schrie er im Delirium auf.

XVI

Eine böse Wärterin

Watho war, wie schon gesagt, selbst krank und äußerst übel gelaunt; überdies ist es eine Eigenart der Hexen, daß alles, was bei anderen Sympathie hervorruft, bei ihnen Ekel erregt. Auch hatte Watho noch ein armseliges, hilfloses, bruchstückhaftes Restchen Grips, gerade genug, um sie unzufrieden und daher noch verschlagener zu machen. Als sie nun hörte, daß Photogen krank war, wurde sie wütend. Krank, auch das noch! Nachdem sie alles getan hatte, um ihn mit dem Leben des Systems aufzuladen, mit der Sonnenenergie selbst! Er war ein kümmerlicher Reinfall, der Junge! Und weil er *ihr* Reinfall war, ärgerte sie sich über ihn, fing an, ihn zu verachten, und haßte ihn schließlich sogar. Sie betrachtete ihn, wie ein Maler ein Bild oder ein Dichter ein Gedicht betrachten mochte, das er nur fertigstellen konnte, indem er in ein nicht wiedergutzumachendes Schlamassel geriet. In den Herzen von Hexen liegen Liebe und Haß dicht nebeneinander, und oft stolpern sie übereinander. Und ob es daran lag, daß ihr Reinfall mit Photogen auch ihre Pläne in bezug auf Nycteris zunichte machte oder daß sie durch ihre Krankheit noch mehr zum Teufelsweib wurde, jedenfalls hatte Watho jetzt auch das Mädchen satt und haßte den Gedanken, daß sie sich im Schloß herumtrieb.

Sie war jedoch nicht zu krank, um in das Zimmer des armen Photogen zu gehen und ihn zu peinigen. Sie sagte ihm, daß sie ihn haßte wie eine Schlange, und dabei zischte sie selbst wie eine, mit ihrer spitzen Nase, dem spitzen Kinn und der fliehenden Stirn. Photogen glaubte, sie wollte ihn töten, und wagte es kaum, etwas von dem zu essen, was man ihm brachte. Sie ordnete an, daß man jeden Lichtstrahl aus seinem Zimmer verbannte; aber dadurch gewöhnte er sich etwas an die Dunkelheit. Dann nahm sie oft einen seiner Pfeile und kitzelte ihn einmal mit dem Federende, ein andermal stach sie ihn mit der Spitze, bis das Blut floß. Was sie schließlich vorhatte, kann ich nicht sagen, doch sie brachte Photogen schnell zu dem Entschluß, aus dem Schloß zu fliehen: Was er dann tun würde, darüber wollte er hinterher nachdenken. Vielleicht würde er irgendwo jenseits des Waldes seine Mutter finden! Wären da nicht die breiten dunklen Flecken, die Tag von Tag schieden, er hätte nichts zu fürchten gehabt!

Aber jetzt, als er hilflos im Dunkeln lag, erschien ihm immer wieder das Gesicht des lieblichen Geschöpfs, das ihn in jener ersten schrecklichen Nacht so zärtlich behütet hatte: Sollte er sie niemals wiedersehen? War sie, wie er sich ausgedacht hatte, die Flußnymphe? Warum war sie dann nicht wieder aufgetaucht? Sie hätte ihn lehren können, sich nicht vor der Nacht zu fürchten, denn offenbar hatte sie selbst keine Angst davor! Aber dann, als der Tag kam, da schien sie Furcht zu bekommen – warum nur, wo es doch dann nichts mehr zu fürchten gab? Vielleicht hatte eine, die sich in der Dunkelheit so wohl fühlte, entsprechend große Angst vor dem Licht! Dann hatte seine selbstsüchtige Freude am Sonnenaufgang, die ihn für ihre Verfassung blind machte, dazu geführt, daß er sich ihr gegenüber – schlechter Lohn für ihre Freundlichkeit – so grausam verhalten hatte, wie es Watho ihm gegenüber tat! Wie süß und lieb und bezaubernd sie war! Wenn es wilde Tiere gab, die nur bei Nacht herauskamen und das Licht scheuten, warum sollte es dann nicht auch Mädchen geben, die ebenso veranlagt waren – die das Licht nicht ertragen konnten, so wie er die Dunkelheit nicht aushielt? Wenn er sie doch nur wiederfinden konnte! Ach, wie ganz anders er sich zu ihr verhalten würde! Aber ach! Vielleicht hatte die Sonne sie getötet – geschmolzen – verbrannt! – ausgetrocknet – genau das war es, wenn sie die Flußnymphe war!

XVII

Wathos Wolf

Seit diesem schrecklichen Morgen war Nycteris nie wieder sie selbst geworden. Das plötzliche Licht hatte sie fast umgebracht; und jetzt lag sie wieder im Dunkeln mit der Erinnerung an eine entsetzliche Schärfe – ein Etwas, an das sie kaum zu denken wagte, denn allein der Gedanke daran quälte sie bis zum Wahnsinn. Aber das war noch gar nichts, verglichen mit dem Schmerz, den ihr die Erinnerung an die Grobheit des leuchtenden Wesens bereitete, das sie in seiner Angst getröstet und behütet hatte; denn sobald sein Leiden auf sie übergegangen und er frei war, hatte er sofort mit seiner wiederkehrenden Kraft nichts Besseres anzufangen gewußt als sie zu verspotten! Sie grübelte und grübelte; aber das alles ging über ihren Verstand.

Schon bald führte Watho Böses gegen sie im Schilde. Die Hexe war wie ein krankes Kind, dem sein Spielzeug nicht mehr gefällt. Sie wollte Nycteris in Stücke reißen und sehen, wie es ihr bekam. Sie wollte sie in die Sonne setzen und sie sterben sehen wie eine Qualle aus dem salzigen Ozean, die auf einen heißen Felsen geworfen wird. Das wäre ein Anblick, der ihren Wolfsschmerz lindern konnte. Eines Tages ließ sie daher kurz vor Mit-

tag, als Nycteris gerade ganz fest schlief, eine abgedunkelte Sänfte zu der Tür bringen, worin zwei ihrer Männer Nycteris zu der Hochebene trugen. Dort holten sie das Mädchen heraus, legten es ins Gras und verschwanden.
Watho beobachtete alles von der Spitze ihres hohen Turms aus durch ihr Teleskop; und kaum hatte man Nycteris allein gelassen, da sah sie auch schon, wie sie sich aufsetzte und sich sofort wieder mit dem Gesicht zu Boden warf.
»Sie wird einen Hitzschlag bekommen«, frohlockte Watho, »und das ist ihr Ende.«
Doch in diesem Moment kam ein riesiger buckeliger Büffel, den eine Fliege gepeinigt hatte, mit mächtiger zottiger Mähne genau auf die Stelle zugaloppiert, wo Nycteris lag. Beim Anblick des Dings im Gras fuhr er auf, wich einige Meter zur Seite aus, blieb wie angewurzelt stehen und kam dann bösartig blickend langsam näher. Nycteris lag ganz still und sah das Tier nicht einmal.
»Jetzt wird sie totgetrampelt!« jubelte Watho. »Das machen diese Biester doch so gerne.«
Als der Büffel sie erreichte, schnüffelte er sie ganz ab und verzog sich; dann kam er zurück und schnüffelte noch mal. Darauf stob er urplötzlich davon, als ob ihn ein Dämon am Schwanz gepackt hätte.
Danach kam ein Gnu, ein noch gefährlicheres Tier, und verhielt sich ganz genauso; dann ein elendes Wildschwein. Aber kein Geschöpf tat ihr etwas, und Watho war wütend auf die gesamte Schöpfung.
Schließlich fingen Nycteris' blaue Augen im Schatten ihrer Haare an, ein wenig zu sich zu kommen, und das erste, was sie sahen, war ihnen ein Trost. Ich habe bereits erzählt, wie sie die Nacht-Gänseblümchen ken-

nenlernte, jedes ein scharf zugespitzter Kegel mit einem roten Endpünktchen; und einmal hatte sie schon die Strahlen von einem von ihnen auseinandergefaltet, wobei ihre Finger zitterten, da sie fürchtete, schrecklich grob zu sein und es vielleicht zu verletzen; aber sie wollte doch sehen, sagte sie sich, welches sorgsam gehütete Geheimnis es in sich trug; und so fand sie sein goldenes Herz. Aber jetzt stand direkt unter ihren Augen im Schleier ihres Haars, dessen Schwärze ein so schönes Zwielicht ergab, daß sie es genau sehen konnte, ein Gänseblümchen mit weit geöffneter roter Spitze, woraus sich ein karminroter Ring ergab, in dessen Mitte sein goldenes Herz auf einem silbernen Kelch erstrahlte. Zuerst erkannte sie es nicht als einen dieser – inzwischen nur erwachten – Kegel, aber bei näherem Hinsehen wußte sie, was es war. Wer konnte denn nur so grausam zu dem lieblichen kleinen Geschöpf gewesen sein, es mit aller Brutalität zu öffnen und es bloßen Herzens vor der schrecklichen Todeslampe auszubreiten? Wer es auch war, es mußte derselbe gewesen sein, der sie da hinausgeworfen hatte, damit sie in ihrem Feuer zu Tode verbrannt wurde! Aber sie hatte ja ihr Haar, konnte den Kopf hängen lassen und ihre eigene wohltuende kleine Nacht um sich herum erzeugen! Sie versuchte, das Gänseblümchen von der Sonne wegzubiegen und die Blütenblätter so um es herumhängen zu lassen wie ihre Haare, aber sie vermochte es nicht. O weh! Es war schon verbrannt und tot! Sie wußte nicht, daß es sich ihrer sanften Gewalt nicht beugen konnte, weil es mit aller Begehrlichkeit des Lebens aus dem, was sie die Todeslampe nannte, Leben trank. Oh, wie die Lampe sie verbrannte!

Aber sie dachte weiter nach – wie, das wußte sie nicht; und nach und nach kam sie darauf, daß der Raum ja nur die Deckc hatte, an der das große Feuer entlangrollte, so daß die kleine Rotspitze die Lampe schon Tausende von Malen gesehen haben und sie ganz gut kennen mußte! Und die Lampe hatte sie nicht getötet! Als sie dann noch weiter nachdachte, begann sie, sich die Frage zu stellen, ob das, worin sie das Blümchen jetzt sah, nicht seine vollkommenere Verfassung sein könnte. Denn das Ganze sah jetzt nicht nur vollkommen aus, wie ja vorher auch, sondern auch jeder Teil zeigte seine eigene individuelle Vollkommenheit, welche Vollkommenheit es ihm erlaubte, sich mit dem Rest zu der höheren Vollkommenheit eines Ganzen zu verbinden. Die Blume war selbst eine Lampe! Das goldene Herz war das Licht, und der silberne Rand war die Alabasterkugel, kunstvoll gebrochen und weit geöffnet, um die Pracht nach draußen zu lassen. Ja: Gewiß war die strahlende Form seine Vervollkommnung! Wenn es also die Lampe zu dieser Form geöffnet hatte, dann konnte die Lampe nicht unfreundlich zu ihm sein, sondern mußte seiner eigenen Art angehören, da sie ja für seine Vollkommenheit sorgte! Und als sie nun nochmals darüber nachdachte, bestand eindeutig keine geringe Ähnlichkeit zwischen ihnen. Was, wenn die Blume das kleine Ururenkelchen der Lampe war und diese es die ganze Zeit über liebte? Und was, wenn die Lampe ihr gar nicht weh tun wollte, sondern nur nicht anders konnte? Die roten Spitzen sahen so aus, als sei die Blume schon das eine oder andere Mal verletzt worden: Was, wenn die Lampe das Bestmögliche aus Nycteris machte – sie irgendwie öffnete wie die Blume? Sie wollte es geduldig tragen und abwarten. Aber wie grell die Farbe des Grases war! Vielleicht waren ihre Augen jedoch nicht für die helle Lampe geschaffen, und sie sah es nicht so, wie es wirklich aussah! Dann erinnerte sie sich daran, wie anders die Augen des Geschöpfs waren, das kein Mädchen war und sich vor der Dunkelheit fürchtete! Ach, wenn nur die Dunkelheit wiederkäme und sich mit allen Armen freundlich und weich überall um sie legte! Sie wollte warten und warten, es ertragen und geduldig sein.

Sie blieb so ruhig liegen, daß Watho fest überzeugt war, sie habe die Besinnung verloren. Sie war ziemlich sicher, daß Nycteris tot sein würde, bevor die Nacht kam, um sie wiederzubeleben.

XVIII

Zuflucht

Nachdem sie ihr Teleskop fest auf die reglose Figur eingestellt hatte, um sie gleich bei Tagesanbruch sehen zu können, ging Watho von dem Turm in Photogens Zimmer hinunter. Es ging ihm jetzt schon viel besser, und bevor sie ihn verließ, hatte er sich entschlossen, das Schloß noch in der kommenden Nacht zu verlassen. Zwar war die Dunkelheit wirklich schrecklich, aber Watho war noch schlimmer als die Dunkelheit, und am Tag konnte er nicht entkommen. Sobald im Haus alles still zu sein schien, legte er daher seinen Gürtel um, hängte sein Jagdmesser daran, steckte eine Flasche Wein und etwas Brot in die Tasche und nahm Pfeil und Bogen. Er verließ das Haus und schlug sofort den Weg in Richtung Hochebene ein. Aber sei es wegen seiner Krankheit, wegen des Schreckens der Nacht oder wegen seiner Furcht vor den wilden Tieren, als er zu der Ebene gelangte, konnte er nicht einen Schritt weitergehen, sondern ließ sich nieder und wollte lieber sterben als leben. Trotz seiner Ängste schaffte es der Schlaf doch, ihn zu überwältigen, und er sank der Länge nach in das weiche Gras.

Er hatte noch nicht lange geschlafen, als er mit einem so sonderbaren wohligen Gefühl der Geborgenheit erwachte, daß er meinte, zumindest die Morgendämmerung müsse schon angebrochen sein. Aber um ihn herum war dunkle Nacht. Und der Himmel – nein, es war nicht der Himmel, sondern die blauen Augen seiner Najade, die auf ihn niederblickten! Wieder lag er mit seinem Kopf in ihrem Schoß, und alles war gut, denn offensichtlich fürchtete das Mädchen die Dunkelheit so wenig wie er den Tag.

»Danke«, sagte er. »Du bist wie eine lebendige Rüstung für mein Herz; du hältst die Furcht von mir ab. Ich bin seitdem sehr krank gewesen. Bist du aus dem Fluß aufgestiegen, als du mich ihn durchqueren sahst?«

»Ich lebe nicht im Wasser«, antwortete sie. »Ich lebe unter der bleichen Lampe, und ich sterbe unter der hellen.«

»Ah, ja! Jetzt verstehe ich«, gab er zurück. »Ich hätte mich beim letzten Mal ganz anders verhalten, wenn ich gewußt hätte; aber ich dachte, du machst dich über mich lustig; und ich bin so veranlagt, daß ich mich im Dunkeln einfach fürchten muß. Bitte verzeih mir, daß ich dich allein gelassen habe, aber, wie schon gesagt, ich hatte keine Ahnung. Jetzt glaube ich, daß du wirklich Angst hattest. Oder hattest du keine?«

»O doch, natürlich«, erwiderte Nycteris, »und so wird es mir auch wieder gehen. Aber wovor du Angst haben solltest, das kann ich überhaupt nicht verstehen. Du mußt doch wissen, wie lieb und zart die Dunkelheit ist, wie nett und freundlich, wie weich und samten! Sie nimmt dich an die Brust und hält dich lieb. Vor kurzer

Zeit lag ich schwach und sterbend unter deiner heißen Lampe. – Wie nennst du sie noch mal?«

»Die Sonne«, murmelte Photogen. »Wie sehr ich sie herbeisehne!«

»Ach! Sehne sie doch nicht herbei. Dränge sie mir zuliebe nicht. Ich kann dich vor der Dunkelheit beschützen, aber ich habe niemanden, der mich vor dem Licht beschützt. – Wie ich dir schon sagte, lag ich sterbend in der Sonne. Plötzlich holte ich tief Atem. Ein kühler Wind kam und strich über mein Gesicht. Ich schaute auf. Die Pein war vorüber, weil die Todeslampe selbst verschwunden war. Ich hoffe, sie stirbt nicht und wird noch heller. Meine schlimmen Kopfschmerzen waren ganz weg, und ich konnte wieder sehen. Ich fühlte mich wie neu geboren. Aber ich stand nicht sofort auf, denn ich war noch müde. Das Gras rings um mich herum wurde kühl und seine Farbe milderte sich. Etwas Nasses fiel darauf nieder, und es war jetzt so angenehm für meine Füße, daß ich aufstand und herumrannte. Und als ich lange Zeit herumgerannt war, sah ich dich plötzlich daliegen, genau wie ich selbst noch vor kurzem gelegen hatte. Also setzte ich mich neben dich, um auf dich aufzupassen, bis dein Leben – und mein Tod – wiederkehren würde.«

»Wie gut du bist, du schönes Wesen! – Und du hast mir verziehen, bevor ich dich darum bat!« rief Photogen aus.

So kamen sie ins Gespräch, und er erzählte ihr, was er von seiner Geschichte wußte, und sie erzählte ihm, was sie von der ihren wußte, und dann waren sie sich darüber einig, daß sie Watho so weit wie möglich hinter sich lassen mußten.

»Und wir müssen uns sofort aufmachen«, sagte Nycteris.

»Sobald der Morgen kommt«, erwiderte Photogen.

»Wir dürfen nicht bis zum Morgen warten«, sagte Nycteris, »denn dann werde ich mich nicht bewegen können, und was würdest du dann am nächsten Abend machen? Außerdem sieht Watho tagsüber am besten. Doch, du mußt jetzt mitkommen, Photogen. – Du mußt.«

»Ich kann nicht; ich traue mich nicht«, sagte Photogen. »Ich kann mich nicht bewegen. Wenn ich nur den Kopf von deinem Schoß hebe, packt mich das ganze Elend des Entsetzens.«

»Ich bin doch bei dir«, sagte Nycteris tröstlich. »Ich werde auf dich aufpassen, bis deine fürchterliche Sonne kommt, und dann darfst du mich verlassen und abhauen, so schnell du kannst. Bringe mich nur bitte zuerst an einen dunklen Ort, wenn sich einer finden läßt.«

»Ich werde dich nie wieder verlassen, Nycteris«, rief Photogen. »Warte nur, bis die Sonne herauskommt und mir meine Kraft zurückgibt, dann werden wir zusammen fliehen und einander nie, nie wieder verlassen.«

»Nein, nein«, beharrte Nycteris, »wir müssen jetzt aufbrechen. Und du mußt lernen, im Dunkeln genauso stark zu sein wie bei Tag, sonst wirst du immer nur halb mutig sein. Ich habe schon angefangen – nicht gegen deine Sonne anzukämpfen, sondern zu versuchen, meinen Frieden mit ihr zu machen und zu verstehen, was sie in Wirklichkeit ist und was sie mit mir vorhat – ob sie mir weh tun oder das Beste aus mir machen will. Dasselbe mußt du mit meiner Dunkelheit tun.«

»Aber du weißt ja gar nicht, was für grausige Tiere sich da im Süden herumtreiben«, sagte Photogen. »Sie haben riesige grüne Augen und würden dich auffressen wie ein Stückchen Sellerie, dich schönes Wesen!«

»Komm, komm! Du mußt«, sagte Nycteris, »oder ich

muß so tun, als wolle ich dich verlassen, damit du mitkommst. Ich habe die grünen Augen gesehen, von denen du sprichst, und ich werde dich vor ihnen beschützen.«

»Du! Wie willst du das denn machen? Wäre jetzt Tag, dann könnte ich dich vor den Schlimmsten von ihnen in Schutz nehmen. Aber so kann ich sie bei dieser scheußlichen Dunkelheit noch nicht einmal erkennen. Ich sehe deine schönen Augen nur, weil Licht in ihnen ist; so kann ich durch sie direkt in den Himmel schauen. Sie sind Fenster zu der Unendlichkeit, die noch jenseits des Himmels liegt. Ich glaube, sie sind genau der Ort, an dem die Sterne gemacht werden.«

»Dann komm endlich, oder ich mache sie zu«, sagte Nycteris, »und du wirst sie nicht mehr sehen, bis du dich besserst. Komm. Wenn du die wilden Tiere nicht sehen kannst, ich sehe sie schon.«

»Du siehst sie! Und forderst mich auf, mitzukommen!« schrie Photogen.

»Ja«, antwortete Nycteris. »Und noch mehr, ich sehe sie, lange bevor sie mich sehen können, also kann ich auch auf dich aufpassen.«

»Aber wie denn«, beharrte Photogen. »Du kannst weder mit Pfeil und Bogen schießen noch mit einem Jagdmesser zustechen.«

»Nein, aber ich kann ihnen allen aus dem Weg gehen. Na, und gerade als ich dich fand, hatte ich eine Begegnung mit zwei oder drei von ihnen gleichzeitig; ich sehe und rieche sie auch, lange bevor sie in meiner Nähe sind – lange bevor sie mich sehen oder riechen können.«

»Du siehst oder riechst jetzt keine, oder?« fragte Photogen, der sich etwas nervös auf seinen Ellbogen stützte.

»Nein – im Augenblick nicht. Ich werde Ausschau halten«, erwiderte Nycteris und sprang auf.
»Oh, oh! Laß mich nicht allein – nicht einen Augenblick«, schrie Photogen und strengte seine Augen an, um ihr Gesicht in der Dunkelheit nicht aus dem Blick zu verlieren.
»Sei still, sonst hören sie dich«, gab sie zurück. »Der Wind weht vom Süden, und sie können uns nicht wittern. Ich habe das alles herausgefunden. Seitdem die liebe Dunkelheit gekommen ist, habe ich mich ständig mit ihnen amüsiert und mich ab und zu in den Rand des Windes gestellt, so daß eins mich kurz schnuppern konnte.«
»Oh, schrecklich!« stöhnte Photogen. »Ich hoffe, du bestehst nicht darauf, das weiter zu treiben. Was passierte dann?«
»Es drehte sich immer sofort mit blitzenden Augen um und raste auf mich zu – nur konnte es mich nicht sehen, das mußt du bedenken. Da aber meine Augen so viel besser waren als seine, konnte ich es sehr gut sehen und rannte um es herum, bis ich es roch, und dann wußte ich, daß es mich überhaupt nicht mehr finden konnte. Sollte der Wind jetzt drehen und in die Gegenrichtung blasen, dann könnte dort eine ganze Armee von ihnen hinter uns her sein und wir könnten nirgendwohin entweichen. Du kommst also besser mit.«
Sie nahm ihn bei der Hand. Er gab nach und stand auf, und sie führte ihn weg. Aber seine Schritte waren schwach, und bei fortschreitender Nacht schien er immer häufiger hinsinken zu wollen.
»Mein Gott! Ich bin so müde! Und habe solche Angst!« stöhnte er immer wieder.
»Stütz dich auf mich«, erwiderte Nycteris dann, legte ihren Arm um ihn oder tätschelte seine Wange. »Nur

noch ein paar Schritte. Jeder Schritt vom Schloß weg ist doch ein klarer Gewinn. Stütz dich fester auf mich. Ich fühle mich jetzt stark und sehr wohl.«

So liefen sie weiter. Nycteris' durchdringende Nachtaugen erspähten nicht wenige Paarc von grünen, die in der Dunkelheit wie Höhlen schimmerten, und sie machte so manche Runde, um ihnen weit aus dem Weg zu gehen; aber sie verriet Photogen nie, daß sie etwas sah. Sorgsam hielt sie ihn auf dem weichesten und saftigsten Gras von allen Unebenheiten fern, und die ganze Zeit über erzählte sie ihm schöne Dinge – von den lieblichen Blumen und den Sternen –, wie tröstlich die Blumen aussähen, da unten in ihren grünen Betten, und wie glücklich die Sterne in ihren blauen Betten wirkten!

Als der Morgen zu dämmern begann, ging es ihm langsam besser, aber er war schrecklich müde, weil er, besonders nach seiner langen Krankheit, so lange laufen mußte, anstatt zu schlafen. Auch Nycteris, die ihn ja die ganze Zeit gestützt hatte und die immer mehr Angst vor dem vom Osten einströmenden Licht bekam, war sehr müde. Schließlich waren beide gleichermaßen erschöpft, und keins konnte mehr dem anderen helfen. Wie verabredet blieben sie stehen. Einander umarmend standen sie inmitten des weiten grasigen Landes, keins von beiden war in der Lage, noch einen Schritt zu gehen, jedes nur durch die sich anlehnende Schwäche des anderen gestützt und bereit zu fallen, wenn sich das andere bewegen sollte. Aber während sie noch schwächer wurde, hatte er angefangen, stärker zu werden. Als die Flut der Nacht zu verebben begann, kam die des Tages auf; und jetzt eilte die Sonne, von ihren schäumenden Wogen getragen, auf den Horizont zu. Und je näher sie kam, desto mehr lebte Photogen auf. Schließlich schoß

die Sonne auf in die Höhe wie ein Vogel aus der Hand des Vaters aller Lichter. Nycteris stieß einen Schmerzensschrei aus und verbarg ihr Gesicht in den Händen.
»O weh!« seufzte sie, »ich habe *solche* Angst! Das schreckliche Licht sticht so!«
Aber im gleichen Augenblick hörte sie durch ihre Blindheit hindurch Photogen ein leises frohlockendes Lachen ausstoßen, und im nächsten fühlte sie sich aufgefangen: Sie, die ihn die ganze Nacht über gestützt und behütet hatte wie ein Kind, lag jetzt in seinen Armen, wurde, den Kopf auf seine Schulter gelegt, davongetragen wie ein Baby. Aber sie war die größere, denn sie litt mehr und fürchtete nichts.

XIX

Der Werwolf

Genau in dem Augenblick, als Photogen Nycteris auffing, glitt Wathos Teleskop wütend über das Tafelland. Sie schleuderte es zornig von sich, eilte in ihr Zimmer und schloß sich ein. Dort rieb sie sich von oben bis unten mit einer gewissen Salbe ein, schüttelte ihre langen roten Haare herunter und band sie um die Hüfte; dann fing sie an zu tanzen, wirbelte immer schneller herum, wurde dabei immer wütender und hatte schließlich in ihrer Raserei Schaum vorm Mund. Als Falca nach ihr suchte, war sie nirgends zu finden.
Bei Sonnenaufgang drehte der Wind langsam, bis er schließlich genau von Norden blies. Photogen und Nycteris näherten sich dem Waldrand, er trug sie noch immer, und sie zuckte aufgeregt ein wenig auf seiner Schulter und murmelte ihm ins Ohr.

»Ich rieche ein wildes Tier – dort, in der Richtung, aus der der Wind kommt.«
Photogen drehte sich um, blickte zurück in Richtung Schloß und sah einen dunklen Fleck auf der Ebene. Beim Hinsehen wurde er größer: Er kam mit der Geschwindigkeit des Windes durch das Gras. Er kam näher und näher. Er sah lang und niedrig aus, aber das konnte daran liegen, daß er weit gestreckt rannte. Er setzte Nycteris unter einem Baum, im schwarzen Schatten seines dicken Stammes ab, spannte seinen Bogen und nahm seinen schwersten, längsten und schärfsten Pfeil heraus. Als er gerade die Kerbe in die Sehne setzte, sah er, daß das Geschöpf ein gewaltiger Wolf war, der geradewegs auf ihn zuschoß. Er lockerte das Messer in seiner Scheide, zog einen weiteren Pfeil halb aus dem Köcher, falls der erste nicht treffen sollte, und zielte – auf gute Entfernung, um noch Zeit für einen zweiten Schuß zu haben. Er schoß. Der Pfeil stieg auf, flog geradeaus, sank, traf das Biest und flog wieder in die Luft, verdoppelt wie ein Buchstabe V. Schnell griff Photogen den anderen, schoß, warf den Bogen von sich und zog sein Messer. Aber der Pfeil steckte bis zur Feder in der Brust des Untiers; es stürzte Hals über Kopf mit einem dumpfen Dröhnen des Rückens zu Boden, röhrte auf, wand sich noch ein- oder zweimal im Todeskampf und blieb dann regungslos ausgestreckt liegen.
»Ich habe es getötet, Nycteris«, rief Photogen. »Es ist ein großer roter Wolf.«
»Oh, ich danke dir!« antwortete Nycteris schwach von der Rückseite des Baums aus. »Ich war sicher, du würdest es schaffen. Ich hatte kein bißchen Angst.«
Photogen ging zu dem Wolf hin. Es *war* ein Monstrum! Aber er war verärgert, weil sich sein erster Pfeil so übel benommen hatte, und um so weniger wollte er den

zweiten verlieren, der ihm so gute Dienste geleistet hatte: Mit einem langen und heftigen Ruck zog er ihn aus der Brust des Untiers. Konnte er seinen Augen trauen? Da lag – kein Wolf, sondern Watho, deren Haar um die Hüfte gewickelt war! Die dumme Hexe hatte sich, wie sie annahm, unverletzbar gemacht, dabei aber vergessen, daß sie, um Photogen damit zu quälen, einen seiner Pfeile behandelt hatte. Er eilte zurück zu Nycteris und erzählte ihr alles.
Sie erschauerte und weinte und wollte es sich nicht ansehen.

XX

Alles ist gut

Jetzt bestand kein Anlaß mehr, auch nur einen Schritt weiter zu fliehen. Keiner von beiden fürchtete irgendwen, außer Watho. Die ließen sie dort liegen und gingen zurück. Eine große Wolke schob sich vor die Sonne, ein schwerer Regen begann niederzugehen, und Nycteris erholte sich so weit, daß sie ein wenig sehen konnte und mit Photogens Hilfe langsam über das kühle nasse Gras lief.
Sie waren noch nicht weit gekommen, als sie Fargu und die anderen Jäger trafen. Photogen erzählte ihnen, daß er einen großen roten Wolf getötet hatte und daß es Madame Watho war. Die Jäger sahen betreten aus, doch die Erleichterung schien durch.
»Dann«, sagte Fargu, »will ich gehen und meine Herrin begraben.«
Aber als sie an die Stelle kamen, stellte sich heraus, daß Watho schon begraben war – nämlich in den Mägen vie-

ler Vögel und Tiere, die sich ein Frühstück aus ihr gemacht hatten.
Dann wollte Fargu, der sie wieder einholte, Photogen sehr weise dazu bringen, daß er zum König ging und ihm alles erzählte. Aber Photogen, noch weiser als Fargu, wollte sich nicht aufmachen, bevor er Nycteris geheiratet hatte; »denn dann«, sagte er, »kann uns selbst der König nicht mehr trennen; und wenn je zwei Menschen aufeinander angewiesen waren, dann sind diese beiden Nycteris und ich. Sie muß mich lehren, im Dunkeln ein tapferer Mann zu sein, und ich muß auf sie aufpassen, bis sie die Sonnenhitze ertragen kann und bis ihr die Sonne beim Sehen hilft, anstatt sie zu blenden.«
Noch am gleichen Tag wurden sie vermählt. Und am nächsten Tag gingen sie zusammen zum König und erzählten ihm die ganze Geschichte. Aber wen anders fanden sie bei Hofe als Vater und Mutter Photogens, die beide hohe Günstlinge des Königs und der Königin waren. Aurora starb fast vor Freude und erzählte ihnen, wie Watho gelogen und sie glauben gemacht hatte, daß ihr Kind tot sei.
Niemand wußte etwas über Nycteris' Eltern; aber als Aurora sah, wie ihre eigenen azurblauen Augen bei dem liebreizenden Mädchen durch Nacht und ihre Wolken leuchteten, kamen seltsame Gedanken in ihr auf, und sie wunderte sich darüber, daß sogar die Bösen selbst ein Bindeglied zwischen den Guten sein können. Durch Watho hatten die Mütter, die einander nie gesehen hatten, in ihren Kindern Blicke getauscht.
Der König gab ihnen das Schloß und die Ländereien Wathos, und dort lebten sie und lernten voneinander, wobei ihnen die vielen Jahre nicht lang wurden. Doch kaum war eins vergangen, da liebte Nycteris schon den

Tag am meisten, weil er das Element und die Krone ihres Photogen war, und sie erkannte, daß der Tag größer war als die Nacht, die Sonne erhabener als der Mond; und Photogen liebte mittlerweile die Nacht am meisten, weil sie die Mutter und Heimat seiner Nycteris war.

»Aber wer weiß«, sagte Nycteris oft zu Photogen, »ob wir nicht, wenn wir einmal ausgehen, in einen Tag eintreten, der so viel größer ist als dein Tag, wie dein Tag größer ist als meine Nacht?«

Hans Günter Holl

Natur als Märchen oder Feeodizee

Eine Nachbemerkung

> Kein Sterblicher und auch keine Elfe kann sagen, wo das Feenland anfängt und wo es aufhört.
>
> *George MacDonald*

Der christliche Gott des Neuen Testaments ist ein verläßlicher, gerechter und unendlich weitblickender Gefährte, der nicht nur den ethischen Ansprüchen griechischer Spekulation, sondern auch den rational begründeten Gesetzmäßigkeiten der modernen empirischen Naturwissenschaften Genüge tut; auf seine Langmut und Gutwilligkeit bauen nicht allein die gewöhnlichen Sterblichen, sie scheinen auch die Absichten, Geschikke und Wirkungslinien des Feenlandes zu beeinflussen, das nach George MacDonalds überzeugender Darstellung die Alltagswelt der profanen Ursachen und Wirkungen auf unergründliche Weise durchdringt.
Daher kommt es wohl, daß in den märchenhaften Szenerien des gebürtigen Schotten, im charmanten, galanten und manchmal delikaten Wechselspiel zwischen pfiffigen Feen und immer strebend bemühten Menschen, niemals die rachsüchtigen, zerstörerischen, also bösen Absichten obsiegen. Nein, am Ende setzt sich stets das Gute durch, und je niedriger, gemeiner, eine bestimmte

Handlungsabsicht anfangs erscheinen mag, desto umfassender und strahlender ist schließlich der Sieg des moralisch Richtigen. Leibniz hätte seine Freude gehabt an dieser prästabilierten Harmonie, an diesem feinsinnigen Modell der besten aller möglichen Welten.

Allerdings begründet MacDonald diese Garantie des guten Gelingens, die manchem Realisten oder Zyniker naiv erscheinen mag, nicht mit philosophischen Prinzipien und auch nicht mit dem Anstand oder mit der sittlichen Kraft einzelner Feen bzw. Menschen, alles immer wieder ins Rechte zu fügen. Er gibt dafür die zutiefst einleuchtende, unkomplizierte Erklärung, daß es einfach so ist, daß man, selbst wenn man alle kriminelle Energie des abgrundtief Bösen aufbieten würde, doch nicht das Geringste dagegen tun könnte, eher im Gegenteil:

»Nun ist es so, daß böse Feen sich nicht an die Gesetze halten wollen, denen gute Feen gehorchen, was den bösen immer einen Vorteil über die guten zu verschaffen scheint, denn sie gebrauchen Mittel für ihre Zwecke, die die anderen nie gebrauchen würden. Aber das macht alles gar nichts, denn was sie tun, gelingt nie; nein, zuletzt führt es gerade das herbei, was sie zu verhindern versuchten. So sieht man, daß irgendwie die bösen Feen, trotz all ihrer Schläue, ganz furchtbar dumm sind, denn obwohl sie seit Anbeginn der Welt den guten Feen in Wirklichkeit geholfen statt einen Strich durch ihre Rechnung gemacht haben, so ist doch nicht eine von ihnen dadurch klüger geworden. Sie versuchen das Böse wie alle anderen vor ihnen, und es gelingt ihnen natürlich nicht besser.«

Diese unerschütterliche Überzeugung des gläubigen Christen George MacDonald, der 1824 in der Nähe von

Aberdeen zur Welt kam und 1905, also mit einundachtzig, in seiner wenig geliebten Schicksalsheimat Surrey starb, durchzieht sein gesamtes schriftstellerisches Lebenswerk. Wie sein Zeitgenosse und Freund, Lewis Carroll, schrieb er am liebsten für Kinder; aber zwischen ihm und dem skeptischen Logikprofessor liegen, trotz des gemeinsamen Interesses an der schwebenden und unfaßbaren Sphäre des Phantastischen, mindestens Welten. Wo C. L. Dodgson, alias Lewis Carroll, mit pädagogischem Eros den labyrinthischen Verästelungen kindlichen Fragens, ja, den Doppelbödigkeiten der menschlichen Sprache und Erkenntnis insgesamt nachspürt, da geht es dem studierten Theologen George MacDonald immer und immer wieder um die religiösen Grundprobleme des Trostes und der Rechtfertigung. Auch er hat ungeheuren Spaß am Tüfteln mit schlüpfrigen und trockenen Sprachspielen, aber für ihn dienen sie nicht so sehr als Schritte auf dem Weg zum Erkennen der Wahrheit; er setzt sie vielmehr ein als Lichtblicke für die Wahrheit des Erkennens. Sie zeigen, daß schon im Bösen das Gute verborgen liegt, daß wahr nur die Gedanken sind, die sich selber nicht verstehen, daß also das Gute in seiner Unfaßlichkeit mehr bedeutet als das Wahre und daß in der absichtslosen Unmittelbarkeit mehr moralische Kraft steckt als in der pragmatisch ausgerichteten Handlung, selbst wenn sie durch das höchste Ideal geleitet wird. Kurz: »Manche Dinge findet man anscheinend nur, wenn man sich verirrt.«

Dieser munter paradoxe Satz könnte allen phantastischen Erzählungen MacDonalds als Motto vorangestellt werden; einerseits nehmen sich seine Themen zwar aus wie gut durchkonstruierte Leitmotive, andererseits verliert man aber bei MacDonalds Märchen auch nie den Eindruck, daß er nur einen bestimmten Gedankenblitz aufgreift und sich dann in wildeste Abenteuer des Erzählens, des ziellosen Vorantreibens von ungewöhnlichen und interessanten Konstellationen stürzt. Alle hier versammelten Märchen scheinen von der verschmitzten Fragestellung auszugehen: Was wäre, wenn...?

Was geschieht, wenn eine Prinzessin ihrer Schwere beraubt wird, so daß sie weder fallen noch niederkommen kann? Nun, zuerst freut sie sich an allen Genüssen, die ein leichtes Mädchen haben kann, und dann fällt ein opferwilliger Prinz auf sie rein, füllt das magische Dreieck mit seinem eigenen Leib aus und macht so der Prinzessin Beine. – Was, wenn ein böser Riese, der am liebsten kleine Buben wie Rettiche mit Salz verspeist, sein Herz sozusagen auf die Sparkasse trägt, um es wachsen zu lassen und es dabei in Sicherheit zu wissen? Er wird sein Herz schließlich ganz verlieren und daran zugrunde gehen. – Was, wenn ein Mensch von den Feen zum König gewählt wird und erkennen lernt, daß die Schatten nicht negative Seiten von Menschen und Dingen, sondern eigenständige Wesen sind? Ihm gehen die Augen auf, und er sieht, wo viele Schatten sind, ist auch viel Licht, und dieses Licht macht die alltäglichen Dinge nicht alltäglicher, sondern offenbart das Wunderbare, das den alltäglichen Dingen innewohnt. – Was, wenn ein Junge merkt, daß ein Bach lebt und nicht nur mechanisch dahinfließt, wenn er den launischen Strom durch sein Haus leitet und seine intime Bekanntschaft macht? Der Junge wird anfangen, die Einzelheiten der Natur um sich herum innig zu lieben, er wird sich immer wieder in der Natur verirren und schließlich merken, daß die selbstlose Liebe über jeden Anflug von Täuschung erhaben ist. – Was, wenn das Leben einer

Prinzessin mit den Phasen des Mondes verknüpft wird, so daß sie bei Vollmond eine strahlende Schönheit, bei Neumond ein abgehärmtes, verhutzeltes altes Weib ist? Chaucer hat es in seiner *Erzählung des Weibes von Bath* verraten: Wen nicht allein die Schönheit lockt, der gewinnt auch noch die Treue obendrein. Bei MacDonald vernimmt der erlösende Prinz: »Du hast mich geküßt, als ich eine alte Frau war: Hier! Ich küsse dich als junge Prinzessin.« – Was, wenn die Feen aus Langeweile einen Knaben und ein Mädchen in ihre Reiche locken? Die beiden werden das Wunder der Liebe kennenlernen, das alles zum Leuchten bringt, ohne aber genau zu wissen, wie sich Liebe von Angst unterscheidet. – Was, wenn ein Knabe am Fuße des Regenbogens den goldenen Schlüssel findet? Sein Leben wird sein wie ein Traum, er wird die tiefsten Geheimnisse ergründen, eine Gefährtin finden – denn, »Kein Mädchen muß Angst haben, mit einem Jüngling zu gehen, der den goldenen Schlüssel hat.« – und schließlich mit ihr zusammen auch noch das Mysterium des Todes überwinden. – Was, wenn ein Knabe, der nur den Tag und die Sonne kennt, mit einem Mädchen zusammentrifft, das nur von der Nacht und dem Mond weiß? Sie werden erkennen, daß jeder Mensch in seiner eigenen Welt lebt, einander verstehen und helfen lernen und schließlich durch ihre Verbindung eine neue Welt schaffen, in der die Geheimnisse vieler Welten aufgehoben sind.

Man sieht also, die Märchen George MacDonalds unterscheiden sich nur um winzige Nuancen von gewöhnlichen Alltagsgeschichten, von Begebenheiten, die jeder wache und aufmerksame Mensch schon Hunderte von Malen mehr oder weniger abgeklärt auf der Schwelle zwischen Tag- und Nachtbewußtsein, zwischen nüchterner Beobachtung und Phantasie, erlebt hat. Aber gerade die Nuancen sind entscheidend, denn es handelt sich durchweg um Allegorien, die ihre Ausdruckskraft allesamt von dem christlichen Zuspruch herzuleiten scheinen: »Das Reich Gottes kommt nicht so, daß man es beobachten könnte. Man wird auch nicht sagen: Siehe, hier! oder: dort! Denn siehe, das Reich Gottes ist in eurer Mitte.«

MacDonalds Hinwendung zum Phantastischen ist daher nicht – wie sie gerade heute leicht mißverstanden werden könnte – Flucht aus einer gott- und elfenverlassenen Welt, von der man sagen könnte: »Alles ist uninteressant. Alles bleibt hinter den Erwartungen zurück.« Sie ist vielmehr Weltfrömmigkeit, Respekt vor der Unbegreiflichkeit alles Lebendigen und damit der ganzen Schöpfung, also dankbare Weigerung, das Alltägliche zu profanieren. In dieser Pietät steckt auch, so selbstverständlich, daß man den Modeausdruck kaum in den Mund zu nehmen wagt, ein tiefes Gespür für die ökologischen Zusammenhänge und Wechselwirkungen überall in der Natur. MacDonald ist allerdings kein apokalyptischer Prophet eines pragmatischen Humanismus. Er sagt nicht: »Der Mensch, der seine Umwelt zerstört, vernichtet sich selbst.« Ihm genügt die traurige, gar nicht so sehr auf den Menschen bezogene Andeutung, daß bei jeder Verwüstung eines Gewässers oder eines anderen natürlichen Lebewesens die darin beheimateten Feen und Elfen ein für allemal ausgerottet und von der Welt verbannt werden.

Das ist eher ein betrübter Hinweis als eine hysterische Warnung, denn George MacDonald war viel zu sehr von der allgegenwärtigen Kraft des Guten überzeugt, als daß er dem Menschen die Fähigkeit und Kompetenz hätte zusprechen mögen, den allgemeinen Untergang aus eigenem Antrieb herbeizuführen oder zu verhindern. Der Mensch kann wohl das Sehen verlernen, er kann das Fühlen verlernen, er kann seine Seele und sein Herz verpfänden, aber dadurch wird nur sein Handeln blind, grob, unbeseelt und herzlos, er kann aber nicht die paradiesische Welt entweihen, von der er sich immer mehr entfernt. Was er bei diesem Rückzug mitnimmt, ist nur ein leerer, karikierter Abklatsch seiner eigenen Verständnislosigkeit, die Fortschrittsfratze seiner Zerstörungswut; also nicht *die* Welt, sondern nur seine Zurichtung der Welt.

Für manche ist damit die bereits im neunzehnten Jahrhundert sichtbare lineare Entwicklungsrichtung bis zum Punkt X, der endgültigen Katastrophe oder der gewaltsamen Selbstvertreibung aus dem Paradies, vorgegeben; für andere schließt sich ein Kreis von Kreisen: George MacDonald hat am liebsten für Kinder geschrieben, denn »Wahrlich, ich sage euch: Wer das Reich Gottes nicht annimmt wie ein Kind, wird nicht hineinkommen.« Es sind also mit den Märchen nicht nur die romantisch verklärten, unschuldigen kleinen Kinder angesprochen, sondern auch die großen Kinder, die sich die Kraft bewahrt haben, trotz allem, was offensichtlich dagegen spricht, auf das Gute zu hoffen, die bereit sind, nicht nur an die beste aller möglichen Welten zu glauben, sondern auch den Schritt von einer Theodizee des siebzehnten Jahrhunderts hin zu einer Feeodizee des neunzehnten und vielleicht noch den zu einer Theodyssee des zwanzigsten zu vollziehen. Dabei muß es sich wohl um jene großen und kleinen Kinder handeln, denen George MacDonald für ihren schwierigen und unübersehbaren Lebensweg am Ende seines *Phantastus* den überaus vieldeutigen Trost nachgerufen hat: »Doch ich weiß, daß mir Gutes widerfahren wird – daß immer Gutes kommen wird; auch wenn zu allen Zeiten nur wenige die Schlichtheit und den Mut haben, daran zu glauben. Was wir Übel nennen, ist die einzige und beste Form, die das beste Gut für die Person und ihre momentane Verfassung annehmen konnte. Und damit, *lebt wohl*.«